庹 平 著

解读蒋介石

中国华侨出版社

序

蒋介石曾独裁统治中国长达 22 年之久,是中国近现代史上显赫一时的政治人物。研究蒋介石,无疑是近现代中国历史中的重要研究课题。庹平选择了蒋介石研究中的难点,试图就蒋介石的思想言行来探寻他的政治动机和目的,以加深人们对蒋介石的认识与作出客观的评述,这是一个新的视角,新的领域,而且是一个深层次的问题。同时,出版评介蒋介石思想的著作,尤其大量引用蒋介石言论的研究著作,具有较强的政治敏感性。作者敢于涉足这一政治敏感性较强、理论难度很大而又很有学术价值和现实意义的课题,知难而进,勇于探索,精神可贵。

虽然研究蒋介石的文著已有不少问世,但像本书一样全面解剖蒋介石思想灵魂者,尚属首次。与以往的研究相比,该书具有新颖、全面、细致等特点。

蒋介石的思想自成体系,混乱庞杂,集古今中外反动思想之大成。可它又以革命名词作掩护,戴上一顶三民主义的帽子,蒋介石还以孙中山的"忠实信徒"自居,这就迷惑了不少人。因此,揭开蒙在蒋介石思想上的面纱,还原其本来的面目,并不是一件十分容易的事。该书对蒋介石的言论进行了系统的研究与分析,归纳为伦理、民众、民族、政治四大观点十二个论点,既综合评析蒋介石思想全貌,又着重探讨蒋介石的政治思想本质。同时,作者以"听其言,观其行"为准绳,把蒋介石的言论和他的行动对照起来,用他的行动来检验他的言论,从理论到政治,从观点到政策,从言到行,层层进行分析,贯彻理论联系实际的原则,既有蒋介石的言行史实作为写史的根据,又有作者对问题的分析看法,其中不乏一些开拓创新的能言之有理的独立见解和观点。这种重点和全面结合,突出重点;重点之中,又主要抓住蒋介石的政治思想本质的科学与清晰的写作方法,较之前人的研究颇有新颖别致之感。

以往台湾的国民党史研究专家,都把蒋介石的思想看得高于一切,视之为孙中山思想的忠实继承,具有把中国传统文化与近代社会实践相结合的特征,因而也是民国时期国民党及其政权的理论指南。国民党的失败被认为是没有真正贯彻蒋介石思想的缘故。而以往大陆的国民党史研究者,却过多地侧重于对蒋介石的反共思想及"不抵抗主义"的批判,较少论及蒋介石思想的文化根源和政治特征，从而影响了对蒋介石思想的全面认识。庹平的这本书，把蒋介石放在时代的大背景下，条分缕析地解剖蒋介石思想的起源、发展和矛盾，较为客观地理解蒋介石思想的复杂之处。该书在逐步细致地分析蒋氏伦理观、民众观、民族观和政治观中，揭示蒋氏的伦理观、民众观、民族观和政治观都是其政治行为的铺垫，是装饰其政治行为的色彩斑斓的光环，无一不是为其政治行为服务的。只有透过政治行为的烟幕，才能理解作为大政治人物的蒋介石。这就在全面研究中抓住了蒋介石思想的核心。

该书忠于事实，坚持真理，立场鲜明，观点明确。作者对收集的大量档案和书刊史料进行去粗取精、去伪存真，由表及里的分析与研究，按照实事求是的原则，对蒋介石的错误观点进行严肃的批判。书中深刻地揭示了蒋介石的思想与孙中山的思想及戴季陶主义的关系，提出蒋介石刻意利用戴季陶主义儒化三民主义，不过是借孙中山三民主义之名而还其儒家伦理道德之实；蒋介石有时发表一些与孙中山三民主义相对接近的言论，其主要目的是在防止政敌之攻击或在扮演"信徒"之身份。作者在论述蒋介石由强调服从孙中山到强调服从蒋本人的演变过程中，联系蒋介石的所作所为，生动地勾勒出了一个深藏极端追逐权欲与利欲而又道貌岸然的伪君子灵魂。作者把蒋介石的"信仰领袖"论与法西斯主义对领袖的极端崇拜进行了比较，认为蒋介石的"信仰领袖"论把民众对领袖的服从单向化和绝对化，是一种非民主的封建性的盲从，从根本上是对现代民主政治的一种曲解和反动。作者剖析了蒋介石的"革命的人生观"，认为蒋介石在黄埔军校时期企图利用"革命的人生观"将黄埔军校学生培养成"蒋家军"之基干；在内战时期又企图利用"革命的人生观"要求部下官兵战死于'剿共'战场上。因此，驱使他人为维护蒋的权势赴汤蹈火，"杀身成仁"的"革命的人生观"，在思想范畴上与儒家伦理道德是"亲爱的两兄弟"。同时，作者又以实事求是的态度和一分为二的方法，在指出蒋介石的思想言论总体上是错误的、落后的和反动的同时，对蒋在某些特定条件下作出有利于民族和社会的言行，不论其主观愿望如何，都给予了恰当的肯定。如对"革命的人生观"的两重性的分析，"安内攘外"政策与思想的评析等。

该书着重评析蒋介石的言行对于中国近现代历史的发展演变所起过重要

的影响和作用。 尤其是作者能够从长期作为指导国民党行动根本理论的角度，揭示蒋介石推行封建伦理道德的一个最重要的影响和作用，就是使蒋介石控制的国民党，实际上成为一个以封建伦理道德为指导思想的、具有浓厚封建性的政党。"仅此一点，就基本上决定了国民党在中国现代历史舞台上的生命力是不会太强的"。 作者还能够从动态研究的角度，把蒋介石的言行放在不同时期和阶段来评价其维护蒋介石国民党政权统治的作用。 如认为蒋介石的民众观观念是因时和因需要而异的。 当蒋介石自认为需要民众帮助时，他就会称民众是主人，并要求部下官兵想尽办法来解救民众的穷苦；当蒋介石取得全国政权和形势稳定时，他就会抓住民众生活中的某些弱点不放，把民众说得一无是处，其教民、用民都是以维护其统治为目的。 如认为蒋介石的民族意识虽然随对敌斗争形势变化而有所变化，但是，蒋介石总是视领导人民进行解放斗争的中国共产党为主要敌人，并相应制定的"安内攘外"的错误政策，也是从维护其独裁专制政权出发的。 蒋之"以党治国"和"信仰领袖"论的政治观也出于此。

  该书行文平实活泼，论述客观公允，资料详实，思路开阔，脉络清晰，不仅对蒋介石这个人物的刻画很深刻，而且有较高的学术价值。 因此，我希望该书的出版不仅能唤起一般读者的极大兴趣，还能在学术界有力地推动蒋介石研究的深化。

魏宏运

前言

蒋介石曾经作为国民党的领袖,操纵中国政权20余年。他的特殊历史地位及其扮演的不可替代的历史角色,使其成为人们关注和研究的对象。蒋介石统治中国的时间较长,要研究他的东西有很多很多,学术界已经有了不少研究成果。本书所研究的主要是蒋介石的政治灵魂。选择国民党领袖蒋介石的灵魂作透视,试图从思想言论的角度来探寻蒋的政治动机与目的,以进一步加深人们对蒋的认识。这是作者的主要意图。

1949年12月10日,蒋介石乘飞机离开大陆逃往台湾,结束了其在大陆长达20余年的统治。水可载舟也可覆舟,不管蒋介石是否承认这个道理,他的的确确在人民面前栽了一个大跟头,其政权之舟也同样在人民的汪洋大海里覆没了。

蒋介石逃跑了,但他给人民留下的创痛是至深的。谁也无法否认蒋走后给大陆留下的是一个隐隐约约却又十分庞大的身影:蒋介石为什么能在大陆独裁统治22年,最终又为何逃不脱失败的厄运等等,类似的问题似乎至今仍然在好思考的人们的大脑中萦绕着。在蒋介石统治中国的20余年里,正是中国新民主主义革命急剧震荡的年代。在当时中国这个宽广无垠的历史舞台上,蒋介石以反共反人民的言行扮演了一个极其反动的政治角色。对政治上反动的蒋介石无疑是要否定的,但用辩证唯物主义看问题便可知,在蒋介石的思想中存在一些矛盾的东西。他既有鲜明的维护大地主大资产阶级根本利益的阶级倾向性,又有想争取民众以稳定和巩固国民党政权的"用民"心理;既有在帝国主义威胁和利诱下出于个人利益高于民族利益的考虑而表现出来的无奈或有意的对帝国主义的妥协态度,又有在广大民众强烈要求抗日的巨大压力下和个人民族情感或民族主义支配下产生出来的一定的反帝愿望;既能够根据此一时的政治需要极力歪曲孙中山的主张,又能够为了彼一时的政治目的在一定程度上正确解释孙中山的思想。对蒋介石思想中这些矛盾现像的简单肯定和否定，或者干脆回避它，都不是马克思主义史学工作者所应采取的态度。

当然，蒋介石在独揽国民党的党政军大权时期，总是在自己的政治灵魂上蒙起一层又一层的面纱，由政治灵魂透射出来的是一张堂而皇之的束缚人们心灵的精神罗网。揭开其面纱和撕碎其罗网至今也许仍是一个十分复杂而又非常敏感的问题。

平心而论，蒋介石虽然有些言论赋有一定的个人特色，但从根本上说，他却不能认识时代的需要或者是不愿根据时代的需要，来继往开来地批判与吸收古今中外文化宝库中有益的东西，以至在某一方面形成具有独创性且自成体系的思想。他主要是以政治家的身份来利用各种思想为己服务。就像蒋自己所言："学术上，我是一个没有造诣的人。""领袖的思想是常常变动的"。因此，蒋介石的思想具有因各种政治需要而"常常变动"的十分突出的特点。这就为研究其思想带来了很大的难度。陈铁健先生在《蒋介石与中国文化》一书的绪论中说："作为一个政治人物，蒋介石的很多行动都以实现其既定的政治目标为出发点，因此，他的文化观念具有强烈的政治性质。只有透过政治的帷幕，深窥其文化意义，才能对现代中国历史行程中出现的蒋介石现象进行深入的了解，作出科学的评估。"同样，也只有从蒋介石的言论着手研究，把握其思想脉博，才有助于掀开他的政治帷幕，科学地探究其政治动机。这当然更不是一件轻而易举的事。

本书大致按蒋介石言论的类别，主要从伦理观、民众观、民族观、政治观4个方面对蒋介石的言论分别加以研究，力图从言行结合的角度探究蒋介石的政治灵魂。希望读者在阅读中能够进一步了解和认识当年统治中国大陆的蒋介石到底说了什么，做了什么，为什么最终被中国共产党领导全国人民所推翻，并能够从中引发思考。不当之处，祈望指正。

目录

第一章　伦理观解读 ... 1

第一节　复活孔家店 ... 3

孔孟之道——"新生活运动"的实质 ... 4

"忠孝"与一党专政 ... 4

革命·党·个人英雄主义 ... 5

王阳明·曾国藩·孙中山 ... 7

民族固有道德丧失论 ... 10

五四运动"简直是一个大罪过" ... 14

"谋中国人的思想统一" ... 16

第二节　国民党党员守则中的封建道德 ... 18

四维乃"维系军心之道" ... 18

八德是"革命精神"之基础 ... 19

"伦理建设"即"国民精神建设" ... 20

以"礼"为中心的伦理道德网 ... 22

诚与行的哲学 ... 26

党员守则即为国民守则 ... 29

发起"新生活运动"竟是为了"剿共" ... 32

抗战军兴，改变了"新生活运动"的初衷 ... 34

第三节　"杀身成仁"——蒋介石倡导的"革命的人生观" ... 37

从黄埔军校开始的教育 ... 38

以个人崇拜反对个人崇拜 ... 45

以"革命"的名义将人们引入生与死的迷津 ... 46

　　　　　塑造"中华民国的岳武穆"……………………………48
　　　　　要求军人和党员，为统帅为国民党而死……………51
　　　　　要求一般国民，"只知有国家，不知有个人"………53

第二章　民众观解读……………………………………………57
第一节　工农商学兵——以职业模糊阶级概念………………59
　　　　　"国民中的知识分子，都负有教导一般国民的责任"………60
　　　　　并非不知民间疾苦………………………………………61
　　　　　北伐印象：工农能来革命，这个革命才能成功………64
　　　　　因"争民"而"重民"………………………………………65
　　　　　因"不满"而"轻民"………………………………………67
　　　　　重社稷,轻庶民……………………………………………69

第二节　"教民"方能"用民"……………………………………72
　　　　　注重民众教育……………………………………………72
　　　　　教育民众的方法…………………………………………74
　　　　　"用民"在于"剿共"和"御侮"……………………………81
　　　　　保甲制度是"用民"的最好方式…………………………82
　　　　　"教民"·"用民"论的失败………………………………84

第三节　"革命的中心目的，即在民生"………………………87
　　　　　以"平均地权"、"节制资本"诠释民生…………………87
　　　　　坦陈国民党没有把主要精力用在国民经济建设上……93
　　　　　在"中国国民党旗帜之下"资本家"完全是在保护之列"………94
　　　　　中国土地的经营及整理"更急于分配问题"……………97
　　　　　处置土地问题，应以"补助剿匪进行为前提"…………100
　　　　　二五减租——"反共的最后有效的武器"………………101

带有明显阶级特征的民生主义 ………………………… 103

第三章　民族观解读 ……………………………………………… 105

第一节　复兴民族论 ……………………………………………… 107

　　　中华民族的绝对统一性——复兴前提 ……………………… 108

　　　自强自立——复兴途径 ……………………………………… 111

　　　民族的固有道德——复兴关键 ……………………………… 112

　　　自强自立包含精神和物质双重层面 ………………………… 116

　　　复兴愿望的落空 ……………………………………………… 118

　　　提倡"哲学运动"无果 ……………………………………… 119

第二节　"卧薪尝胆"论 ………………………………………… 125

　　　"我们的敌人是帝国主义" ………………………………… 125

　　　扮左派：在民族观上不乏反帝亲共词藻 …………………… 128

　　　转向社会达尔文主义 ………………………………………… 130

　　　妥协退让，将全民族置于空前的危机之中 ………………… 132

　　　"卧薪尝胆"论成为国民党政权的对外政策 ……………… 135

第三节　"不抵抗"论 …………………………………………… 142

　　　对日方针和政策：不抵抗论 ………………………………… 142

　　　"日本人要你几时死，就可以几时死" …………………… 143

　　　一度认为：日本对中国"压迫得越厉害，我们中国革命就成功得越快当" ………………………………………………… 148

　　　"东北沦丧了，东北军队反而得以完全统一于中央"——九一八价值观 ……………………………………………………… 151

　　　中日"提携"，可以消弭世界大战 ………………………… 152

　　　对日外交提出"四不原则" ………………………………… 154

　　　　对日外交的妥协、恐惧、侥幸心态 ………………………… 156

　第四节　"安内攘外"论 …………………………………………… 160

　　　　"安内攘外"理论和政策同时形成 …………………………… 160

　　　　安内首要目标是"剿共"："赤匪一日未灭，则中正之责任一天未
　　　　尽" ……………………………………………………………… 162

　　　　安内另一目标是统一："在我一个人意志之下统一起来" …… 165

　　　　攘外即"攘日"："一息尚存，亦惟竭力抵抗" ……………… 169

　　　　攘外之心与御侮之策 …………………………………………… 170

　　　　对日政策的变化——不轻言牺牲 ……………………………… 175

第四章　政治观解读 …………………………………………………… 179

　第一节　"以党治国"论 …………………………………………… 181

　　　　孙中山认为"以党治国"是"向宪政过渡的一个特殊方法" … 181

　　　　蒋介石在阐释"党员与政府的关系"时，重提"以党治国" … 188

　　　　以党治国——一党专制——以党训政 ………………………… 190

　第二节　"信仰领袖"论 …………………………………………… 201

　　　　从忠君思想推衍出的忠于国家元首和政党领袖的现代政治观 … 201

　　　　一个党·一个领袖·一个主义 ………………………………… 204

　　　　对军队提出"三信心" ………………………………………… 208

　　　　痛说革命史的背后 ……………………………………………… 211

　　　　儒家伦理道德与法西斯主义的怪胎 …………………………… 217

注　释 …………………………………………………………………… 223

主要参考书目 …………………………………………………………… 230

第一章 伦理观解读

第一节 复活孔家店

　　控制一个政党、治理一个国家、统治一国之民，并不是一件十分容易的事，而其中最难的莫过于思想上的统一。所谓人心齐，泰山移，所谓民心所向，都是强调思想统一的极端重要性。蒋介石自1927年4月18日建立南京国民政府之后，基本上做到一个人大权独揽，独裁统治中国长达22年之久。人们或许要问，蒋介石作为国民党一党之魁，中国一国之首，他是用什么方法来控制国民党和统治中国国民的呢？应当说，在这一问题上，蒋介石除了用政治、军事等手段外，还特别注重思想方面的控制。他试图通过谋求思想上的一致性以臻国民党内部团结，以求国民党政权巩固，以遏制国民犯上作乱。为了达到这一目的，蒋介石就如何规范人们的行为准则、人们相互间和个人对社会、国家等的义务等方面狠下了功夫，发表了许多言论，提出了一些主张，逐步形成了以力倡伦理建设，推崇"四维"、"八德"和高唱"革命的人生观"为基本特征的伦理观，并实际上使之成为统一国民党、统一全体国民的指导思想。

　　只要翻开国民党的历史，人们不难发现这样一些怪而不怪却又十分严重的思想文化复古现象：1927年4月19日，也就是蒋介石建立南京国民党政权的第二天，蒋介石明令要恢复孔孟旧道德。4月23日，蒋介石又带着一批幕僚亲自到山东曲阜朝拜孔子。到了30年代，在蒋介石的操纵下，全国再度大刮尊孔之风，《大学》、《中庸》等所谓四书五经全被编为教科书，并开始在湖南、广东等省推广使用。国民党中央还把每年的8月27日规定为"孔诞纪念大典"。这一天，全国各地热闹非凡地尊孔。除国民政府和国民党中央党部在南京举行"孔子诞辰纪念会"之外，上海、北平、天津、广州、汉口、长沙、太原、杭州、南昌等地也纷纷效尤。国民党要人在这种纪念会上出头露面，发表尊孔演说。很快，一场轰轰烈烈的"新生活运动"也在全国不同程度地展开了。这个运动的主要目的之一，就是要恢复封建伦理道德和文化。这些都充分表明，在蒋介石统治中国时期，曾经于1919年被五四运动打倒了的"孔家店"又被官方堂堂正正地扶起来了，并且还被装饰一新后重新恢复到原有至高无上的地位。

孔孟之道——"新生活运动"的实质

那么，人们不禁要问，被五四运动打倒了的"孔家店"为什么在国民党统治时期又复活了呢？答案就是因为蒋介石在统治中国大陆时期，几乎一直倡行旨在恢复封建伦理道德的所谓伦理建设。在蒋介石看来，国家的建设最主要的无非是心理建设、伦理建设、精神建设、社会建设和经济建设等方面。什么是伦理建设呢？蒋介石称"伦理建设就是国民道德建设"，并认为这是国家建设中一种不可或缺的非常重要的建设，"是我们一切建设最紧要的基础"。为什么伦理建设在国家建设中是如此的重要呢？在这一问题上，蒋介石有自己独到的思维方式。在蒋介石看来："我们要建设一个国家，就先要建设我们自己的文化。"怎样来建设我们自己的文化呢？"中国不必一下子怎样建设，只要恢复固有的民族文化"。中国固有民族文化的内容十分丰富。要建设哪一些文化呢？"要恢复固有的民族文化，首先就要恢复我们民族固有的道德"，即"恢复忠、孝、仁、爱、信、义、和、平这些德性"。因此，按照这个逻辑思维方式，文化建设的基本内容就是伦理建设。有时，蒋介石在从精神建设和心理建设方面思考问题时，也往往把伦理建设与精神建设和心理建设混为一谈或相提并论，认为它们都是十分重要的建设。他说："心理建设就是国民精神建设，为革命建国的根本。"所谓精神建设是指"求民族道德的发扬"。[1]蒋介石强调要把这种求民族道德发扬的精神建设与求工业发展的物质建设"双管齐下，兼职并进"。[2]

如果就蒋介石抽象地谈论所谓恢复民族固有道德，并且把它作为精神文明建设的工作来抓这个意义上讲，蒋介石主张通过所谓伦理建设来"求民族道德的发扬"，是不能一概否定的。民族传统道德具有十分广泛的内涵，其中那些优秀的民族传统道德，是应当提倡和发扬的。蒋介石主张恢复的封建伦理道德中究竟有多少民族传统道德的正确内涵？这是一个需要进行具体和深入研究的问题，在此不作专题讨论。这里所研究和探讨的，是进一步弄清当时作为最高统治者的蒋介石，为什么会如此努力提倡和推行封建伦理道德的建设，也就是说，他这样做的主要政治目的是什么？

"忠孝"与一党专政

要弄清这一问题，不妨先理一理蒋介石倡导恢复封建伦理道德的基本思路。根据蒋介石的言论，他的思路大致是这样的：一方面，蒋介石认为如果用封建伦理道德中的忠孝两个德目来规范人民，使之能时刻想到要对国家尽全忠和对民族尽大孝，那么，这样的人民就一定是好统治的人民。基于这一想法，蒋介石希望通过伦理建设来恢复忠孝仁义等封建伦理道德，特别强调要"恢复我国固有的伦理，而使之扩充光大，而其最重要的条目，则发扬我国民重礼尚义、明廉知耻的德性，这种德性即四维八德之所由表现。而四维八德又以忠孝为根本"。使之作为"中国教忠教孝的极则"，进而达到全体国民自愿"为国家尽全忠，为民族尽大孝，公而忘私，国而忘家"之目的。另一方面，蒋介石认为还可以用封建伦理道德作为规范国民一切言行的准绳。他十分强调人与人之间、个人与社会之间以及个人与国家之间，都必须严格的受封建伦理道德的约束。他称这种约束是"倡明固有的人伦关系"。为什么只有这样才能倡明固有的人伦关系呢？蒋介石进一步从理论上阐述说："所谓伦理——照中国文字的本意说，伦就是类，理就是纹理，引申为一切有条贯、有脉络可寻的条理，是说明人对人的关系，这中间包括分子对群体的关系，分子与分子的关系，亦即是人对于家庭、邻里、社会、国家和世界人类应该怎样，阐明他各种关系上正当的态度，诉之为理性而定为行为的标准"。[3] 由于国民党政权是一党专制的政权，蒋介石又是这个专制政权的首脑，显然，蒋介石在这里所言的国家和以及统一于国家的民族，绝不是抽象的，而是具体指由国民党把握政权的国家和由国民党作代言人的民族。所以，蒋介石主张恢复封建伦理道德是有很明显的政治用意的。他是想用封建伦理道德来规范国民的一切行为，使之成为约束国民的一个有力的精神工具。

那么，人们不禁要问，在蒋介石生活的时代，尤其是在五四运动发生直到他建立南京国民党政权以前，这一中国共产党成立和国共两党合作领导大革命的特殊历史时期，西方各种思想传入中国，竞相纷呈，为什么蒋介石没有看中西方任何一种思想，而单单只青睐中国封建社会土生土长的封建伦理道德并把它奉为经典呢？这是一个必须要弄清的问题，也是一个十分耐人寻味的问题。

为了弄清这一问题，很有必要费些笔墨追溯一下在孙中山去世后到蒋介石发动四·一二反革命政变前这一时期的历史。如果细心查一查蒋介石的言论，就会很清楚地发现这样一种现象，即在这个时期，蒋介石对封建伦理道德的态度，经历了一个由赞成到坚决反对的过程。

革命·党·个人英雄主义

在国民党的历史上，最系统地对孙中山三民主义进行歪曲和篡改的是戴季陶。 1925年3月12日，孙中山在北京逝世后不久，戴季陶就在其为国民党一届一中全会起草的《接受总理遗嘱宣言》中，提出要建立以所谓"纯正的三民主义"为中心思想的国民党"最高原则"的建议。 他把孙中山的遗教看成是国民党的原则，任何人"不得有所持创"。 接着，他又与国民党老右派沈定一操纵浙江省国民党执行委员会通过文件，将孙中山具有反帝反封建特色的革命的三民主义歪曲为"实现仁爱之要理"。 继而他又于1925年4月至7月间相继发表了《孙文主义之哲学基础的演讲词》、《民生哲学系统表说明》、《孙文主义之哲学的基础》、《国民革命与中国国民党》等演讲词、文章和小册子，开始系统地从理论上把孙中山的革命思想完全儒化，进而形成有自己理论体系的戴季陶主义。 为了使孙中山的三民主义与孔孟的儒家伦理学说完全结合起来，戴季陶特别强调说："中山先生的思想，完全是中国的正统思想；就是继承尧舜以至孔孟而中绝的仁义道德思想"。 "先生实在是孔子以后中国道德文化上继往开来的大圣"。[4] 戴季陶主义出现后，立即遭到中国共产党人的严厉批判。

那么，这时的蒋介石与戴季陶是什么关系呢？ 应当说，蒋介石与戴季陶的思想是一致的。 这时，蒋介石身任黄埔军校校长。 他虽然在思想理论上没有戴季陶那样深的造诣，但是，他对于戴季陶的儒化孙中山三民主义的观点打内心里十分赞成，因而发表了一些与戴季陶主义遥相呼应的言论。 其中，最突出的是1925年底，蒋介石在给陆军军官学校第三期同学录的序言中，曾公开宣传"革命之道"就是"大学之道"的观点，实际上起到了与戴季陶主义异曲同工的作用。 他说："革命之道，仁爱之道，亦亲亲之道也。 大学之道，在于明德亲民，而止于至善，革命之学，始于格致诚正，而终于修齐治平。 大矣哉！ 革命之学也！ 革命之学，大学也；革命之道，大学之道也"。[5]

可是，到了1926年1月国民党召开第二次全国代表大会对戴季陶发出"促其猛醒，不可再误"的警告后，蒋介石眼见国民党左派势力以及共产党的力量强大，就不再宣传这个观点了。 当时，由于只注意对戴季陶主义的批判，以致蒋介石的这个序言在黄埔军校学生中流传也未引起国民党左派和中国共产党人的注意和重视。 不仅如此，蒋介石反而还因1925年10至11月作为第二次东征军的总指挥，取得了东征陈炯明的胜利而"成了著名的革命人物"。[6] 这以后，蒋介石在党、政、军舞台上纵横捭阖，得心应手，平步青云。 他对政治风向表现出极度的敏感性。 在对待戴季陶主义的问题上，蒋介石来了个一百八十度的大转弯，不仅在言论上与戴季陶主义划清界限，反而还对戴季陶反戈一击，在公开的演讲中，不指名地大骂儒化三民主义的人是孙中山的不肖之徒。 他说："总理的三民主义为适应时代的要求，解决现在和将来社会矛盾的产物。"若把孙中山的三民主义看成是"东乞于老聃、孔丘,西乞于柏拉图、亚里斯多得"的"数千年前之陈羹剩饭",这"于三民主义亦不免'削足适履'之讥笑",更是"尊总理以侮总理,则总理之不肖徒也。吾当鸣鼓而攻之"。1926年7月北伐开始后,蒋介石官至国民党军事委员会主席和国民革命军总司令。这时,他继续发表反对封建伦理道德的言论,一方面强烈指责北洋军阀吴佩孚"利用国人之专制传统思想,日倡复古,反抗潮流",是"托偶像以树权威,藉名教以济奸科";另一方面大声呼吁全国民众在这个"时代转捩之日",必须联合起来"消灭封建残余,打破正统思想"。[7]诚然,蒋介石的这些宣传在客观上对革命的发展是有益的,不失为革命的言论。这也是不少人,甚至包括中国共产党的总书记陈独秀也把蒋介石视为国民党的"左派"的一个很重要的原因。然而,当时已有人对蒋介石的革命言论表示怀疑,认为在蒋介石的革命言论背后,隐藏着一种个人英雄主义,它将导致蒋介石走向反革命。他一针见地指出:"蒋氏此时言论固然很革命,即行动也向着革命的路上走;惟隐微中时时表露其个人英雄主义,表现其个人之权与力超于党之上,离开党的个人英雄主义,没有党的制裁,便会走到反革命,中外历史上这种英雄很多,恐怕蒋介石也就是一个"。[8]

王阳明·曾国藩·孙中山

蒋介石彼一时赞成戴季陶主义,此一时又与戴季陶主义划清界限。那么,他真正信仰的东西是什么呢?弄清这个问题是很有必要的。因此,还必须把蒋介石个人的历史往前翻一翻,看一看蒋介石从小到大学了一些什么东西,受到哪些思想的影响并最终接受了什么思想。

从蒋介石青少年时代所学的东西来看,蒋介石啃过一些儒家经典,受儒家思想影响颇深。他在1893年6岁时就"熟读了四书",1895年8岁时再读四书中的《大学》和《中庸》,1896年9岁时又读四书中的《论语》和《孟子》,还"读礼记"。到了1897年,年满10岁的蒋介石开始由其母亲王太夫人教以礼乐。此后,蒋介石或在家或跟名师读春秋、左传、尚书等。直到1903年,16岁的蒋介石才进入奉化县城凤麓学堂去接受新式教育,但由于凤麓学堂的老师多数是"绩学殉儒","外表虽然具备新的形式,但内容则不脱偏重旧学的故态,和私塾不同的地方仍然很少",[9]因此,蒋介石在这里所学的还是少不了儒家学说之类的东西。1904年,17岁的蒋介石赴宁波县城,师从"顾清廉于箭金公学,读周秦诸子,说文解字及曾文正集,并研究性理之学",又深深地受到儒家学说的熏陶,儒学在他的心里深深地扎下了根。其间，顾清廉在给蒋介石讲孙子兵法的同时，还讲述"民族大义"，讲述孙中山在国外从事民主活动的情况，讲述日本是由于明治维新才强盛国家，讲述要使中国改变落后状况，就必须壮大军事力量的道理，这使蒋介石开始有"出国学陆军之志愿"。[10] 次年，蒋介石入龙津中学就读，但心里一直想着出国学陆军，并且还在日记中具体地"计划着到日本习修军事科学"。[11] 至1907年，21岁的蒋介石终于如愿以尝，东渡日本进入东京振武学校正式学军事，专修炮兵。

日本在当时是中国留学生主要集结地，孙中山的民主革命思想在这些留学生中有很大的影响。这时，来到日本的蒋介石虽然经陈其美介绍也加入了孙中山建立的同盟会，然而，他在思想上却没有重点接受孙中山的革命主张。他在学习军事的同时，还把功夫狠下在不断地阅读和理解儒学书籍上，尤其是一心扑在研习王阳明的儒学著作《传习录》上，且达到了如醉如痴的地步。这正如蒋介石自己所说：

当我早年留学日本的时候，不论在火车上、电车上或在轮渡上，凡是在旅行的时候，总是看到许多日本人都在读王阳明"传习录"，……后来我到书坊去买书，发现关于王阳明哲学一类的书籍很多，有些还是我们国内所见不到的；我于是将王阳明有关的各种书籍，尽我所有的财力都买了下来，不断地阅读理解，到后来对于这个哲学真是有手之舞之足之蹈之一种心领神驰的仰慕。[12]

到了1913年，孙中山在日本重组中华革命党时，蒋介石虽然又在上海参加了这个革命组织，但在这个时期他仍然没有要从根本上接受孙中山革命思想的倾向，而是不仅"熟读了曾文正公（国藩）全集"，并且还"受益很多"。[13] 众所周知，曾国藩长期"致力程朱理学"是近代中国著名的"理学大师"、"一代儒宗"。蒋介石之所以"熟读"曾国藩的著作，当然是受其儒学理论所吸引，是奔着他的儒学而来的。

就这样，通过青少年时代反复地学习和研究儒家经典及其学说，儒家的东西逐渐地充斥了蒋介石的脑子，从而也渐渐地确立了牢固的儒学人生观。蒋介石到底是什么时候才正式确立儒学人生观的呢？ 蒋介石自己有个说法。按蒋介石的说法，他是在1915年，也就是他28岁的时候正式确立了儒学人生观，他称之为"革命的人生观"。 他描述说："我是直到二十八岁的时候，总理对我讲大学之道，才知道这部书是一部最有价值的政治哲学"，"后来再不断研究，就觉得其中每一句话，都有深切的道理，于是我的人生观，乃由此确立，亦可说我的革命人生观，在二十八岁时，就确定了"。[14] 如果像蒋介石所说，他真的是在1915年孙中山讲大学之道后才确立儒学人生观的话，那么，这正说明他直到此时还没有认识到孙中山革命思想的重要性，而只是对孙中山革命思想中的儒学因素有着浓厚的兴趣。孙中山经常向他人解释自己的主义是"革命学"，并且还具体阐述说："余所治者，乃革命之学问也。凡一切学术，有可能助余革命之知识及能力者，余皆用以为研究之原料，而组成余之'革命学'也。"[15]然而，这时正在日本的蒋介石，一方面在读巴尔克的战术书，另一方面常读王阳明、曾国藩的儒学书，并且以他们二人的理论作为自己的政治学之根底。他不仅没有从根本上接受孙中山的"革命学"，反而却在孙中山讲大学之道之际确立了儒学人生观，这反映出他与孙中山在思想上的不同轨，已经具有鲜明的旧与新的分野。

后来，在对五四前后新文化运动的不同态度上，更进一步体现出蒋介石与孙中山之间存在着思想上的本质差异。五四运动前后新文化运动产生的思想解放冲击波，对许多人都产生了不同程度的影响。赞成民主与科学，反对封建专制和儒家伦理道德的人们，不是亲自参加运动，就是为运动而赞扬和欢呼。孙中山对五四运动所带来的思想解放给以很高的评价，且寄予莫大的希望。他说：

> 自北京大学学生发生五四运动以来，一般爱国青年，无不以革命思想为将来革命事业之预备。于是蓬蓬勃勃，发抒言论，国内各界舆论，一致同倡。各种出版物，为热心青年们所举办者，纷纷应时而出。扬葩吐艳，各极其致，社会遂蒙受极大之影响……此种新文化运动，在我国今日，诚为思想界空前之大变动……吾党欲收革命之成功，必有赖于思想之变动……故此种新文化运动，实为最有价值之事。[16]

蒋介石坚定的儒学人生观，决定其必然要持与孙中山相反的态度。但是，他没有也不敢与孙中山唱异曲，而只是在1921年前的"近年来尝治宋儒性理家言"。[17]这实际上是对思想解放运动呈现出消极的抵抗。

揆诸蒋介石青少年时代的历史，清楚地见到由于儒家思想先入为主地在蒋介石的脑子里扎下了深深的根，以至于严重影响到他一直未能从根本上接受孙中山的民主革命思想。所以，蒋介石在戴季陶主义出现后不久就发表言论表示赞成，这完全是一种思想本能的反映，是他内心深处儒学人生观的第一次大曝光。后来的事实证明，蒋介石在戴季陶主义遭到批判后，又一反常态地发表批判儒家学说的"革命"言论，这不过是一种企图掩盖其内心深处儒学人生观的假象。

1927年4月，正当北伐战争顺利发展时，蒋介石利用自己实际执掌党军政大权的地位，公开背叛了国共两党领导的大革命，在屠杀共产党人和革命民众的腥风血雨中建立起南京国民党政权。不久，他就开始着手一步一步地恢复封建伦理道德。不过，蒋介石知道要恢复被五四运动打倒了的孔孟旧道德并非一件易事，因而一开始他还只是在公开场合一再阐明不能反对孔子及其礼教的理由。他说："北方人对礼教比南方看得重，因之我们做政治工作的人员，不能做刻板的宣传"，"在北方宣传，反对礼教是不行的！""我们虽然不注重礼教，但亦不必反对礼教，反对礼教是不行的！""尤其是对于孔子，更不好反对"。[18]但是，当蒋介石国民党政权迫切需要儒家伦理道德作为统治人民思想的工具时，蒋介石就不再遮遮掩掩了。他就按照自己预定的计划，在全国公开地倡导要大张旗鼓地从事伦理建设，以恢复儒家伦理道德，并以开展所谓"新生活运动"把这种伦理建设推向一个高潮。

民族固有道德丧失论

　　怎样才能把被五四运动打倒了的封建伦理道德恢复到原有崇高的地位呢？在这个问题上蒋介石是很费了脑筋的。无论怎么说，孙中山领导民主革命几十年，民主的思想已经极大地深入人心，如果公开地用封建伦理道德来替换孙中山的三民主义，必然会遭到普遍反对。这一点，蒋介石是非常清楚的。因此，为了使伦理建设顺利进行，蒋介石还特意制造了"三民主义儒化论"和"民族固有道德丧失论"两个理论。

　　所谓"三民主义儒化论"，就是蒋介石将孙中山的三民主义与封建伦理道德融为一体，进而借孙中山三民主义之名，还其儒家伦理道德之实。

　　蒋介石儒化孙中山的三民主义，主要是靠自己的权威实施高压政策，来达到独自牢牢执掌孙中山三民主义的解释权之目的。蒋介石深刻地认识到，孙中山的三民主义是国民党的指导思想，因而要恢复封建伦理道德，首先就要在孙中山的三民主义上做文章。蒋介石还深刻地认识到，大凡真心参加过孙中山领导的民主革命，并且还读过孙中山理论著作的民主革命者，一般都会认为孙中山的三民主义是革命的三民主义。他们在宣传孙中山三民主义的时候，肯定要着重宣传其革命的实质。这些人对孙中山三民主义的理解和宣传，具有很大的影响力。对此，蒋介石也是十分清楚的。为了使全国对孙中山三民主义本质的认识统一起来，蒋介石决定将孙中山三民主义的解释权完全掌握在自己的手里。真正做到对什么是孙中山三民主义，孙中山三民主义的本质是什么等问题的解释，全国只有蒋介石一人说了算，绝不允许其他人对孙中山的三民主义进行解释和发挥。据现有资料所知，1929年3月，蒋介石在国民党第三次全国代表大会上，首次宣称只有他对孙中山三民主义的解释才是正确的。除他之外，其他所有人对孙中山三民主义的解释都是错误的。这实际上是正式把孙中山三民主义解释权收归蒋介石一人所有了。蒋介石在会上严厉批评说："许多同志不根据三民主义去发挥本党的革命理论，而离开三民主义，自己任意发挥个人的见解，致使党内理论分歧，思想复杂"，对这些见解他"当然不敢附和，亦不敢赞同"。[19] 于是，对孙中山的三民主义的理解和解释问题，就上升为一个影响国民党党内团结的严肃的政治问题。在这样严肃的问题上，除蒋介石是唯一有发言权的人外，其他人就绝不能说三道四了。为了使别人相信自己对孙中山三民主义的解释是正确的，蒋介石一再表白自己是孙中山三民主义的"信徒"，毕生"服膺三民主义"。[20] 蒋介石通过这样的政治高压手段，使对三民主义的解释权始终理所当然地由他这个"服膺三民主义"的"信徒"把握着。

蒋介石儒化孙中山三民主义的方法是比较简单的。他按照戴季陶主义依样画葫芦，把儒家伦理道德与孙中山的三民主义融为一体，进而把儒家伦理道德说成是孙中山三民主义的基本精神或实质，由此达到使封建伦理道德获得至高无上地位之目的。与戴季陶一样，蒋介石也认为，孙中山的三民主义之来源和基本精神，都是儒家的伦理道德思想；孙中山本人亦是孔子的继承人。蒋介石经常宣传说："中国固有的道德是不会变的，不过已经没有人去发明整理而已。""由总理整理起来，整理之后，才成为了这个三民主义"。[21] "我们总理的学问，许多是自大学、中庸研究出来的。他研究的基础，完全在那二本书上"。"三民主义的基本精神，就是'忠、孝、仁、爱、礼、义、和、平'八德，而实现八德的途径，就是要实践'礼、义、廉、耻'四维"；军人则要实践"中国古来军人所讲的'智、信、仁、勇、严'的武德"。蒋介石甚至干脆从戴季陶的《民生哲学系统表说明》一文中，一字不改地抄来一句话作为自己的观点。他说："先生的基本思想，完全渊源于中国正统思想的中庸之道。先生实在是孔子之后，中国道德文化上继往开来的大圣。"[22] 显然，经过蒋介石阐释后的孙中山三民主义，就不再是具有革命本质的三民主义，而是完完全全、地地道道的儒家伦理道德思想了。孙中山的三民主义就这样被蒋介石儒化了，孙中山本人亦由一个伟大的民主革命家儒化为一个大儒家。实际上，确切地说，经蒋介石儒化了的孙中山三民主义，就变成了蒋记三民主义了。

那么，孙中山的三民主义源于何处，是源于儒家思想还是源于其他思想？孙中山的三民主义之基本精神到底是革命的还是封建伦理道德呢？蒋介石真的不知道,还是有意歪曲? 这些问题是很容易弄清楚的。 只要听过孙中山的演讲或看过他的言论集便很容易弄清这些问题,蒋介石也不例外。 实际上,多次听过孙中山演讲的蒋介石,有时在一定的场合根据自己的需要也能够按照孙中山本意来理解其三民主义。 在关于孙中山三民主义的来源问题上,蒋介石就这样说:"三民主义是总理留给大家的全部遗产,它的内涵,是渊源于中国固有的政治与伦理哲学之正统思想,而同时参酌中国国情,撷取欧美社会科学,和政治制度之精华,再加以自己独见的许多真理,融铸之整个的完美的思想体系"。 在关于孙中山三民主义的基本精神问题上,蒋介石也这样说:"有人竟把三民主义中间的社会革命性抹煞,这也是明白的违反总理的三民主义"。[23] 应该说,蒋介石的这些理解是基本符合孙中山本意的。 因为孙中山在阐述自己的思想来源时,曾明确地说:"余之谈中国革命,其所持主义,有因袭吾国固有之思想者,有规抚欧洲学说事迹者,有吾所独见而创获者。"这就是说,孙中山已经明确地表明他的思想来源是多方面的,绝对不是仅有儒家思想来源一个途径。 为了不使人引起误解,孙中山还进一步具体地解释自己的三民主义说:"余之民族主义,特就先民所遗著者,发挥而光大之,且改良其缺点";民权主义是"取资于欧美"的"三权分立"和"中国相传考试之制,纠察之制""并立";民生主义"是参综社会经济诸家学说,比较其得失,觉国家产业主义,尤深稳而可行"。 当然,孙中山在论述其民族主义时,也曾谈到儒家伦理道德如忠、孝、仁、爱、信、义、和、平等,主张把它们"恢复起来"。 蒋介石儒化三民主义所谓的主要依据也就在此。 其实,孙中山的思想是开放性的,正如孙中山自己所强调的,只要于他"革命学"有益的,他都加以利用。 更重要的是,开放性的思想眼光使孙中山更敏锐地认识到:外国的新文化在指导个人修养方面也是十分必要的。 他在说过要恢复旧道德一番话之后,紧接着又指出:"今天要讲修身,诸位新青年应该学习外国的新文化。"因此,为了使自己的主义与其他旧道德等思想根本区别开来,孙中山在阐述三民主义的基本精神时,常称自己的主义是"革命学"和"革命主义"。[24] 但是,由于蒋介石所真正需要的,并不是孙中山的革命的三民主义,而是孙中山三民主义中的某些儒学成分,所以在蒋介石的眼里,儒家学说要比孙中山的三民主义更有用,甚至他也认为"半部论语,即可以治天下"。[25] 因此,蒋介石尽管知道孙中山的三民主义是革命的三民主义,也有时能相对接近原意地阐述孙中山的三民主义,但他的这种较为正确的阐述并不表明他认同孙中山三民主义的革命性,而主要是他在特定场合和环境下,用来防止政敌攻击自己的盾牌和自己以"信徒"身份攻击他人的利器。

所谓民族固有道德丧失论,就是蒋介石根据自己的主观感觉和设想,通过命题和论证来阐述中国民族固有道德已经丧失尽净了。

在蒋介石看来,之所以国民党政权总是遭到广大人民群众的坚决反对,除了有中国共产党的发动和领导作用外,还有一个十分重要的原因,就是中国固有道德已经丧失了。否则,人民群众是绝不会跟着中国共产党"犯上作乱"的。出于这种考虑,蒋介石经常用不同的措辞提出中国已经丧失民族固有道德的同一个命题。他说:"中国的旧道德已打破了,新的科学方法还没有建立,大家又不肯遵守法律规范,人心这东西,几乎没有了。"又说:"我们固有的民族道德精神,丧失得一干二净"。还说:"中国人不知道廉耻","不知道礼义,""父不父、子不子、上不上、下不下",或者说:"一般人都没有礼、义、廉、耻,都丧失了忠、孝、仁、爱、信、义、和、平诸固有的德性"。[26]那么,造成中国民族固有道德丧失的主要原因是什么呢？在这个问题上,蒋介石进行过深层次的思考,他从许多方面寻找原因,以求自圆其说。

蒋介石在思考清政府的教育政策时,认为由清政府对汉民族长期实施"亡国"的教育,是导致中国民族固有道德丧失的一个主要原因。在这个问题上,蒋介石的观点十分突出。他明确指出,清政府为消灭汉人的民族意识,在教育方面不讲"忠"的道理,亦不提"耻"的观念,这是一种亡国的教育。由于清政府把"这种亡国教育在中国实施了三百年,结果使中国人统统廉耻丧尽,气节扫地"。因此,蒋介石强调要"恢复我们民族固有的道德",尤其是要恢复"被清政府消灭二百余年的'忠'字,特别要发扬光大"。[27]蒋介石认为,清政府之所以没有被太平天国推翻,其中一个最重要的原因,就是因为有曾国藩、胡林翼等汉人儒将提倡恢复中国的固有道德,并以此教育出一批学生和弟子。他说:"如曾胡一般先贤,他们当时救国的基本精神,就是提倡中国固有的道德,就是孔孟之道。"他们"以此教其学生,教其子弟,教出来共同一致,努力救国。所以能将这样危亡的国家还能救转过来"。[28]在这里,蒋介石想效仿曾国藩、胡林翼等人,从教育着手来恢复中国固有的道德"孔孟之道"之意图是非常明显的。

蒋介石在思考列强入侵对中国的影响时,认为帝国主义强迫中国政府签订的不平等条约,也是导致中国民族固有道德丧失的一个主要原因。蒋介石认为,帝国主义与中国签订的不平等条约对中国的影响是很深的,其中最突出的和最恶劣的影响就是导致中国固有民族道德的丧失。他说:"近百年来中国在不平等条约之下,社会风气日趋败坏","礼义扫地,廉耻荡然,民族道德之堕落,可以说莫此为甚"。尤其是"租界与领事裁判权对于中国的伦理更有无穷的影响"。"百年来,租界流风所致,一般人士对这些常理,不但忽略，亦且鄙弃。于是父子、夫妇、兄弟、朋友、尊卑长幼之间，邻里乡党之际，不复有相亲相爱之心"，"随处无道德标准自律"。"国民道德的堕落，民族自信心的丧失，至此可谓到了极点"。[29]蒋介石的这些话，主要是想说明帝国主义不平等条约对中国"固有道德"的极大破坏性。当然，由于帝国主义不平等条约对中国的影响是巨大的，也是多方面的。它包括对中国文化方面的影响，其中无疑也会有对道德方面的影响。但是，应当看到，帝国主义不平等条约对中国的主要影响，首先是在政治上和经济上导致了中国社会性质的改变。帝国主义通过侵略战争迫使中国政府签订不平等条约，进而使中国变成一个半殖民地半封建社会。帝国主义和中国封建统治者相互勾结来剥削和压迫中国人民，前者"以华制华"，后者则以"洋人的朝廷"来听任摆布。结果，中国国内的封建统治秩序依旧，维护这一统治秩序的儒家伦理道德仍然是控制广大民众的精神幽灵。至于租界这一"国中之国"，它在政治、经济、文化各方面无疑是西方文化制度的缩影，但它对周围地区的辐射力是极为有限的，并不是像蒋介石所说的那样，它已经对中国儒家伦理道德产生了上述巨大的破坏力。在此，应当说，蒋介石从中国封建伦理道德因帝国主义侵略而遭到破坏的角度，来揭露帝国主义的侵略行径，这个本意是无可厚非的。但是，由于蒋介石把帝国主义不平等条约对中国的危害有意落脚在其对封建伦理道德的破坏上，甚至还把它夸大到难以置信的地步，这就充分反映蒋介石主要是从根本维护国民党专制政权及其统治秩序这一特殊政治角度上，坚决反对与中国儒家伦理道德格格不入的西方文化观。

五四运动"简直是一个大罪过"

蒋介石在思考五四运动对中国文化的影响这一问题时，认为五四运动以来西方各种思潮，尤其是无政府主义思想和共产主义思想输入中国后，对儒家伦理道德观产生了的严重冲击和破坏作用。本来，1917年俄国十月革命的一声炮响，给中国送来了马克思列宁主义，进而使中国人民空前觉醒起来，产生了一批以陈独秀、李大钊等为代表的具有初步共产主义思想的知识分子。至1919年五四运动以后，马克思主义在中国得到广泛的传播，成为指导中国人民革命的有力的思想武器。在马克思主义传入中国的同时，还有其他西方的思想如无政府主义等也传入中国，并产生了较大的影响，对促进中国思想解放起了不容忽视的积极作用。但是，蒋介石认为，五四运动以后各种西方思潮传入中国，尤其是无政府主义和马克思主义传入中国，从文化上给中国带来了极坏的影响，特别是破坏了中国固有的民族道德，他称这是"害国"，是"一个大罪过"。蒋介石说:"五四以后,自由主义与共产主义的思想,流行国内",这些思想"违反了中国固有的文化精神",尤其是"共产主义初期输入中国,中国所有的文化道德均有被其打破的形势"。由于蒋介石特别害怕西方个性解放与民主和科学观念对中国的影响,因而他站在儒家伦理道德卫道士的立场上对五四运动中出现的新文化观念加以全盘否定。由于蒋介石在五四运动期间对当时的思想解放曾表现出消极抵抗态度,对新出现的一切新的文化观念都看在眼里,恨在心上,因而在批评五四运动时,他还能记忆犹新地说:"我还记得当时的新文化运动中有一句口号,盛行于教育界的,就是要发展个性。"蒋介石对此是坚决反对的,因为他所强调和倡导的是所谓"仁爱的人性",即"生活行动上所表现出来的礼、义、廉、耻"。所以,蒋介石强烈指责发展个性就是"发展其兽性与罪恶性,而埋没他高尚的人性与良知了"。所以蒋要求人们"一定要存天理,去人欲",绝不能发展"个性"。至于"民主"与"科学",蒋介石也是反对的。他认为五四时期所有的新文化运动,就其所揭示的"民主"与"科学"两大目标来说,其本身是完全失败了,"不仅失败,而且将我们中国固有高尚的民族道德与伦理哲学,完全鄙弃。由是不三不四的思想,与各种异端邪说,一齐传布出来,反而使中国真正的文化,有陷于无形消失的危险!"因而他斥责说:"过去的和现在的文化运动,实际上不是爱国的,而是害国的!""像这样的文化运动,对于国家、民族与人类社会,简直是一个大罪过!"[30]的确,封建的、落后的儒家伦理道德,主要是在五四前后因西方各种思潮的猛烈冲击才导致其权威一落千丈。但是,这绝不是"一个大罪过",而是一大功绩。因为不冲破儒家伦理道德对人们的禁锢,就不会出现思想解放的可喜局面;没有思想解放,中国将会永远在封建制度中徘徊,中国历史的发展就要长期远远地落后于西方。

三民主义儒化论和民族固有道德丧失论是蒋介石力倡伦理建设的两个基本理论,前者把儒家伦理道德实际上提到取孙中山三民主义而代之的地位,后者是以所谓民族固有道德的丧失为借口,来对五四运动前后输入的一切西方思潮和文化观念一概加以否定。这两个理论是互相联系的,既互为条件又相辅相成。抬高儒家伦理道德的地位,根本目的在于否定其他思想,而只有在否定其他思想的基础上,才能把儒家伦理道德地位拔到至高无上的地位。蒋介石这种在思想上倡旧灭新的作法,与西汉董仲舒要汉武帝"罢黜百家,独尊儒术"相比较,在形式上有着十分相似之处。

为了模糊人们的认识,混淆新与旧的观念,进而使旧的封建伦理道德也赋予"新"的面目,以便人们能够乐意接受,蒋介石还提出一个所谓"辩证的哲学"。蒋介石的"辩证的哲学",是否定事物在由新到旧的变化过程中有一个由量变到质变的过程,甚至否定一切事物有新与旧的区别。蒋介石特别强调时间是一瞬即成过去的,人类文化是不断积累而来的,所以天下没有一件东西,不是从旧的东西来的;所以从根本上讲起来,根本就无所谓新旧,天下没有一件东西是新的。因此,蒋介石进一步提出这样一个结论:"甚至可以说越是新的东西越旧,越是旧的东西越新。"[31]众所周知,事物在量变时期具有原来的质的稳定性,经质变后才使原来的质发生变化,原有事物的本质规定性便消失。旧事物向新事物的变化是一个质的飞跃,两者绝没有等同的意义,也不可互换。很显然,蒋介石所谓的"辩证的哲学",实质上是一种诡辩的哲学。

蒋介石作为中国的最高统治者,如此"用心良苦"地倡导和推行封建伦理道德,肯定是有其政治用意的。那么,他的政治用意是什么呢? 蒋介石的政治用意,主要在于以封建伦理道德来抵制其他不利于其政权统治的一切思想和主义以及规范人们的一切言行。

"谋中国人的思想统一"

蒋介石试图用封建伦理道德,来抵制其他一切不利于国民党政权统治的思想和主义的用意,是非常明确的。蒋介石深知五四运动前后发生的思想解放运动,其影响一直往下稽延,即使到了1927年4月南京政府建立以后,当时输入中国的各种思想,仍然活跃不已。蒋介石对此尤感头痛和不安。他最担心的是这些主义和思想已经严重危害到国民党专制政权。因此,他常常深有感触地说:"北伐以后","其中以思想混乱,是非颠倒,最足寒心",因为"在此时期,竟有人假'民主'的口号,掩护其封建割剧,以'自由'的口号,装饰其反动与暴乱,而以'专制'、'独裁'种种污辱与侮蔑,加之国家统一大业,而企图使之毁灭"。这表明,在蒋介石看来,从他南京政权建立一开始,西方的民主、自由思想,就成为他通往独裁政治道路上的主要障碍之一。因为各种主义盛行,必然导致思想复杂,如此就很难统一中国的民心。在蒋介石的眼里,现在社会上的主义派别很多,有狭隘的国家主义,有在中国不适合的共产主义,有存在千万年后或能实现的无政府主义。就是同在三民主义之下,还有许多理想,自己任意解释,有的以为三民主义近于国家主义,有的以为近于共产主义。所以,"现在可说是一个思想很纷杂的时代"。蒋介石把社会上主义的流行和社会上出版的各种小册子之多,形象地称为"真多似过江的鲫鱼"。蒋介石认为,上述这些思想和言论对中国的危害是极其严重的,既妨碍中国人的思想统一,也妨碍青年的思想统一,因为它们"均是些诱惑青年走入歧途的恶化或腐化的言论"。因此，蒋介石十分强调统一思想是"国家能够健全的第一步工作"，他要用经他儒化了的三民主义来统一全国青年的思想，并进一步"谋中国人的思想统一"。他规定除了他儒化了的三民主义之外，"再不好有第二个思想来扰乱中国"。即使在国民党内，凡不符合蒋氏三民主义的其他一切思想，也一概被蒋介石斥之为"误解民主集权的精神，徒慕民主的虚名"，"实足以淆惑三民主义的真义，动摇本党的基础"。所以，蒋介石要通过伦理建设，把儒化了的三民主义定为"建国的最高原则"，使全国上下都以"传统的民族道德作为行为的标准"。[32]他还明确表示：谁敢反对，他就要命令军队"共同一致去收拾他们"。[33]

　　蒋介石试图用封建伦理道德来抵制规范人们的一切言行，进而稳定国民党政权统治秩序的用意，也是非常明确的。蒋介石认为，之所以有人要反对国民党及其政府，其中的一个主要原因，就是因为民族道德的衰落。他说，有人总是"阴谋推翻国民政府，打倒国民党。这是什么原因呢？就是由于中国民族性的衰落"。[34]他认为，通过伦理建设便可以使人们对国家尽忠和对民族尽孝，因而可以减少一些"犯上作乱"行为。他说："我们为什么要着重伦理建设，简单说，是要……使我四万万同胞，人人能牺牲小我，舍己利群，尽忠国家，尽孝民族。"用伦理道德约束人们的言行，与用法纪和暴力镇压民众相比较，蒋介石觉得前者更有利，也更有效，因为它是一种无形的心灵束缚。在蒋介石看来，伦理乃是从人类本质上启发其自觉心，而法制是代表国家公共权力，它带有强制性；伦理不仅是指明某种行为是正当的，而是从人生意义上去探求为什么这种行为是不正当的；法制只是行为的正当与不正当，不允许人们逃避其所当为，或其所不当为而已。"所以伦理的教义，比较法律更极积、更自然，亦更能深入人心"。[35]也就是说，伦理这个东西，更主要地是被蒋介石拿来用作一根束缚人们心灵的无形的精神绳索了。

第二节 国民党党员守则中的封建道德

之所以蒋介石积极倡导和推行封建伦理建设，这不仅仅是因为他对封建伦理道德情有独钟，还主要是因为他看中了封建伦理道德的种种社会政治作用。那么，在蒋介石的眼里，他看中了封建伦理道德的哪些社会政治作用呢？封建伦理道德的德目众多，内容丰富，但最主要的德目有"四维"、"八德"和"五伦"这三类。"四维"是指礼义廉耻；"八德"是指忠孝仁爱信义和平；"五伦"是指君臣、父子、兄弟、夫妇、朋友之间的伦理关系。蒋介石认为各类德目的社会政治作用不尽相同，各有各的长处。

四维乃"维系军心之道"

就"四维"而言，蒋介石认为"四维"的社会政治作用是非常之大。它不仅是整个民族生活中"不可须臾离开"的东西，还是直接关系国家存亡和"维系军心之道"。在蒋介石看来，"四维"的作用几乎是无所不有、无所不在。因为无论是一个国家，一个社会，一个家庭，以至每一个人，向上发展，要成功任何大小事业，都必须依据礼义廉耻的精神，"所以不仅是整个民族的生活，国家的大事要依据'礼、义、廉、耻'，就是个人的私生活，也不可须臾离开'礼、义、廉、耻'"。如果从建设人民新的心理与新的风气这一角度来说，蒋介石认为只有提倡礼义廉耻的道德，才是"唯一的要道"。如果从挽救国家危亡这一角度来看，蒋介石与古代春秋时期政治家管仲一样，也认为礼义廉耻这些东西的存在与否，直接关系到国家的危亡。他不仅强调管子所讲的"礼、义、廉、耻，国之四维，四维不张，国乃灭亡"这句话是十分重要的，还从这句话反推出"只要我们能复张四维，国家的危亡必可挽救"的结论，进而把"礼、义、廉、耻，国之四维，四维既张，国乃复兴"当作自己总结出的一个道理。作为全国最高军事统帅的蒋介石，忘不了要从维系军队的角度来估量"礼义廉耻"的作用。他认为"四维"道德对维系军心有相当大的作用，称它是维系军心之道，是每个军人必备的武德。他这样强调说："我们常常所提倡的礼、义、廉、耻的四维，这四维就是军心赖以维系之道也。"当然，蒋介石认为除了用"四维"来维系军心外，还必须要求每个军人具备"武德"即所谓"智信仁勇严"的道德。这是蒋介石衡量一个军人的最高标准。因为在他的眼里，一个军人如果不知道武德，不具备健全的武德，"无论他能不能学得高明的战术，即令他的战术怎么样好，运用得怎样精，都不能成功，而且一定要最后失败"。

八德是"革命精神"之基础

就"八德"而言，蒋介石认为"八德"的社会政治作用也不亚于"四维"，甚至在某种意义上讲还要高于"四维"。蒋介石从国民党的理论基础和建设国家的原动力的角度估量"八德"的作用，认为它既是国民党的"革命精神"之基础，也是目前建国的原动力。在这个问题上，蒋介石的认识十分明确而且非常坚定。当阐述"八德"为什么是国民党的"革命精神"之基础时，蒋介石坚信：不仅忠孝仁爱信义和平这八个字包括了中国的民族性，而且就是到了几千万年以后，只要人类世界还存在，"这八个字便是无论如何也不会泯灭的"。[1] 因此，"国民党的所谓革命精神"，必须要"以忠、孝、仁、爱、信、义、和、平为基础"。[2] 当解释"八德"为什么是目前建国的原动力这一问题时，蒋介石这样说：由于忠孝仁爱信义和平这八个字是以仁爱为中心，它是几千年来世代相传的道统，已深入一般人心，几乎成了每一个黄帝子孙的天性。因此，"建国的原动力没有别的，就是这忠孝仁爱信义和平这中华民族固有的精神"，"只要把他恢复过来，就是建国的原动力所在"。

除上述"四维"、"八德"之外，蒋介石还认为封建道德中"五伦"关系，也有很重要的社会作用，它起码是学会做人的标准。在蒋介石的脑子里，封建道德中的"所谓五伦——就是五达道为内容"，由于它规定君臣、父子、兄弟、夫妇、朋友之间的五种伦理关系，因而"实在是阐明人生个人对于其他分子的正当关系，而课以积极的教条，也可以说是规定群己关系的标准"。[3] 在这"五伦"关系中，蒋介石特别看重"孝悌"，强调要学会做人就要学会孝敬父母和敬爱哥哥。他认为孔子所讲的"入则孝，谨而信，泛爱众，而亲仁"这几件事情，其中最重要的学问，即为"孝悌"。所以，他要求"我们要学做人，就要从孝悌之道做起"[4]。

封建伦理道德德目如此众多，各类德目在不同的范围和意义上各有各的作用。由于不同类的德目适用不同类的人，同一类中的不同德目又具有相对的针对性，因此，如果将所有的德目都推行起来，势必有相当大的难度。为了解决这一问题，蒋介石从理论上把各种德目串通起来，使之相互联系、相互交叉，使某一德目或某几个德目赋予其他德目所包含的特殊内容和特定的意义，进而可以用任意的一个或几个德目将其他所有德目的内容统一起来。他认为，这样一来，只要恢复了一个或几个德目，则几乎其他所有德目也都恢复了。

"伦理建设"即"国民精神建设"

为了阐述各类德目和每一德目相互之间的相通关系，蒋介石下了一番理论功夫，在同意并重复他人的一些说法的同时，也提出了自己的一些见解。蒋介石认为，封建伦理道德中的各种德目之间，不仅几乎都存在相通的关系，而且既可以用"仁"这一德目将其他所有德目统一起来，也可以用"礼义廉耻"这"四维"把其他所有德目"统摄"起来。在具体谈到"仁"与"八德"之关系时，蒋介石说："讲到'仁'字的内容，照历来的说法，实在广狭不一，近人有主张依儒家的思想，'仁'字可以说是'统摄诸德'的一种德性。我以为这种广义的说法是很有道理的。"为什么这样说呢？按蒋介石的解释，就是因为这个仁字的内容，如果分析起来，它就是孙中山提出的"八德"即忠孝仁爱信义和平。在具体谈到"八德"与"四维"的相通关系时，蒋介石提出"八德"更可约为"礼义廉耻"四个字，这样做的好处是不仅能收"博而约之"的效果，"而且更易找到实际用功的要点"。经过这样解释后，蒋介石认为所有"德目"都具有相通性和共性了。所以，这个"仁"字讲得多一点，就是"忠孝仁爱信义和平"八个字，讲得简单一点，就是"礼义廉耻"；而这个"仁"字，就是"礼义廉耻的结晶"。那么，军人的"武德"与上述各德目之间是否也有相通的关系呢？蒋介石认为它们之间也有相通的关系，因为"武德"和"四维"、"八德"是一贯的，都是人人所应有的德性，能真正实践武德，即所以实践"四维"，实践"四维"，必能做到"忠孝仁爱礼义和平"这"八德"。总之，"虽然这些德目有所不同，其实意义都有相通关的，都是我们军人和民族的固有精神"。经蒋介石这样一阐述，封建伦理道德中的"八德"、"四维"和"武德"，就都串在一起了。蒋介石还进一步提出，这些德目的含义都是交叉的。为什么这样说呢？按蒋介石的解释，是因为无论"礼义廉耻"，无论"孝弟忠信"，无论"忠孝仁爱信义和平"或是"智信仁勇严",虽然德目之多寡,与文字指示各不相同,"而其所指之真实意义,都是互相包涵,互相关连,可以彼此发明,贯通一致的"。蒋介石具体举例举一反三地说:"我们所谓礼,乃是合乎廉耻的礼,真正能够做到'礼'字的人,一定是讲道义的,一定是有廉耻的。"同样,能够真正做到"孝弟忠信",也必能完全做到"忠孝仁爱信义和平"。同时,"信仁智勇"完全与"礼义廉耻"相通,"礼义廉耻"是民族道德之体,"信仁智勇"可以说是民族道德之用,凡"能够实践礼义廉耻的人,必能够发挥信、仁、智、勇以达于极致"。[5] 经过蒋介石这样一解释,那么,只要国民践履了封建伦理道德中的某一德目,也就实际上践履了其他的德目了。 这样一来,恢复封建伦理道德也就变成一件十分容易之事了。

当然,在众多的德目当中,蒋介石最为重视的是"礼义廉耻"的"四维"道德,极力主张用"四维"来统摄诸德目。 蒋介石之所以要这样做,并不是因为只有"四维"才能最好的统摄其他各德目,而是有他的特殊考虑。 因为他觉得"礼义廉耻"这四种德目既便于国民记忆,又便于国民推行。 也就是他自己所说的,之所以"特别选定这简单明确的四个字,拿来统摄我们民族固有的一切美德",主要是因为这四个字能够"使全国人民易于记忆,易于实行";还因为这四个字"既简单又通行,包含了我国固有的国民行为的准则,也包含了近代国民必备的品格"。 然而,蒋介石并不主张用"四维"来取代其他德目,或者其他德目因此而不要了。 因此,他一再强调他用"四维"来统摄各德目,"并不是说丢掉其他德目不要,也没有分别取舍的意思"。 基于这种考虑,蒋介石把儒家伦理道德归诸于"礼义廉耻"之上,使之作为"伦理建设"即"国民精神建设"的宗旨,用它来教育国民如何做人的道理。 他说:"中国固有优美的伦理道德,'忠、孝、仁、爱、信、义、和、平'之八德,即'智、信、仁、勇、严'之武德,亦即我所提倡的'礼、义、廉、耻'之四维。"但是,"今后国民精神建设的宗旨",就是"恢复并发扬'礼、义、廉、耻'之固有道德和立国精神"。 具体地说,就是即要以"礼"的含义,教训国民互助合作,守纪律,重秩序;以"义"的含义,教训国民任侠果敢,负责任肯牺牲;以"廉"的含义,教训国民刻苦节约,辨别公私,守职分,戒侵越;以"耻"的含义,教训国民自强自立,能奋斗,知进取。 "这样因数千年来深入人心的教条,造成现代国民必备的品德"。 同时,蒋介石还认为,如果一个国民接受了"礼义廉职"的教育,他就学会了做人的道理。因为在他看来,做人的道理,精神上最重要的,就是他所讲的"礼义廉耻"。所以,他认为"礼义廉耻""就是我们教的一个精神,我们一定要使受教的人明了礼节,崇尚廉耻,知道耻辱,才算是知道做人的道理,才能实实在在做一个人"。[6] 很显然，蒋介石强调用"礼义廉耻"来统一其他封建伦理道德各种德目，主要是为了用"礼义廉耻"来培养国民。

以"礼"为中心的伦理道德网

那么，蒋介石到底要用"礼义廉耻"培养一般国民实实在在做一个什么样的人呢？ 在这一点上，蒋介石的用意是十分清楚的。 他希望一般国民能够按照他所给定"礼义廉耻"的特殊含义和精神来塑造自己。 根据蒋介石的言论，他提倡的"礼义廉耻"的具体含义，虽然常常在字面解释上沿袭了一些传统的说法，但他更从自己的需要出发对"礼义廉耻"有一个基本的定义和解释。 他说："'礼、义、廉、耻'，古今立国之常经，然依时间与空间之不同，自各成其义。"蒋介石根据国民党政权统治的政治需要，对"礼义廉耻"也有一个自成其义的定义和解释。 蒋介石解释"礼"说："'礼'是规规矩矩的态度。"他还进一步具体解释说："礼者，理也。 理之在自然界者，谓之定律；礼之在社会中，谓之规矩；礼之在国家，谓之纪律。 人之行为，能以此三律为准绳谓之守规矩；凡守规矩之行为和表现，谓之规规矩矩的态度。"质言之，这种"礼"就是指遵守国民党统治秩序的"规规矩矩的态度"。蒋介石解释"义"说："'义'是正正当当的行为。"他还进一步具体解释说："义者，宜也。 宜即人之正当行为。 依乎理，即合于自然定律与国家纪律者，谓之正当行为；行而不正当者，或知其正当而不行，皆不得谓之义。"显然，这种"义"就是指人们自觉遵守或维护国民党政权统治秩序的"正正当当的行为"。 关于"廉"，蒋介石这样解释说："廉者，明也。 能辨别是非之谓也。 合乎礼、义为是，反乎礼、义为非；知其是而取之，知其非而舍之，此之为清清白白的辨别。"可见，"廉"，也就是指国民对己和对他人的言行是否违反国民党统治秩序的"清清白白的辨别"。 关于"耻"，蒋介石认为"'耻'是切切实实的觉悟。"他还进一步具体解释说："耻者，知也，即有羞恶之心也。 己之行为，若不合礼、义与廉，而觉其可耻，谓之羞；人之行为，若不合礼、义与廉，而觉其可耻者，谓之恶。 惟羞恶之念，恒有过与不及之弊，故觉悟要在切实，有切实之羞，必力图上进；有切实之恶，必力行湔雪，此谓之切切实实的觉悟"。 很清楚，所谓"耻"，就是要人们对己和对他人违反国民党统治秩序的言行既要有"羞恶之心"，还要有"切切实实的觉悟"。 蒋介石还认为，"礼义廉耻"是一个相互关联的整体，不可缺其一。 因为耻是行为的动机，廉是行为之向导，义是行为之履践，礼是行为之表现。"四者相连贯，发于耻，明于廉，行于义，而形之于礼，相需相成，缺一不可；否则礼无义则奸，礼无廉则侈，礼无耻则谄，此奸、侈、谄，皆似礼非礼者也"。"如果其礼为非礼之礼，义为不义之义，廉为无廉之廉，则'礼、义、廉、耻'适足以济其奸，犯伪乱之私而已，不可辨乎"。[7] 因此，蒋介石要求每个国民必须从"礼义廉耻"四个方面全面塑造自己，既知道"礼义廉耻"的道理，又能按照"礼义廉耻"的精神，实实在在地做一个人。

事实上，由于蒋介石基本上把"礼"看成国民党的一切统治秩序，所以他尤为重视"礼"，还特别强调每一个国民都能知"礼"、守"礼"。他说："'礼、义、廉、耻'的四维，是以'礼'为首要；'仁、义、礼、智、信'五德，也是以礼为中心。"那么，为什么要把"礼"放到这种首要位置和中心位置呢？蒋介石认为这主要是因为凡是崇尚廉耻的人，必注重礼节，而不知礼的人，亦必不知廉耻；还因为"礼"就是古人所说的"可移易的道理"，是"人情的节度"，"是人人必能依照四维五德去做"。对于生活在国民党政权统治之下的国民，在懂得"礼"的重要性后,怎样才能把"礼"落实到自己的行动上呢？蒋介石要求国民认识到"礼的重要既是如此，所以我们对于纪律、秩序与法令、规章，必须严格遵守，始终不渝"。蒋介石觉得，只要国民能够懂"礼"守"礼"，就一定有利于国民党政权的巩固和社会秩序的稳定。因为在蒋介石看来，国民党政权之所以总是出现这样或那样的统治危机，其主要原因就是因为国民不守"礼"。按蒋介石自己的话说，就是"现在我们中国军队之不良，社会之腐败，国家之纷乱，就是我们一般国民，尤其是一般知识分子不讲礼的缘故"。因此，蒋介石要求一般国民和一般知识分子都能自觉地讲"礼"和守"礼"。与此同时，蒋介石还认为只有从"礼"字入手，才能更好地维持社会秩序和振作国家的纲纪。因为礼者，节也，节者，节制也。军队无礼节，便无上下，更无纪律，就不能成为节制之师。社会国家无礼，便要成为无秩序无组织的腐败的社会和纷乱的国家，而改造社会，整顿国家，最必要的手段，就是首先要维持社会秩序，振作国家的纲纪。所以，"我们要整理军队，要改造社会，要整顿国家，首先就要从礼字着手，每一个人一定要知道礼"。[8]

怎样才能使一般国民和军人都能自觉自愿地做到知"礼"和守"礼"呢？蒋介石认为，最好的办法就是必须把"礼"当作国家培养人才的最高标准，把"礼"的教育放在一切教育的首位。

在如何培养一般国民知"礼"守"礼"的问题上，蒋介石主张要从培养学生入手。虽然学生要学的东西很多，但应当把学"礼"放在首位。蒋介石是从一个学生应当如何学做人的道理来强调这个问题的。他认为，虽然学生学习的种种教育科目都重要，但从学做人的道理来说，比较而言，"礼"的教育是重中之重。这是因为所谓做人的道理，就是"礼义廉耻"的"四维"，而教育的基本科目，就是从前孔子拿来教学生的所谓礼乐射御书数"六艺"。这"六艺"虽同为基本科目之内容，但是无论孔子讲的"六艺"还是管子倡导的"四维"，都以"礼"为首，"可见礼是为学与做人的第一要件，亦即基本教育之中心。至于书数之学术，还在最后，乃为技术之末"。蒋介石严厉批评普通学校的教育是舍本逐末，只注重"书""数"，而将其他最重要的"礼""乐""御""射"四种基本教育，尤其是"礼"的教育，看作不重要，甚至完全废弃，结果造出一般不文不武、不三不四的人。因此，蒋介石得出学校的教育"如果不先讲礼，则一切学问与技能，都没有用处"的结论。当然，就教育学生如何学做人的道理方面，有时，蒋介石也把"礼义廉耻"并称，将其一同作为培养人才的标准。这时，蒋介石把学习现代文化知识和学习"四维"道德严格区分开来。他认为，学习现代文化知识亦不如学"四维"重要。这是为什么呢？这是因为在蒋介石的眼里，虽然学习国文、史地、物理、化学、算学、英文这些功课，当然也是为学。但是，"这些东西不过是书本上的比较死板的知识"，"并非立身行道之本"。蒋介石要求从所有学生到全国国民，都要学"做人的基本道理和基本修养"，即要学"礼、义、廉、耻"。他批评以往没有抓好"四维"教育，认为这是教育上的一个很大的失败。他说："近年来，我们中国教育就是失败在此，差不多所有教出来的人，都不懂做人的道理，没有做人的基本修养，因此整个的社会、国家，要一天一天衰败堕落下来，内忧外患，交乘迭至。"[9]

在如何培养一般军人知"礼"守"礼"的问题上，蒋介石认为目前对一般军人的各种教育，如同学校教育一样，也可以总结为"六艺"即"礼乐射御书数"的教育。其中，最重要的教育也是"礼"的教育。因此，他强调军队的教育必须贯彻以"礼"为中心的主旨。蒋介石具体阐述说："今后我们的军事教育一定要以'六艺'为基本科目，尤其是要以'礼'为中心的主旨"。因为在蒋介石的心目中，对于教育一般军人来说，"书""数"的教育，只是技艺之末的教育，既不如"礼乐射御"的教育那样重要，更不如"礼"的教育之重要。因为蒋介石衡量一个军人的标准，不只是"徒然会写几个字念几本书，懂得一点外文，知道一点计算方法"，他认为即使能够这样做的军人，仍然不能算是一个完全的人，更不能算是一个军人。蒋介石甚至有点荒唐地把一个只知算数等技能却不知"礼"的军人，与一个受过训练的禽兽相提并论。在这里，他把知"礼"与否视为人与动物的一个重要区别。在他看来，现在很多禽兽，经过训练之后，居然也知道算数，所以要以能写会算来区别人和禽兽，现在已不正确。而人与禽兽之分，就在于知礼与否；人之所以为人，就是在于知"礼"。

应当指出的是，由于蒋介石所言的"礼"，广义上包括国民党政权的一切统治秩序，因而它也就实际上包括了"五伦"道德的含义。蒋介石不仅特别强调一般国民知"礼"守"礼"，而且也要求一般国民在处理家庭成员之间的关系以及家庭之外的人与人之间的关系、个人与国家等方面的关系上，必须严格遵守"五伦"道德。只有这样，才能"昌明我国固有的人伦关系"。在现代社会已经不存在君臣关系的情况下，为了使"五伦"道德赋有一定的新的含义，蒋介石还特意结合现实需要，对封建的"五伦"道德进行了新的阐述和解释，使之能够被国民容易接受。蒋介石认为，"五伦"中的君臣关系，虽然从表面上看，现在似已过时不适用，"但实际在解释上不可泥于一义"。因为就现今的情形来说，这种君臣关系，也就是国民对国家（国民是臣，国家是君）或公务员对国民（公务员是臣，国民是君）的关系。在这个关系中，"应当贵以忠的精神"，就是说要忠于国家，忠于人民，忠于所事。至于父子、夫妇、兄弟的家庭关系。虽然它不如宗法时代那样规定的呆板，但是就齐家为治国之本来讲，在责任、观念上并没有古今的不同。再则，就"五伦"中的家庭关系来说，现在更应扩而大之为对邻里乡党的关系，亦要贯以孝悌、仁爱、和平的精神，竭尽互相信任，生死患难与共的本分。"总之，古时的五伦和现在的伦理观念，在形式上虽有不同，其精神是一致的。"其中，"最要紧的就是要爱国家，孝父母，信朋友，敬长上"。[10]蒋介石还认为，只有在家中能尽忠的人，才会在社会上守秩序。因为一个人，必先在家庭内能够做到孝悌，然后才能推而广之，对别人讲和爱。在家庭里有父母兄弟姊妹们，又有伯叔长辈和堂兄弟姊妹们。对父母要孝顺，对长上要尊敬，兄弟姊妹要亲爱。"有了孝悌这种好行为与精神做基础，再推到对于同族里的人和一般亲戚师友，就可以产生对于社会的好行为"。[11]

显而易见，蒋介石之所以要恢复封建伦理道德，之所以主张用"礼义廉耻"来统摄其他各种德目并作为国家培养人才的最高标准，是有着很强的政治目的，即要用"礼义廉耻"把国民培养成严格遵守国民党的统治秩序，其中包括国家的法纪和传统的封建人伦关系等的人。

诚然，一般说来，遵守、维护乃至不惜流血牺牲来捍卫公认合理、进步的社会秩序和政治制度，孝顺父母，尊长爱幼，亲爱兄弟姐妹，邻里乡亲和亲戚朋友之间的互帮互助，等等这些，都可以视为中华民族乃至整个人类在长期历史发展过程中逐渐形成的传统美德。不可否认，蒋介石所倡导的伦理建设，其中多多少少有意无意地包含了要恢复这些传统美德的意义，这是不可否认也不必否认的。在这一点上，应该从中国文化发展史的角度来审视。蒋介石极力推行封建伦理道德，本身就是一种文化现象，它在继承中国历史上统治阶级的伦理道德观方面，也多少具有一定的文化意义。蒋介石推行伦理建设的表现形式，与广大民众自觉践行中华民族优良传统道德，有相对的一致性。因此，蒋介石推行伦理建设作为一种文化现象，还是一个值得深入研究的课题。然而，必须看到的是，在一般的情况下，中华民族历史上长期形成的这些传统美德，无论统治阶级提倡与否，广大人民群众总是在自觉或不自觉地传承、发扬和实践着，因为在家庭、私有制和国家出现以前十分漫长的原始社会中，这些传统美德就逐渐形成，并一代一代传承下来了。

但是，在阶级社会中，任何道德规范往往被反动统治阶级有选择地用来为其统治服务，从而使它打上了深深的阶级烙印。蒋介石把零散的种种儒家伦理道德整修、编织成以"礼"为中心的"四维"伦理道德网，强求一般国民在遵守传统的优良民族道德的同时，亦达到使之自觉维护国民党政权统治秩序之目的。将这两个不同含义掺杂在一起，使长期以来在人们心目中起着不同程度作用、且规范人们言行的民族传统道德来无形地为稳定国民党政权服务。正是在这个意义上，蒋介石表示一定要效法孔子："自反自约，克己复礼。"[12] 毫无疑问，被蒋介石所抽象的中华民族的优良道德传统，在更多的意义上是被利用为一种政治工具，它与在民众中一直实践着的优良民族传统道德观念虽然有联系，但却有着本质的不同。进一步说，蒋介石所编织的以"礼义廉耻"所统摄的伦理道德网，其政治色彩是十分耀眼的。蒋介石主张国民实践以"礼"为中心的"四维"、"八德"，如果就其发扬中华民族传统美德的意义上不可任意加以否定的话，但是，经蒋介石重新解释后旨在从根本上为国民党专制政权服务的核心内容和基本作用，则是应当加以分析和批判的。

诚与行的哲学

在用"礼义廉耻"来统摄其他各种德目并作为国家培养人才的最高标准，使之成为一般国民奋斗的目标之后，蒋介石觉得还需要从理论上鼓动、引导一般国民自觉自愿并诚心诚意地践行以"礼义廉耻"为中心的封建伦理道德。为此，蒋介石从哲学的角度特意提出"诚"的哲学和"行"的哲学。虽然哲学是使人聪明的高雅学问，但是，它一般只适合于学者在大雅之堂探讨。同时，哲学又是一门深奥难懂的学问，对于一般国民尤其是对哪些不能登大雅之堂的普通老百姓来说，它又是一门使人糊涂的学问。因此，蒋介石在阐述其"诚"的哲学和"行"的哲学时，尽量做到两者兼顾，既深奥得能在大雅之堂自圆其说，又通俗得连老百姓一听就懂并且能够照着去做。

所谓"诚"的哲学并非是蒋介石的发明。蒋介石是经演化儒家的一种观点而提出"诚"的哲学。本来，"诚"是儒家学者所提倡的一的种先验的道德修养所达到的境界，最先由子思提出。子思把孔子的"内省"、"自讼"的工夫发展为"慎独"，并由此达到"诚"的境界，既要做到"不愿（慕）乎其外"，又要"反求诸其身"，只有在不受外界事物的迷惑和吸引而进行反省内求的道德修养，才能达到"诚"的境界。子思认为如果一个人"能尽人之性"，"能尽物之性"，便修到了"至诚"，进而可以达到"治天下国家"的目的。子思的上述观点都写进《中庸》一书中。熟读过《中庸》的蒋介石接受了这种观点并加以改造后，从哲学的层面来论述"诚"的重要性，并把"诚"看作是一般国民奉行"礼义廉耻"的精神动力。蒋介石解释和宣传宇宙万物的演变发展都是"诚"的作用，强调宇宙万事万物之存在演变与进展，全靠一个"真"字。这个所谓的"真"，就是宇宙的本体。它存之于内在的心意，则谓之"诚"；见诸于外界的事物，则谓之实。如果既不诚也不实，则万事皆虚，一无所有。在这个问题上，蒋介石很赞赏曾国藩的观点，认为"曾国藩说得好：'天地之所以不息，国之所以立，圣贤之德业，所以可大可久，皆诚为之也。'故曰，诚者物之始终，不诚无物"。[13]

那么，蒋介石是怎样用"诚"的哲学来指导国民践行"礼义廉耻"的呢？蒋介石通过把这种自定义的宇宙"本体"即"诚"进一步引申到人类社会，进而对一般国民提出一听就懂的"诚"的要求。他希望每个人都能用"诚"来立身处世和"革命救国"，强调"诚实是我们立身处世，革命救国唯一的法门"。蒋介石特别强调，在他的心目中，凡不具备民族固有道德的人，都不配做一个现代国民，尤其不配做一个革命党员。因此，他号召国民必须通过充实民族固有道德，进而"完成革命的人格"。如何方能做到这一点呢？蒋介石认为要做到这一点并不难，只需要有一种基本的前提和精神的动力，这个基本的前提和精神的动力不是别的，就是他所提出的"诚"。那么，怎样才算是"诚"呢？这时，蒋介石对"诚"有特定的十分通俗易懂的含义，照他的话说："诚就是凡事要诚心诚意，一心一德，来实实在在的做，一切作为，不好有一点虚伪，至善的心意，自始至终，不好有一点动摇。"如果一般国民能够做到这一点，那么，他就是做到"诚"了。如果一个人照蒋介石的话做到"诚"了，又有什么好处呢？其好处就是凡做到"诚"的人，他无论做什么事都能取得成功。蒋介石说："无论古今中外，凡有大智大勇能成立大功大业的人，莫不如此。能诚，便一切可以成功；无诚，便无能什么事也做不好"。其实，蒋介石所说的这种成功，只是他所要求的特殊意义上的践行封建伦理道德的成功。蒋介石有时把封建伦理道德中的智、仁、勇三种德目并称之为"三达德"。他认为一个人必须先有"诚",然后才会有"智仁勇",继之才会践行"礼义廉耻"。他就:"在固有道德下,足为一切行动之最高基准的就是诚字。诚就是诚意,可以说是决心,便是彻始彻终,永不退转,全力贯注,自强不息。"由于这个诚字,再表现之于行为与态度方面的,就是严正的"严"字。严是严以自律,严于处事,一丝不肯假话的意思,而且有整正完满的意义。与这个字相关联的,在内在的品格上有智、仁、勇,在行为法则上有"礼、义、廉、耻"。总之,蒋介石认为只要心中有了"诚",自然也就会"严",由此而自觉自愿、诚心诚意地去实践他提出的"四维"道德。关于"诚"的这种作用,蒋介石是坚信不移的,因而他说:"所谓诚于中,至诚而不动者,未有之也。"[14] 这就是说,在蒋介石看来,从来没心中有了"诚"而却不愿见诸于行动的人。

与"诚"相联系的,是蒋介石提出的所谓"行"的哲学,其作用同样也是怂恿一般国民去践履蒋介石提出的"四维"道德。蒋介石从理论上阐述其"行"的哲学说:"古今来宇宙之间,只有一个行字才能创造一切,所以我们的哲学,唯认知难行易的人生哲学,简言之,唯认行的哲学为唯一的哲学。"[15] 实际上,这个所谓"行"的哲学也非蒋介石个人的新发明,它是从孙中山的"知难行易"哲学演变来的。本来,孙中山很重视"行"的作用,他提出了一个"知难行易"说。孙中山的"知难行易"说,主要是在总结自己领导国民革命失败的经验时提出来的。孙中山在阐述"知难行易"说是如何产生这一问题时指出,在革命尚未成功时,因为"吾党人士,于革命宗旨、革命方略亦难免有信仰不笃、奉行不力之咎也,而其所以然者,非尽关乎功成利达而移心,实多以思想错误而懈志也"。这里所说的思想错误,是指在中国历史上曾经对人们产生较大影响的"知之非艰,行之惟艰"之说。孙中山认为这个学说由来已久,影响至深。他说:"此说始于傅说对武丁之言,由是数千年来深中于中国之人心,已成牢不可破矣。"因此他特意提出"行易知难"说,"以破此心理之大敌,而出国人思想于迷津,庶几吾之建国方略,或不再被国人视为理想空谈也"。进而使"万众一心,急起直追,以达我五千年文明优秀之民族,应世界之潮流,而建设一政治最修明、人民最安乐之国家,为民所有、为民所治、为民所享者也"。孙中山的"知难行易"说,也十分强调"行"的作用,它不仅认为"能知必能行",而且还认为"不知亦能行"。[16] 孙中山的"知难行易"说之所以把"行"的作用提到特别突出的地位,其主要目的,就是在于激励广大民众能够积极主动地参加他领导的民主革命,尽快地把半殖民地半封建的中国建设成为一个资产阶级民主共和国。

蒋介石看中孙中山的"知难行易"说,并将其推向极端后变成自己的

"行"的哲学，只强调"行"的作用。他把"行"和"诚"当作两个步骤，以便把国人推向"成仁"，也就是要国人盲目地践履"礼义廉耻"的"四维"为中心的伦理道德。因此，在这种情况下，蒋介石又喜欢把"诚"与"仁"连在一起来论述。他说："'诚'就是无伪无妄精益求精的力行。""'诚'是行的原动力"。那么，"如何才能诚？"蒋介石说："就是要择善而固执之，即要选定一个最好的道理或事物牢固把握，自始至终能遵守，竭力笃行，非使这个至善的道理发现，至善的事物做成不止，如做不到，即牺牲于此。"蒋介石要求每个国民对他提倡的伦理道德都必须"终身服膺信守，诚心诚意实行，牺牲一切，贯彻始终"；还特别希望全体国民的所作所为，不仅都要本乎"诚"，而且还必须决心力行，勇往直前，直到"充其行之极致，杀身成仁，舍生取义，就是甘之如饴，无所畏惧"。他认为只有这样，才"是我们力行的本义"。同时，蒋介石还告诉国民说，这种"'行'是与生俱来的"。显然，蒋介石提出的所谓"诚"的哲学或"行"的哲学，不仅仅只是哲学学术问题，而是有着极其明显的政治导向之用意，这就是诱使国民努力做到既"诚"且"行"，坠入这个"诚"与"行"的深渊，无论蒋介石要他做什么他都盲从，至于蒋介石要施行什么样的政治，他们都不必问津。这正是蒋介石所要达到的目的。

然而，不论蒋介石怎样宣传"诚"与"行"的重要性，无论怎样通俗易懂地解释如何才能做到"诚"和"行"，但是，总是有一些人自有远见和主张，并不听从蒋介石的使唤。蒋介石也看到了这一点。最使蒋介石感到不可思议而且有点无可奈何的，就是竟然国民党党内也有一些党员和干部也敢不听从他的指示，既不"诚"，也不"行"。对于这种现象，蒋介石给予了严厉的批评。他就："无奈现在大多数革命党员，完全习于虚伪，毫无诚意来革命的，有权利就拼命争夺，有义务就拼命推诿；稍有一点危险的地方，他们就怕牺牲不肯去。"由此，蒋介石进一步想到只有全体国民党党员尤其是党员干部首先做到"诚"，才能感化全国一切国民。因为只有"我们的革命干部能够做到诚的时候，不仅党内一切同志，而且全国一切国民，统统可以受我们的感化，统统听我们的命令"。[17]蒋介石坚信，只要做到了这一点，就不愁"还有什么敌人打不倒？还有什么国家治不好？"[18]于是，蒋介石决定设法使全体国民党党员也遵守并践履封建伦理道德。

党员守则即为国民守则

在如何使全体国民党员也遵守和践履和封建伦理道德的问题上，蒋介石选择了一个简单易行的办法，就是把封建伦理道德融合于国民党党员守则之中，进而使国民党党员以遵守党员守则的方式遵守和践行封建伦理道德。

1935年11月18日召开的国民党第五次全国代表大会，正式通过了贯彻蒋介石旨意的国民党党员守则，其具体内容是：

一、忠勇为爱国之本。
二、孝顺为齐家之本。
三、仁爱为接物之本。
四、信义为立业之本。
五、和平为处世之本。
六、礼节为治事之本。
七、服从为负责之本。
八、勤俭为服务之本。
九、整洁为强身之本。
十、助人为快乐之本。
十一、学问为济世之本。
十二、有恒为成功之本。[19]

作为国民党党员守则，大会当然是通令全体国民党党员"一致遵行"，并且还明令"务期父以教子，师以教弟，长官以教属僚，将帅以教士兵，共信共行"。毫无疑问，不仅每一个国民党员必须遵守这个守则，而且还要教育自己家属、亲戚朋友以及部下等也要遵守这个守则。

那么，这个守则与封建伦理道德有什么关系呢？关于这一点，作为国民党领袖的蒋介石专门作了详细阐述。从蒋介石的阐述中发现：这个党员守则很不平常，它的字里行间渗透了封建伦理道德的精神实质，它实际上就是封建伦理道德的变种。

这个国民党党员守则制定后，蒋介石在许多次讲话中，不厌其烦地阐明这个国民党党员守则不仅完全是根据封建伦理道德的基本精神制定的，而且还直接把封建伦理道德的主要德目如忠、孝、爱、信、义、和、平、礼、义、廉、耻、智、仁、勇等，通通融入了这个守则之中。蒋介石说："其实党员守则的订定，本来是根据我国固有道德四维八德而来的，党员守则就是四维八德的综合体，亦就是统摄中国一切固有的道德精神，整个的表现于此十二条八十四个字之内。"怎样的体现呢？他具体地解释说："党员守则前五条"，"是讲'忠、孝、爱、信、义、和、平'的八德"、"以下自第六条到

第九条"，"就是分别说明'礼、义、廉、耻'四个字"。"第十条以下的规定，这可以说就是前面九条所说八德与四维之总结，而就其内容看来，亦就是'智、仁、勇'三达德的精神表现"。在这个守则中，蒋介石最强调的是忠孝这两个德目。他特别要求国民党党员必须忠于国家和孝顺父母，他把孝顺父母与忠于国家看成是一致的，因为只有孝顺父母的人，才会有可能对国家尽忠乃至于死。为什么这样说呢？这主要是因为没有国家，就没有我们个人的身家，所以要爱身家，必先爱国家。爱国家即要尽忠于国家。古人讲"忠"字，推到极点便是一死。凡能尽忠的人，一定有为国牺牲的决心与勇气，所以"忠勇"二字是相连的，唯能忠勇然后可以举爱国的实效。反之，真能爱国者亦无不忠勇。所以说"忠勇为爱国之本"。但要做到忠勇的人首先得从孝顺父母做起，因为在蒋介石的眼里，一个人"如果对父母不能孝，则对他人必不爱，对国家必不忠"。因此，规定"孝顺为齐家之本"。

现代社会中的政党，无论是一国的执政党还是在野党，都有自己的指导思想和理论基础；政党的指导思想和理论基础正确与否，不仅直接决定该党是否团结和统一，还直接决定该党在政治和社会舞台上是否有力量及其生命力是长还是短。孙中山向西方学习而于1905年创建的中国资产阶级革命政党同盟会及其后来由此改组而成的国民党也不例外。它是以孙中山的三民主义为指导思想和理论基础的。以孙中山的三民主义即民族、民权、民生主义为指导思想和理论基础的国民党，其领导国民革命的目的，就是要是为众人谋幸福。它因不愿少数满族统治阶级的专制，故要实行民族革命；因不愿封建君主一人专制，故要实行政治革命；因不愿少数富人专制，故要实行民生革命。孙中山领导国民党为实现三民主义而贡献了毕生的精力，死而后已。然而，当蒋介石成为国民党领袖之后，国民党的指导思想和理论基础就发生了根本的变化。由孙中山三民主义儒化而来蒋记三民主义，即实际上的儒家伦理道德思想成为了国民党的指导思想和理论基础。加以蒋介石进一步儒化国民党党员守则，用"现代"文明手段强制全体国民党党员奉封建伦理道德为"圭臬"；国民党党员以遵守党员守则的形式来践履封建伦理道德，进而向党的领袖蒋介石效愚忠。其结果必然是使孙中山手创的国民党性质发生改变，一个以孙中山三民主义为指导思想和理论基础的、具有资产阶级民主革命意识的国民党，完全转变为以蒋记三民主义即以儒家伦理道德为指导思想和理论基础的、具有浓厚封建性的国民党。仅此一点，就基本上决定了国民党在中国现代历史舞台上的生命力是绝不会太强的。

本来，这样一个以封建伦理道德为精神实质的国民党党员守则，按常理它只能在国民党党员中推行。但是，蒋介石却还要把它当作全国青年乃至全体国民的守则，进而在全国青年和全体国民中推行。果然，根据蒋介石指示，这个国民党党员守则不仅为国民党党员"共同遵奉之守则"，而且"教育部已明定党员守则为青年守则，中央还须推行全国，肯定这个党员守则为国民守则，俾全国国民一致奉为圭臬"。[20]

发起"新生活运动"竟是为了"剿共"

为了使封建伦理道德能够在全体国民党员和全体国民中推行，蒋介石还在全国发起了一个大规模的"新生活运动"。1934年2月19日，蒋介石在南昌行营举行的扩大纪念周上，演讲《新生活运动之要义》，发出了要在全国开展"新生活运动"的号召。在后来的几个月里，他又多次召开会议，不断发表演说，颁布了《新生活运动纲要》、《新生活须知》、《新生活运动公约》、《新生活运动推行方案》、《新生活运动歌》等文件。与此相适应，还成立了全国性质的以蒋介石为会长的新生活运动促进总会和遍布全国各地的分支会。规定各省、市、县和农村、工厂、学校的新生活运动，均由当地最高行政长官或单位负责人主持。总会先设在南昌，后迁至南京。在总会和分支会的指导和促进下，又成立了各种类型的新生活运动劳动服务团。为了使妇女也参加"新生活运动"，蒋介石夫人宋美龄也亲自出马，在新生活运动总会之下增设一个以宋美龄为指导长的妇女指导委员会，于是，"新生活运动"就逐渐地在全国开展起来了。

在"新生活运动"逐渐开展的过程中，蒋介石不断发表文章和手谕，颁布规定和制度，试图牢牢把握运动的总方向。无论蒋介石坐镇南京忙于政府事务，还是奔波于"围剿"中国工农红军的各个战场，他都没有忘记推行"新生活运动"的根本目的，是在于把以"礼义廉耻"为核心的封建伦理道德推广到全体国民之中去。因此，蒋介石不仅亲自给"新生活运动"下定义，规定所谓新生活运动，就是要以"礼义廉耻"的精神为标准，从日常生活、实际生活之中，实实在在地完成道德精神的修养，造成社会和全国明礼尚义，守廉知耻之新的风气。蒋介石还经常反复强调新生活运动，"可以说就是要复张四维的运动"，即务必使"礼义廉耻"的道德实现于食衣住行之中；并多次重申新生活运动的意义，就是要使全国同胞都能恢复我们中国民族固有的道德精神"礼义廉耻"，首先实现于食衣住行等日常生活习惯之中，"使我们的国民，个个人随时随地，都能明礼义，知廉耻，不再做一件悖礼违义、寡廉鲜耻的事情"。[21]

同时，在"新生活运动"逐渐开展过程中，蒋介石也曾抱有另一个用意。

他以为，如果通过"新生活运动"来恢复合理的文明生活，就有可能"复兴"民族。因此，有时蒋介石声称这也是他推行"新生活运动"的一个最终目的。虽然蒋介石所说的恢复合理的文明生活，实际上就是其常说的"礼义廉耻"的生活，没有半点现代文明的意义，但是，蒋介石觉得自己的这个认识是正确的，他真心希望能够达到这一目的。其实，在这个问题上，蒋介石的思路显得有些狭窄。他过于简单地认为，之所以中华民族面临灭亡危机，最主要的原因就是因为国民过着野蛮的而非文明的生活。因此，他强调说："我们现在为挽救国家复兴民族起见，要调转头来恢复我们祖宗遗传下来一切合理的生活。这种合理的文明生活，如果能够恢复，国家便可以转危为安，转弱为强，如果不能恢复，仍旧过这种污秽、浪漫、懒惰、颓唐的野蛮的生活，那么，不仅国家不能保存，即种族亦就要消灭。"那么，怎样才能使民族复兴呢？蒋介石来了一个过于简单的反向思考，理所当然认为解决这一问题的办法，就是设法使国民重新过新生活即文明的生活，也就是所谓"礼义廉耻"的生活。因此，蒋介石说："救国必先救民，救民则须先重礼义，知廉耻"，[22] 使国民过一种"重礼义，知廉耻"的新生活。按蒋介石的要求，这种新生活就是要使全国国民的生活行动能够整齐划一四个字。这整齐划一四个字的内容是什么呢？"亦就是现在普通一般人所说的'军事化'"。其实，蒋介石所说的生活"军事化"也很简单，具体做起来，就是要使国民的衣、食、住、行中的穿衣戴帽甚至扣扣子等细小环节，都符合礼义廉耻。这就是蒋介石所说的："军事化最紧要的条件"，"第一要使全国国民能够实践礼义廉耻"。所以，蒋介石有时强调说："我们要提倡新生活，就可以从扣扣子做起，使全国国民穿衣服先能扣好扣子，再由扣扣子这件事推而至于戴帽子，穿鞋子，都能整齐划一，那就是真正的军事化。"为什么只要中国国民能够过上这样一种符合"礼义廉耻"的新生活，中华民族就能够复兴呢？蒋介石回答这个问题也是非常简单的，他说：因为"外国人看见了我们国民的生活的精神如此，就要敬畏"。[23] 显然，蒋介石推行新生活运动的这一设想，只是一个完全不符合实际的憧憬，在这一点上，就体现出蒋介石思考问题显得有些迂腐或痊侗。因为即使中国人把衣、帽、鞋等穿戴得比外国人整齐，而且比任何外国人都讲"礼、义、廉、耻"，但是，如果中国没有相当的综合国力，如果中国政府对外实行妥协退让政策，中华民族就依然不能复兴，外国人照旧不会"敬畏"中国人。这是一个常理。

因此，尽管蒋介石在推行"新生活运动"中，一再强调国民的生活必须"军事化"，有时称"艺术化"和"生产化"，要求必须"整洁、清洁、简单、朴素、迅速、确实"，但是，他的这种宣传和要求并没有多大的实际效果。"新生活运动"开始后的前一、两年，不仅"群众对这一运动并不太理解"，而且还遭到报界的一些批评和嘲笑，"在批评界比内地更有胆魄的通商港如上海，报界还曾嘲笑这一运动。其中最为大众所熟知、最不重要的是：中国大褂的领子必须系上钮扣的规定。政府官员的警察的确认真尽职。随地吐痰的乱扔烟蒂者受到惩罚"。[24]

然而，应当注意的是，在有声有色的"新生活运动"的掩盖下，蒋介石试图得到一个推行"安内攘外"政策过程中较少障碍的环境。在日本发动九一八事变攫取了中国的东北的情况下，全国民众强烈要求政府坚决抵抗日本侵略的呼声不断高涨。但是，蒋介石却置民族危机于不顾，坚持所谓"安内攘外"政策，把一再号召全国一致抗日的中国共产党视为"心腹之患"，对中国共产党领导的中国工农红军及其根据地发动规模一次比一次大的"围剿"。蒋介石的这种错误的误国行为，更加引起了全国民众的极大不满。1932年5月6、7日的《时事新报》公开斥责"误国祸国，政府尤为罪魁"。蒋介石为了转移民众的视线，一面大肆宣传恢复"礼义廉耻"的重要性，声言"礼义廉耻，国之四维，四维不张，国乃灭亡"，一面诬蔑中国共产党导致"邪说充塞，故人欲横流，廉耻道丧"。还说什么在这种情况下，他"若不急起挽救，则国故不国，而人民且将沦为禽兽也"。所以，当到了1934年，当蒋介石推行新生活运动的时候，他总是打着挽救民族危机的旗号，声称之所以他要求全体国民过"军事化"的新生活，就是为了挽救民族危机。蒋介石还强调说："吾人欲就此危机，完成其安内攘外之目的，亦非准备全国国民之军事化，不足以图存。"因此，"新生活运动"不仅仅是一个重建封建伦理道德的运动，而且还是一个辅助蒋介石"剿共"的舆论导向运动。对于后一种作用，蒋介石自己感到十分满意，正如他后来评价"新生活运动"所说："我认为这个运动"，"对于当时剿匪的成功"，"实在有最大的影响"。[25]因此，如果对蒋介石发动的"新生活运动"不作全面研究和深入的分析，就很可能在评价初期"新生活运动"时，得出"除批判其主要方面——反动性和落后性以外，也应该肯定它有'攘外'、抗日的进步方面"[26]结论。而这种结论实际上是既不符合蒋介石的思想本意，也不贴切当时的历史实际。

抗战军兴，改变了"新生活运动"的初衷

"新生活运动"开始后，蒋介石一边把握其发展方向，一方面注意它每一阶段的实际效果，尤其是关注它是不是达到了自己预期的政治目的。那么，蒋介石推行"新生活运动"是不是达到了他预期的政治目的呢？根据蒋介石

本人历次的评价,"新生活运动"没有达到他预期的政治目的,或者说收效甚微,很不理想。因此,当"新生活运动"进行一周年和二周年时,蒋介石曾经肯定其取得的成绩,认为在全国各地的努力下,已经使全体国民对"新生活运动"之感观上的规矩、清洁两项之意识,"得以深入人心,渐转风气,造成相当之基础";还觉得各省市及铁路系统方面,均组织有劳动服务团,其团员人数总计在 10 万人以上,这些团员还热烈参加训练公民、教育民众和救灾、卫生等方面的工作,已表现出相当的成绩。但是,蒋介石认为这些成绩都是表面上的,还仅仅停留于简单的卫生运动和服务运动上,而没有从国民的思想上根本解决恢复封建伦理道德问题。所以,蒋介石仍然非常不满意地说:"可是就一般的成效和实际情形来说,实在不能满足我们的期望,达不到原来的目的",即"新生活运动"并没有使封建伦理道德在全国各地恢复起来。为了仔细观察"新生活运动",蒋介石到全国不少地方进行过考察。那么,"新新生活运动"给他留下的印象怎样呢?他曾这样详细描述说:

  我敢说,除了极少数的地方以外,一般对于清洁、整齐的两件事,尚且没有做到。尤其在都会之中,不能在街上、路上,到处都看见龌龊凌乱的现象。特别在公共场所,或交通要点如码头、车站之类一般上下往来的人,看不出受到秩序训练的样子。而负有指导责任者,如宪兵、警察、保甲长之类,也不能积极的尽到职责,甚至于熟视无睹,反不如农村,……至于公务机关……能切实做到新生活运动的要求,能够有秩序,且有精神,而且无愧为现代生活的标准者实在很少很少。我们现在到处都可以看到推行新运的标语,而很少看到新运的实效;到处可以看到推行新运的团体或机关,却是很少看得见有多数确实受了新生活运动的效果。至于一般社会,能在食、衣、住、行中表现礼、义、廉、耻的四维……那当然是更少了。[27]

  到了"新生活运动"第三周年时,蒋介石依然很不满意地说:"我们新生活运动的推行还不能达到预定目标"。到了 1937 年 7 月 7 日,日本发动了全面侵华的卢沟桥事变,在日本侵略军飞机、坦克、大炮等的威逼下,国民党南京政府面临着与中华民族一同灭亡的生死关头,加以全国民众坚决要求政府抗日的呼声更加高涨以及中国共产党努力推行抗日民族统一战线政策,迫使蒋介石领导政府实施抗战。蒋介石在全面抗战的新形势下,仍然试图使"新生活运动"按照自己的既定目标推行下去,但是,蒋介石已经认识到自己原有对"新生活运动"中"礼义廉耻"的解释,已经不大适应抗战的实际需要了。这时,蒋介石力图在不影响恢复"礼义廉耻"和"四维"道德总方向的前提下，使"新生活运动"适应抗战的需要。因为在他看来，既然中国已处在抵抗日本侵略的非常重要的时期，新生活运动也就应该"跟着抗战建国的途程，进到一个新的重要阶段"。要使每个国民个人的生活规律和整个的民族精神，也必须有进一步的变化。具体地说，就是必须使"新生活运动"的精神，"恰恰能和抗战建国的实际需要相配合"。基于这种认识，蒋介石对"礼义廉耻"和"四维"道德进行新的解释，来"说明抗战期中，国民生活规律应有的意义"。蒋介石是怎样重新解释"礼义廉耻"的呢？他说："第一、先就'礼'字来讲，原来解释是'规规矩矩的态度'，但到现在，就应该由规规矩矩的态度，进为'严严整整的纪律'"。"第二、再就'义'字来讲，原来解释为'正正当当的行为'，但到现在，进为'慷慷慨慨的牺牲'"。"第三、再就'廉'字来讲，原本解释是'清清楚楚的辨别'，到现在就应该由清清楚楚的辨别，进为'实实在在的节约'"。"第四、再讲到'耻'字，原本解释是'切切实实的觉悟'，到现在就应该由切切实实的觉悟，进而为'轰轰烈烈的奋斗'"。蒋介石又说："我们在战时，一切的行动，必须守纪律，负责任，明公私，尚力行，而在国家、民族利益之前，绝对的不惜牺牲，这就是礼、义、廉、耻四字在战时生活上的解释"。同时，蒋介石还提出"军事化、生产化、合理化是我们民族共同生活的基准"。他要求全体国民必须把"一切的生活行为，都紧张起来"。应该说，蒋介石对"礼义廉耻"和"四维"道德的这种新解释，其内容和含义是积极的，确切地说，它是鼓励全国军民努力抗战的一种正面宣传。然而，尽管如此，由于"新生活运动"之主要目的没有变，仍在于要恢复"礼义廉耻"和"四维"道德，实际上背离了挽救民族危机的时代主题，所以推行起来依然收不到成效，因此，抗战发生后的第一个年头里，新生活运动总会的主要工作，就是积极投入抗战，而没有按照蒋介石的意图搞所谓"礼义廉耻"和"四维"的伦理建设。显然，对于抗战中的"新生活运动"来说，蒋介石已经无法把握其恢复"礼义廉耻"和"四维"道德的总方向了。他不得不承认"到了抗战发生以后，就渐渐不为人所重视"，乃至"一般人几乎根本遗忘，这实在是最可痛异惜的事"。[28] 同时，他也认为这时"新生活运动总会所发动的工作，如组织战场服务团慰劳伤兵和前敌战士，改善壮丁的生活，提倡节约运动；而妇女同胞在新生活运动的组织下，更是进一步的做到全民动员的征象"。[29] 蒋介石既定恢复"礼义廉耻"和"四维"道德的"新生活运动"总方向，就这样被伟大的抗日民族运动所扭转了。蒋介石本人也被迫有意无意地改变自己的初衷，使"新生活运动"在一定程度上成为抗日运动的一个组成部分，并伴随着抗日战争的发生和发展而逐渐消失。

第三节 "杀身成仁"——蒋介石倡导的"革命的人生观"

蒋介石十分重视引导人们按照他的意旨树立一个所谓"革命的人生观"。这个"革命的人生观"的具体内容是什么，它与封建伦理道德有什么关系？蒋介石本人的人生观又是怎样的呢？ 如果围绕这些问题读一读蒋介石有关的言论，就会觉得蒋介石提出"革命的人生观"不仅良心用苦，而且有些阐述独具匠心。

蒋介石是于1924年正式提出所谓"革命的人生观"，并加以系统阐述的。 是年5月，37岁的蒋介石被孙中山任命为黄埔军校校长兼粤军总司令部参谋长。 这时，经常读一些人生哲学书籍，但对人生的认识特别是对人生的目的和生命的意义还一直不甚明了的蒋介石，突然在人生目的和意义方面悟出了一个道理，并归纳成"人生的目的，是增进我人类全体之生活；生命的意义，是创造其将来继续之生命"两句话。 蒋介石称"这两句话，可以说就是我的革命的人生观"[1]。 蒋介石还经常把这两句话写成联语并常用它来教育他人，主要是教育黄埔军校学生。

从黄埔军校开始的教育

1924年5月,从黄埔军校第一期学生入学起,蒋介石便开始以黄埔军校校长的身份不断地向军校学生进行所谓"革命的人生观"教育。这种"革命的人生观"的教育,主要是进行生死观的教育,使这些即将作为一名军人驰骋沙场的军校学生树立"革命的人生观",进而能够在战场上经得住生与死的考验。为了使军校学生树立"革命的人生观",蒋介石利用一切可以利用的讲演机会,向他们苦口婆心地讲了许多深入浅出或浅入深出的大大小小的道理。应该说,在对军校学生进行"革命的人生观"教育方面,蒋介石不仅有所准备,而且还下了一番功夫。

蒋介石谆谆告诫自己的学生:作为一名国民党党员,作为一名国民革命军的军人,一个非常重要的问题也是必须首先解决的问题是什么呢?就是要懂得做人的道理,也就是要了解人生的意义和树立"革命的人生观",进而培养自己不怕死的品格。那么,要使学生知道什么是做人的道理,怎样才能树立"革命的人生观",当然就不是蒋介石自己所领悟的"两句话"所能解决的问题。因此,蒋介石在讲述这个问题时,围绕着"两句话"阐述了一些有时深奥有时简单的道理。他告诉学生说,要了解做人的道理,就必须知道"我们是革命党,我们做人的意义是在生命";还必须知道"因为我们是革命的党员,我们是要做革命的事业"。既然知道了要做革命的事业,也就理所当然地就要首先晓得革命的意义。而"要晓得革命的意义,就要先晓得做人的意义,这是最要紧的事"。蒋介石还告诉学生,做人有一个的真正道理,这个真正的道理就是要弄清自己的人生观即生活的目的和生命的意义。他说:在这个问题上,"以本校长的观念,得了两句断语,就是:'生活的目的,是增进我全体人类的生活;生命的意义,是创造将来继续之生命。'"他语重心长地要学生必须"记住这两句话",因为只有按照这两句话去做,才"有做人的把柄,就不会做错人了"。蒋介石心里明白,他讲的这些道理都是革命的大道理,对于入学前有一定理论基础的学生来说,或许是不难理解的,但对于入学前理论基础差的学生来说,就可能是听不懂或听不大懂了。因此,有时蒋介石把这种理论与生活实际尤其是革命军人的实际联系起来讲,讲得十分通俗易懂。蒋介石说,对于军校学生来说,要弄清做人的道理和树立"革命的人生观"并不难,只须确立一个把自己的生死置之度外的十分坚定的志向,并只管跟着自己的校长蒋介石去成功事业与理想,不管是在枪林弹雨、人山血海中，都不能有半点畏惧恐怖的心理；就是太平洋之大，喜马拉雅山之高，也都要跳过去、走过去，绝不可有什么怀疑和顾虑。因为只要做到这一点，就没有不可成功的和不可实行的道理。蒋介石要求学生对此要充满自信，要充分相信只要树立了这个"革命的人生观"，做到"志向能够真正坚决"，就一定能够跟着校长就完成"他们的事业与理想"。[2]

同时，蒋介石知道，既然要培养学生不怕死的品格，使之把自己的生死置之度外，这就应当进一步使学生明白这样一个道理：跟着校长就成就事业和理想，死是不可怕的，因为这种死是为主义而死，为国民党而死，是为国家而死，是有意义的死。只有这样去面对自己的死，才能做到不存任何顾虑和勇于去死。蒋介石是如何阐述这些道理的呢？大致讲了两层意思。一是告诉学生：死是军人的"职分"，怕死的人就不配做军人。他说："我们军人的职分，是只有一个生死的'死'字；我们军人的目的，亦只有一个死字；除了死字之外，反面说，就是偷生怕死。"偷生怕死就"不能做军人"。二是告诉学生：军人的死是有意义的，军人的死实际上等于是生。蒋介石教育学生要晓得个人的生命不是一时的，而是永久的，个人的生命并不是只在个人身死之后就断绝了的，而是会由个人的子子孙孙一代一代地继承下去的。为什么军人死后其生命还会存在呢？蒋介石这样解释：

古人说："死有重于泰山，有轻于鸿毛。"如果我们的死，有如泰山的价值，死得其所，如为主义而死，为救国、救党而死，那么死又何足惜呢？因为我们身死以后，还有继承的人来继承我们的事业，亦就是继承我们的生命，我们的生命就永久不会断绝了。所以我们生命的意义是创造将来之生命，不单是求肉体上一时存在就可以算长命了。[3]

因此，蒋介石希望军人不要去计较暂时肉体的死活，而应该做到一定要为国民党来做人，要做国民党的真正的无名英雄，并且确信个人的肉体虽然死了，但是个人的精神还在，它将一代一代地传下去，以至于永远不死。

另外，蒋介石还知道，作为一名军人，除了战死沙场外，还有一个经常要碰到的非常实际的问题，这就是在面临要当俘虏的时候应该怎么办？这也是一个非常严重的生死观的考验。因此，他教育学生如果树立了"革命的人生观"，就能够做到在战败时也绝不当俘虏，要用刺刀自杀以身殉国和"杀身成仁"。蒋介石强调，作为一名军人，是绝不能当俘虏的，即使面临当俘虏的时刻,宁愿用刺刀自杀,也决不能当俘虏。 在谈到这一问题时,蒋介石特意告诉学生,军人佩带的刺刀除了杀敌之外,还可以在自己快要被俘时用来自杀。 他说:

> 刺刀不单是刺敌人的! 而且,有时要用来刺自己的! 怎么要刺自己? 就是在万不得已的时候,或是被敌人拿去做俘虏,受侮辱的时候,如果到了这个时候,与其投降敌人,让敌人来侮辱我革命军人高尚洁白的身体,毋宁我先来自杀。 为什么呢? 因为我被敌人侮辱,就是国家被敌人侮辱,亦就是本军同胞、本党同志与主义皆被敌人侮辱的一个样子。 所以与其为我个人来污辱神圣不可侵犯的主义,那不如我杀身成仁,只保我军人的人格。(4)

这种宁愿自杀殉国,也绝不当俘虏的不怕死的精神,蒋介石称之为黄埔军校"乐死赴义,杀身成仁之风尚"。(5) 正是在蒋介石的宣传和倡导下,"为主义而奋斗"和"为主义牺牲"的精神,也很快被称为"黄埔精神",(6)并且一时广为流传。 甚至连后来的长沙分校经理班也受到了影响,张治中说:"那时候我们党里的一般同志,都认为黄埔是真正革命的基础,黄埔精神是真正革命的精神"。(7) 蒋介石在十余年后仍以"黄埔精神"教育中央军校学生,他说:"十余年来本校师生之牺牲奋斗,乃克建立黄埔精神之一名词",他要求学生对它"葆爱护惜,发扬光大"。(8)

黄埔军校作为国共两党培养军事人才的摇篮,国共两党在学生教育方面都花了很大的精力和心血。 周恩来、熊雄、聂荣臻、恽代英、萧楚女、叶剑英等中国共产党人先后到军校工作,依靠国民党左派和因向苏联学习而设置的党代表制和政治工作制度,对学生进行革命思想教育,利用这个学校为共产党培养了自己的一批干部。 作为黄埔军校校长的蒋介石,也从政治教育的角度注重对学校进行"革命的人生观"教育,要求学生自觉培养成勇于为主义、为党、为国家去牺牲的品格。 无论蒋介石的这种教育出于什么动机,要达到何种目的,但这种教育本身,客观上能够使受教育的学生得到了军人政治素质某一方面的培养。 因为这里所指的为主义而牺牲,在字面含义上,就是孙中山的三民主义而牺牲;这里所指的为党而牺牲,就是指为国共合作基础上的各革命阶级联合的国民党而牺牲;这里所指的为国家而牺牲,就是指为国共两党正在努力奋斗和将要建立的资产阶级民主共和国而牺牲。 因此,在当时国共合作领导大革命与从事北伐战争的环境里,培养军人具有为革命不怕捐躯的精神,有利于提高军人素质和争取大革命胜利。

但是,必须指出,蒋介石的这种"革命的人生观"教育最终还是与封建军纪"连坐法"相辅相成的。一方面,蒋介石号召军校学生甘心为主义去死。要认识到本来死是一桩不要紧的事,我们死了,只要死得得当,死得有价值,死得安心,为主义而死,为正义而死,为人类而死,那就死得其所了。这个做人的责任也就可以完结了。另一方面,蒋介石还主张在战场上必须用"连坐法"来牵制官兵同生共死。在这一点上,蒋介石很赞赏岳飞与戚继光用"连坐法"来治军,并主张仿效之。"连坐法"的主要内容,就是不准官兵在战场上随便撤退,如果在没有命令的情况下随便撤退,哪一个排退下来了,就拿那个排的排长正法,哪一个连退下来了,就拿那个连的连长正法。按照"连坐法",好比现在有一个师长在前方被打死了,他手下的旅长退回来的时候,若不把师长的尸首拿回来,就要拿这个旅长来枪毙。旅长、团长打死了,其下级长官也是同样。因为实行了这个"连坐法",所以官兵在作战时才不敢轻易退却,"大家才能敬重保护上官"。因此,蒋介石提出,要建立革命军,也要效法这种"连坐法",进而迫使战场上的每个官兵都能够特别注重军纪,"大家一定要同生死"。[9]

由此可见,蒋介石这种"革命的人生观"是以军纪来保证实行的,带有绝对的强制性。封建军纪"连坐法"是封建统治阶级为保证下级官兵层层效忠上级军官的一种治军方法,它是强迫下级官兵层层向上级长官效愚忠至死的一副锁链。蒋介石既希望军校学生能够树立他提出的"革命的人生观",培养出不怕死的品格,但最终还是给学生和部下套上这副封建性的"连坐法"的锁链,进而达到层层效忠上级军官之目的。就这个意义上讲,蒋介石提出的所谓"革命的人生观",实际上就是约束黄埔军校学生必须服从上级主官的道德行为规范。按此理,黄埔军校学生既要效忠校长蒋介石,那么,最终要效忠的,应该是国民党总理孙中山。然而,蒋介石经常把自己与孙中山相提并论,认为他是以孙中山的思想作为自己的思想,以孙中山的意志作为自己的意志,因此,他的学生和部下,只须听从蒋介石的主张,当然也只须效忠蒋介石本人就可以了。所以,蒋介石特别强调说:"在学校里,在军队里,各位如果相信本校长是一个真正革命者,那么在校内,在军队中,都要服从我的主张,如同我以总理之思想为思想,以总理之意志为意志。"[10]如果从这个角度来看问题,就不难看出蒋介石对黄埔军校学生进行"革命的人生观"教育,已经隐含其要把黄埔军校学生培养成为"蒋家军"之基干的基本用意了。

其实，早在未当黄埔军校校长之前，蒋介石就有了想利用办军校之手段起家，通过办军校来插手建军，进而掌握军队和控制国家的愿望。后来，蒋介石有一段言论，措辞十分含蓄地表达了这一愿望。他说他有一个志愿——就是希望在其一生中能够办一所军事学校，并且要按照他自己的理想来训练一般有志的青年，来完成建军和建国的使命。当时，他还自信：如果他的这一志愿实现了，中国军事教育就一定可以成功。在这种军事教育制度下训练出来的官兵，不仅能完成北伐，统一中国，并且还可以建立现代化的军队和建设现代化的国家。蒋介石为什么会有这种想法呢？主要是因为他已经得到了孙中山要创办黄埔军校并正在物色有关人选的信息，他要想尽千方百计来争取当上黄埔军校校长。他说："其时，总理由于屡次革命失败的经验，认为会党和地方性的军队绝不能形成建国的力量，坚决的主张要由本党自己来开办军官学校，训练军官，成立党军"。"所以我在民国十二、三年之间，什么事都不愿做，而只要创办军官学校，教育全国青年军人，为我唯一的志愿"。[11] 应当说，蒋介石这个心底的披露是符合当时事实的，这可从1923年7月13日他给杨沧白写的书信中得到印证："如需善用弟才，惟有使弟远离中国社会，在军事上独当一方，便宜行事，而无人干预其间，则或有一二成效可收。否则误用弟才，且使弟终身自误。"所谓"远离中国社会"在此是有所指的。这时蒋介石一心想能被孙中山派赴苏俄考察，以便得到办黄埔军校之资格，所以他在信中更明白地讲："今与兄等约言，如不允我赴俄，则弟只有消极独善，以求自全。"[12] 但是，得以赴俄考察回国后果真被孙中山任命为黄埔军校校长时，蒋介石又觉得，如果自己仅专办军校而手中无一点其他的军事权力，将来还是难以起家。于是，他不仅迟迟不肯上任，甚至直接向孙中山写信索要其他官职。他在1924年3月3日写信给孙中山说："今先生来示，督责中正，而欲强之回粤办学，窃恐先生亦未深思其所以然也。中正不回粤，尚不能置身党外；如果回粤，焉能专心办学，而不过问军事、政治？"[13] 因身边少有军事人才，孙中山只好要蒋介石兼任粤军总司令部参谋长，给了他一个不大不小的官职，于是，蒋介石才正式到黄埔军校任职。

蒋介石要求他人树立"革命的人生观"，那么，他自己果真树立了这种"革命的人生观"吗？没有，蒋介石的其他有关"革命的人生观"言论表明，在所谓"革命的人生观"背后，还深深地隐匿着一个很难为人所知的真正的蒋介石自己的人生观，即个人英雄主义。事实上，蒋介石的"革命的人生观"是针对他人的，主要用之于训育自己的学生和部下。蒋介石的个人英雄主义才是他个人真正的人生观，是他个人奋斗的动力和目标，他当然不会轻易告诉他人。 只有把蒋介石要求别人树立"革命的人生观"的言论细细的探究，并且具体联系他个人的相关表现，才能够清晰地见到他的个人英雄主义。

蒋介石的许多言论表明，他提出的"革命的人生观"并不是拿来要求自己的，而只是用它作为规范他人的准绳。 蒋介石在宣传其"革命的人生观"时，主要是训导他人要不怕死，要勇于"成仁"，不要有丝毫生前成功的意念。 他特别要求黄埔军校学生必须清楚地认识到，既然来到了黄埔军校，就要知道黄埔军校就是要学生"去为革命而死的"，而绝不可有想活着看到革命成功的想法。 蒋介石还就孙中山曾经说过的"亲见革命成功的人，谓之成功，生前未见成功，先牺牲去死的人，谓之成仁"这句话，加以充分地发挥说："我以为真正的为人类、为主义的人，好不容易在他生前成功；生前成功的人，我以为大部分是假的。 本校长是要你们做真正的革命党，就是要你们成仁，要你们为革命而死。"[14] 蒋介石还说，历史上成功的人都是些大骗子，因为只要翻开历史一看，大凡能得成功的人，都是极大的。 这些成功者当中，最显著的莫如帝王，而帝王便是一些大骗子。 而只有真正的革命党，真正为国做事的人，十之八九没有不先成仁而死去的，譬如文天祥、陆秀夫、岳飞、史可法之类。 蒋介石把这种"成仁"视为"历史上和人格上""最大的成功"。 他要求学生要做人格上、历史上成仁的革命党员，切不要一定希望做成功的革命党员。[15] 按照蒋介石的这种说法，凡参加革命的人都只能牺牲，一点也不要指望成功，否则就是大骗子。 如果照的这个逻辑推论，既然所有参加革命的人都必须"成仁"牺牲，那么，当时国共两党合作领导的国民革命则是永无成功之希望了。 其实，事实上，蒋介石真正的思维绝不是这样的。 他之所以这样说，虽然含有鼓励黄埔军校的学生树立不怕死、勇于牺牲的精神之含义，但同时还暗含有想用别人的鲜血和生命为自己的成功铺平道路的企图。 如果说，所有跟着校长蒋介石的黄埔军校学生都不能活着见到成功，因为蒋介石告诉他们能活着见到成功的都是骗子，那么能活着见到成功的，就只有教育过他们并领导他们的校长蒋介石一个人了。 然而，如果蒋介石也树立了这个"革命的人生观"，他也是不能活着见到成功的。

那么，有必要弄清的，是蒋介石是否真正树立了这个"革命的人生观"。 实际上，蒋介石自己并没有树立这个"革命的人生观"。 联系当时的实际情况来看，在黄埔军校时期，蒋介石曾一度对革命前途失望，似乎他真的觉得自己已经没有看到成功的希望，最多也只能和自己的学生一样"成仁"。 有时候,他的这种对个人前途的悲观情绪,禁不住在自己的学生面前流露了出来。1924年9月18日,蒋介石在黄埔军校演讲时,他的开场白说:"我今日所讲的,就是做军人要有主义和目的,要为主义来奋斗,要为主义来牺牲,不要做人家的傀儡和奴隶,自己要站在主人翁的地位。"紧接着,他把话锋一转却说:"我现在觉得年纪虽然不大,还不满四十岁,然而精力和体力,却觉得疲乏极了,为什么缘故呢? 这几十年来对革命的工作,自以为不算不努力,但是觉得革命的前途,越走越远了,真是弄得莫明其妙,如果这样下去,就是我不在战场上打死,亦一定会在平时忧愤而死"。[16]这些言论充分表明,蒋介石已深感个人无出头之日,摆在自己面前的前途是要么真的只能"成仁"而见不到成功,要么就是当个无名英雄。 这时,蒋介石对唯一公认的革命领袖孙中山有望成功而感到无可奈何,甚至感到快要忧愤而死。 那么,此时刻的蒋介石,其内心深处在想什么呢? 他在想担任国民党中央执行委员乃至更大的职务。 虽然他当上了黄埔军校的校长,还兼任了粤军总司令部的参谋长,1924年10月14日又被孙中山委派为中国国民党中央执行委员会军事委员会委员长,但他仍然不满意,总认为自己在国民党中还是个听差遣的二流人物。因此,没有得到重用的蒋介石对孙中山是有很大意见的。 直到1963年,他还对孙中山不重用自己之事记忆犹新,耿耿于怀。 他专门谈及此事时说:"我是二十一岁入党的;直到二十七岁,总理才对我单独召见。 虽然以后总理即不断的对我加以教诲,亦叫我担任若干重要的工作,但我并不曾向总理要求任何职位,而总理却亦不曾特派我任何公开而高超的职位;一直到我四十岁的时候,我才被推选为中央委员。"[17]当然,这里的回忆有误,事实上蒋介石是在孙中山逝世后于1926年1月国民党第二届全国代表大会上当选中央执行委员的。 是年,蒋介石只有39岁而不是40岁。 在这里,虽然蒋介石把自己得不到孙中山重用说成是自己不谋高职的荣耀史,但联系上述史实就可以清楚地看出,蒋介石的官欲很强,认为孙中山只委派他担任了国民党中央执行委员会军事委员会委员长,而没有使他当上正式的国民党中央执行委员,总感到没有得到重用,并且不能正确地看待这一问题。 当时,虽然蒋介石还不敢公开反对孙中山,但在一些军事行动上基本支持孙中山的同时,也时而借机掣肘,以发泄其不满情绪。 一是蒋介石两次拒绝执行孙中山要他运送武器到北伐前线和率领部队增援北伐的命令。 当苏联"沃罗夫斯基"号船装载第一批武器抵达广州,孙中山命令蒋介石卸下武器后立即装船运送至他的北伐前线时,蒋介石竟然以"孙的北伐犯了大忌"为由,"拒绝执行孙的命令"。两天以后，孙中山又命令蒋介石"率领部队离开黄埔到前线加入他的行列，蒋再次违抗"。[18]二是蒋介石在黄埔军校不按孙中山所规定的编制练兵。为此，孙中山曾专门写信严厉批评了蒋介石。孙中山在信中说："我想大家不欲行我之制，则全为故习所囿也。本其日本士官、保定军官之一知半解，而全不知世界大势，不知未来战阵为何物，而以其师承为一成不易也。"[19]从这些话里，足见孙中山对蒋介石的评价之低和不信任的程度之大，还似乎可见孙中山已经看出蒋介石有在把兵练成后不再听他人指挥之野心。尽管如此，孙中山因急需军事人材只好对蒋将就用之。可以说，蒋介石与孙中山的关系实际上时有貌合神离的现象。

显然，蒋介石在教育黄埔军校学生如何树立"革命的人生观"的同时，却在想着为什么孙中山不重用自己，不让自己担任正式的国民党中央执行委员。这充分表明蒋介石并没有有用"革命的人生观"来约束自己，更没有要为革命"成仁"的打算，事实上他是想在活着的时候至少就能成功为一名国民党中央执行委员。

以个人崇拜反对个人崇拜

就在蒋介石向黄埔军校学生灌输"革命的人生观"的时候，他的另外一些言论，还隐隐约约地表露出了他希望别人崇拜自己的欲望。当时，蒋介石提出了不要盲从个人，而要信仰主义的观点，好像表现出了反对盲目崇拜个人的思想倾向。虽然蒋介石在向黄埔军校学生阐述其所谓"革命的人生观"时，严厉指责历史上活着的成功者都是些大骗子，但是，如果联系蒋介石的其他言论，就会发现，蒋介石所指责的"大骗子"并非泛泛而谈，而是含沙射影地有所指向。蒋介石在其他言论中，主张把孙中山与孙中山本人的三民主义划分开来，要求黄埔军校学生只为主义做事和为党做事，绝不盲从个人。他说："我们中国军人还有一种最大的毛病，就是只知道盲从官长，不知道国家是什么？真正的革命军人，是要以信仰主义，服从纪律为职责，倘与我们主义不相对，或是犯了纪律，那就是我们的敌人，我们就应该反对他，攻击他。"蒋介石甚至明确表示："就是我们总理如果违反他的主义，我们也要对他来革命。"因为"你们是党的学生，是国家的学生，是主义的学生；你们将来出来做事，是要为党做事，为国家做事，为主义做事"。"我们革命是以主义做中心，跟到这个主义来革命，认识这个主义来革命的，绝不是跟到一个人，或是认识一个人来革命的。如果跟到一个人，或是认识一个人来革命，那就不能叫做革命，那就叫做盲从，那就叫做他人的奴才走狗了。中国人的思想习惯，到如今仍旧是几千年前皇帝忠臣的恶劣思想"。[20]正如有的学者所指出，蒋介石的这些言论是在"反对个人崇拜"[21]。在这里，至少可以看出蒋介石已经含沙射影地把矛头对准了孙中山。但是，蒋介石反对个人崇拜是别有用心的。他在反对个人崇拜的同时，又一再要求黄埔军校的学生崇拜他自己。蒋介石曾公开地、明确地告诉学生说："你们应该听党的命令，国家的命令，主义的命令。如果本校长能听从党的命令，国家的命令，主义的命令，那么你们听我的命令，也就是听党的命令，国家的命令，主义的命令一样。"[22]很显然，蒋介石并没有从根本上真正地反对所有的个人崇拜，而是想要崇拜孙中山的人转而崇拜他本人。这足以说明蒋介石介石在要求黄埔军校学生"一定要为党来做人，要做党的真正的无名英雄"[23]的时候，他自己已经有了很强的要取代孙中山地位的欲望，很想当一名中国顶大的有名英雄。事实上，蒋介石还在公开场合曾情不自禁地表白过他自己要当伟人和豪杰的心底。他说："革命，固然不能带一些英雄色彩，来想成一个伟人，但是我们先要承认自己是豪杰，并要明白革命是非常的事业。革命工作，只有豪杰才能担当得起来，只有豪杰才能百折不回，生死如一！孟子说：'若夫豪杰之士，虽无文王犹兴'；我们生在现在的时代，不要以为自己才力不足、学问不好，便生了灰心。"[24]诚然，真正的国民革命需要一大批英雄豪杰的奋斗与牺牲方能取得最终胜利，但蒋介石是在要别人当无名英雄或只能"成仁"的基础上谈这个感想的，由此便隐约地见到了蒋介石的个人英雄主义的人生观了。

以"革命"的名义将人们引入生与死的迷津

蒋介石发动四一二反革命政变并建立南京国民政府后，他是站在国民党领袖和国民政府最高统治者的地位，来进一步阐述其所谓"革命的人生观"的。这时，他的特殊位置和新的政治需要，决定了他更加要求国民树立"革命的人生观"，因而，蒋介石更加强调树立"革命的人生观"的重要性。他认为，除了"革命的人生观"以外，其他一切学问都是"无用"的。因为"一个人不明白做人的道理，没抱定革命的人生观，别的学问虽然很好，也是无用的"。[25]蒋介石甚至把中国遭受帝国主义侵略的原因，也归咎于中国人不讲人生观，试图以此证明树立其"革命的人生观"是无比重要的。他说："为什么中国人要受欧美各国压迫，为什么日本可以在中国这样强横？中国有四万万五千万的人口，为什么要受帝国主义欺负？原因是中国向来不讲究人生观。"[26]因此，蒋介石告诫国民，只有先确立了"革命的人生观"，然后才能做出惊天动地的事业。反过来说，就是如果一个人要用这几十年短暂的人生过程，来做一番惊天动地的事业，建立自己永久的生命，挽救国家的危亡，完成革命的使命，他就必须在一切努力之前，首先要确立他提出的这个"革命的人生观"。总之，蒋介石在独揽大权之后，比以往更加强调他人必须树立所谓"革命的人生观"了。

如果说，南京国民政府建立之前尤其是在黄埔军校时期和北伐战争前期，孙中山的三民主义和国共两党共同领导国民革命的大背景，决定了蒋介石宣传"革命的人生观"在客观上多少还有点积极意义的话，那么，在南京国民政府建立后，由于蒋介石背叛了国共两党领导的国民革命，由于蒋介石逐步儒化了孙中山的三民主义，这就决定了蒋介石宣传的"革命的人生观"，在诱使人们放弃自己的生命权方面，与封建伦理道德起着殊途同归、异曲同工的作用。所不同的，只是后者在其字面意义上因具有时代感而赋有更大的欺骗性。对此，蒋介石心中是有数的。他既深知儒家伦理道德"讲忠字，推到极点便是一死"；[27]也更晓得可以用"革命的人生观"或有时称为"革命的人生哲学"来诱使人们甘愿为"革命"而死。他说："我们革命，必须牺牲我们个人，才可以救出几千万人来，正因为其可以救多数人，所以我们愿意牺牲，愿意为革命而死，这即是革命的人生哲学。"[28]因此，蒋介石在大力宣扬儒家伦理道德，要求人们以忠孝等旧道德来约束自己的同时，也不厌其烦地反复向国民灌输"革命的人生观"，从所谓"革命"的角度把他们引入生与死的迷津。

与以往相比，在南京国民政府建立以后，蒋介石继续大讲特讲的所谓"革命的人生观"已经有着不同的政治意义。南京国民政府建立之前，蒋介石要求黄埔军校学生和部下树立"革命的人生观"，还不能直接要求最多也只能转弯抹角地要求他们把生死置之度外，跟着校长去成就事业和理想；而此时的蒋介石实际上已经执掌着国民党党政军大权，国民党及其政府实质上就等同于蒋介石本人。所以，这时的蒋介石要求国民树立"革命的人生观"，指引国民走向为国民党及其政府或国家去牺牲之路，也就是指引国民走向为蒋介石去献身之途。

与以往相比，在南京国民政府建立后，蒋介石所宣传的"革命的人生观"，在理论上有所丰富，还有一些新的说法。

这时，蒋介石把鼓励军人树立"革命的人生观"与他"围剿"中共的军事行动密切结合起来。他以"增加全人类的生活"为名，鼓励军人在"剿共"战争中，必须看轻自己的生命，要"冒大险，犯大难"。要求人们在认识"革命的人生观"时，应该这样理解生活的目的，即生活的目的绝不是图个人的温饱，而是要谋国家民族乃至整个人类生活都要使他增进，都能使他饱暖舒服，必须如此，我们的民族才能继续生存和健全发展，才算是达到了生活的真正目的。即我们的生活，如果只是满足个人生存的欲望，那么我们的聪明才力，仅仅用之于求得个人的安适就够了，何必要冒大险，犯大难，去做那些艰苦的革命事业呢？这就是说，生活的目的是为了增进整个的人类生活，为达此目的，就要做所谓艰苦的"革命事业"，也就必须去"冒大险，犯大难"。这里，蒋介石所指的"冒大险，犯大难"，主要是针对他接连发动的"剿共"战争而言的。他要求其部队官兵，要为所谓"革命"事业而战死于"剿共"战场。在鼓动其军队要勇敢"剿共"时，蒋介石就这样鼓动说："大家要晓得，天地父母既生了我们，我们即算不能成功一番轰轰烈烈的革命，也必须战死沙场，绝不好病死在床上。病死在床上的人，就是最没有出息的，天地父母也就枉生他了！"又说：一旦红军这些"土匪被我们消灭了，我们的主义能够实现，就是成功"。如果"我们自己在阵中牺牲了，我们的主义能够实现，就是成功"。或者说，如果"我们自己在阵中牺牲了，这就是成仁，成仁即成功，我们已尽到革命军人的责任，可以对总理，对上官，对部下，对父母了"。因而蒋介石把"向着最危险的道路前进"当作"军人最紧要的一种革命精神，一种成功的秘诀，和一种非常的人格"，他要求所有做他部下的人，"一定要冒险，不怕死"。(29)毫无疑问，蒋介石的所谓"革命的人生观"，就是指导人们把生活的目的置于国民党"剿共"事业之上的人生观。

塑造"中华民国的岳武穆"

这时，在阐述生命的意义这一问题上，蒋介石极其强调人们必须重视国家和民族的生命，忽视自己个体的生命，要求人们用牺牲个体生命的代价来稽延国家与民族的生命。他是从不同的角度来阐述这一观点的。

蒋介石在从历史的角度阐述民族生命的久长和个人生命的渺小，进而要求人们不能把自己的生命视为生命，而应该把民族的生命当作自己的生命。他说：

我们这个人，这个躯体，普通最多只能活到八十岁，这八十岁的寿命若计算起来，并没有多少时间，一年不过三百六十五天，八十年合计也不过二万九千二百日，这个短短的时间，很快就过去了。其实我们自己这八十年的寿命，来和我们民族有记载的历史来比，那不是仅仅占到极短的一段吗？而我们这个生命，在整个伟大的民族生命中，岂不是更渺小如沧海一粟吗？同时我们自己一个人乃是整个民族几千年来遗留下来的，乃是整个民族的一分子，乃是开拓整个民族未来无穷的生命的，所以我们讲生命，绝不能就自己这个极短的寿命之终结来讲。我们要讲生命，一定要讲整个民族之历史的生命，要讲我们民族整个的生命。总之，我们不好把自己个人的生命看作是生命，我们要把整个民族之历史的生命，当作自己的生命。(30)

蒋介石还进一步强调，在目前民族危机十分严重的中国，作为民族的每一分子，尤其应该把民族的生命当作自己的生命。每个人必须要有为民族而牺牲的精神，为挽救民族危机而捐躯。只有这样，才能挽救目前中华民族的危机，中华民族的生命才能因此而续延下来。为了使每一国民能够真正理解和接受他的这个观点，蒋介石又从挽救目前中华民族危机的紧迫形势强调指出，我们中华民族已有了5000年光荣的历史，但是到了现在整个民族已遭到最大的危机，全部历史已经蒙受到重大的耻辱。我们生当此时，就要负起责任来打破这个危机，洗雪这个耻辱，决不可使整个民族的生命到了我们手里而衰弱，整个历史的光荣，到我们手里减色。我们一定要继续保持我们民族，就是我们祖宗父母遗下来的5000年光荣的历史，不仅5000年，而且要继续5万年、5万万年，以至无穷。这样，就可以就是使我们自己生命不仅活过七、八十年就算了事，而且能继续到5万年、5万万年，可以永久的存在。另外，蒋介石从中华民族的每一分子个人的生命与整个民族生命的相互关系的角度进一步强调指出，我们自己个人的寿命与躯壳，不是真的生命，我们一定要知道整个民族之历史的生命，才是我们的真生命。因此，"我们的躯壳虽然死了，而真的生命并不是随躯壳而断绝的"。(31)

蒋介石这种要求为延续民族生命而牺牲个人生命的说法，从强调民族整体的重要性来说，不是没有道理的。因为民族的一分子与整个民族的关系，就是个体与整体的关系。强调个人为民族整体而作出牺牲，是因为个人必须依赖民族整体，没有民族整体也就没有个人；没有民族的社会生产和生活的整体，也就没有个人得以存在的条件和方式。但这还只是问题的一个方面。

民族一分子与民族整体关系的另一方面，则是民族整体绝不是抽象空洞的，而是由一定数量的民族每一分子组成的，中华民族更是由56个民族的每一分子共同组成的一个民族大家庭。如果只绝对强调整体民族的生命，而忽视组成民族的每一分子的生命，甚至把民族每一分子的生命看成是"躯壳"，"不是真的生命"，则这个整体民族实际上是不存在的。这等于是犯了只见森林而不见树木的常识性的逻辑错误。

那么，在这个问题上，蒋介石果真没有这种常识性的逻辑知识呢？不是。在这个问题上，蒋介石是想通过强调民族整体性作用，尤其是将这种作用夸大到绝对化和片面化，进而诱导中华民族的每一分子也就是每一国民能够心甘情愿地为民族捐躯。不容否认，尽管蒋介石的这一观点犯了常识性的逻辑错误，但在中华民族危机十分严重的时候，就其特别强调民族整体性作用而言，它客观上或者表面上不失为一种有利于增强中华民族凝聚力的宣传。然而，就是从强调民族整体性作用来说，中华民族的每一分子也绝不能盲目地来为民族而牺牲，如果蒋介石所诱导的是为了挽救民族危机而在抵抗外族侵略的战争中而牺牲，这种牺牲是值得的，而且也是光荣的；如果蒋介石所诱导的是为了其他个人利益或反动的政治目的而牺牲，这种牺牲就肯定不值得了。

那么，蒋介石诱导中华民族每一分子为民族而捐躯是不是有其他别的政治目的呢？有。这个政治目的之一就是试图通过所谓"革命的人生观"的教育，在诱导每一国民自觉自愿地为民族捐躯的同时，达到鼓动国民为蒋介石去死。从蒋介石的一些言论中可以十分清楚地看出这个意图。蒋介石在用"革命的人生观"训育军官团时说："我们现在做了革命党的军队，最大的任务是在'增进人类全体的生活'与'创造宇宙继续的生命'，不要贪图个人的温饱苟安，而要忍受个人生前的一切痛苦牺牲，来增进整个民族的生活，与发扬我们整个民族的生命。"又说："我们军人何时战死或病死，都不知道，躯壳存亡，实在没有什么关系。只要我们不为个人，而是为国家，为民族整个生命的发展而死，就行了。"这就是为民族的生存而"杀身成仁"。蒋介石要求"做上官的人，不但自己要杀身成仁，做个民族历史上的英雄豪杰，而且要能够使部下有履仁践义，以身殉国的决心"。与孙中山在时的黄埔时期相比，此时的蒋介石不再遮遮掩掩了，他公开要求别人只当无名英雄来成功他蒋介石。他引申孙中山所说的话来表达这个意思说："总理说过：'华盛顿大名天下，不知包括多少无名的华盛顿，为他牺牲奋斗，因能促成美国的独立。'"那么，今天我们中国的青年要完成中国革命事业，亦惟有人人以无名英雄自居，使我们中国能有无数量的无名的蒋介石，能为三民主义和国民革命而奋斗，而牺牲，那我们国家才能真正成为一个独立、自由的现代国家，才可使中华民族世世代代的子孙，免为异族的奴隶牛马。[32] 有时候，蒋介石提出"我们要以无数的无名的岳武穆，来造成一个中华民国的岳武穆"。在蒋介石看来，如果要求其他人为了成功中华民国而牺牲，大概这个道理人们是应该能接受的，至少是不会反对的。当然，有时，蒋介石也讲，他希望"将来能造成几千几万蒋介石，能够做革命领袖"，但这不过是"将来"罢了，至于今天和现在，他认为"现在中国只有我一个蒋介石！"[33] 在这里，可知蒋介石个人英雄主义的人生观已经发展到了极点。

要求军人和党员，为统帅为国民党而死

蒋介石还从国家、民族和社会与个人之间关系的角度，阐述国家、民族的生命是"大我"的生命，是重要的；个人的生命是"小我"的生命，是次要的。因为如果就国家与民族方面来讲，我们晓得宇宙是无穷大，但是，如果从一层层的分际当中来看的话，则国家和民族便是我们最实际和最重要的"大我"。我们个人这一个"小我"，必须仰赖整个国家、民族的扶持教养，然后才有发展的可能；亦惟有求整个国家、民族的生命能够进步发展，然后个人才能得到真正的进步和发展。所以惟有将我们个人的生命贡献于国家、民族，然后我们的生命才能发扬光大，悠久无疆。因此，若从国家或民族方面来讲，我们做人的道理，就是既做了人，便要做一个良好的国民，便要尽忠于国家，要牺牲个人来报效国家和民族，以尽到国民的责任。若再就社会方面来讲，我们人类的生存发展和一切进步，都是由于分工合作，与协力互助而来。一个人离了社会连带的关系，生活便不能继续，生命亦无法发展；因为孤独的生存，在人类几乎自始就不可能。基于这些认识，蒋介石特别强调说："我们既做了人，便应对社会有所贡献，为社会劳动服务，以促进社会的进步。"蒋介石用这些道理来证明他所常讲的'生活的目的，在增进全体人类的生活；生命的意义，在创造宇宙继的生命"这两句话是正确的。蒋介石宣传这些观点的目的，主要是旨在要人们在抽象的国家、民族"大我"面前，绝对地轻视个人"小我"和牺牲"小我"。他曾明白地说：

在政治学上有"小我"与"大我"之称，"小我"是指个人，"大我"是指数万万

或数千万"小我"合成的国家,而国家又是一切团体的统一的组织。所以将国家缩小,就是个人的心;将个人的心放大,就是国家。且以个人的小我,只有服从国家的大我。再说得明白点,个人既是国家的组合分子,那自然只有国家的自由,而没有个人的自由,只有国家的生命,而没有个人的生命。我们的头颅应为解除国难而抛,我们的热血应为拯救国家、民族劫运而洒。总之,我生时就不是我要生的,我死时不是我要死的。我惟有牺牲我的一切,以成就国家和民族一切的所需。"[34]

蒋介石在要求每一国民必须以牺牲"小我"来挽救民族、国家"大我"的同时,还设想了"小我"为"大我"牺牲的途径。 蒋介石告诉一般国民,只要为国民党及其军队而牺牲,就可保国家与民族的生命久长。 这是因为现在中华民族之历史的生命,就完全寄托在我们"革命党"即国民党和"革命军"即国民党所掌握的军队上面,只要我们的"革命党"和"革命军"的生命能继续不断,我们整个民族光荣的历史,一定可以发扬光大起来! 也就是我们个人的生命才能够继续不断,永久不死了! 所以我们要把自己这个渺小的短短的生命,贡献给我们"革命党"和"革命军",来求得我们整个民族最伟大、最光荣、最久远的历史生命! 但是,蒋介石还告诉一般国民,这里所说的国民和民族并不是抽象的,而是具体的,可以把为国家和民族而死具体地看成是为某一个人而死,特别是军人就必须为最高统帅而死。 他常常教育其官长要如此地训育部下和士兵:"统帅是我们整个民族、国家和革命军的生命寄托的处所,上官是奉统帅的命令来指挥我们革命的,因此我要为我的统帅而死,为上官而死!"如果是国民党党员,应该怎样地为国家和民族而牺牲呢? 蒋介石告诉国民党党员,只要无条件地把自己的生命交给国民党就可以了。 按蒋介石的话说,就是"我们加入了党","我们的生命就属于党","党和团体的生命,就是我们的生命"。 "我们有了这个永续无穷的生命,我们个人渺小有限的生命,又算得什么?"所以,蒋介石要求国民党党员必须"打破生死关头",心中"只有党的生命,没有个人自己的生命,以我们自己的生命来扩大党的生命"。 同时,蒋介石还要求国民党党员把他儒化了的孙中山的三民主义即蒋记三民主义作为自己的生命。 他在训育党员时强调,只有通过这种方法,党员个人的生命,才不会死。 他说:"我们要以主义为生命,主义如果实现了,就是我们的生命也继续下去了! 所以我们要保持自己的生命,只有继续创造党的生命。"[35]又说:"我们是为中国国民党而来找死路",

"我们的心中只有一个主义——三民主义,只有一个党,奉行三民主义的中国国民党,我们为这个主义,为这个党而牺牲,虽则死了,但我们的牺牲,我们的死是极有意义,极有价值的。"(36)

要求一般国民:"只知有国家,不知有个人"

那么,相对于一般国民来讲,他们还不到急于捐躯的时候,他们应该怎样做才算是牺牲"小我"为"大我"呢? 对此,蒋介石也是有具体要求的。 蒋介石认为,作为一般国民,也应该把这种牺牲"小我"的"革命的人生观",作为"舍小我为大我"的"共同道德"来奉行。 他认为,如果我们要集中国民的精神,就必须使全国国民对于自身都确立共同的道德,对于国家民族,坚定共同的信仰,而每一分子,能根据这共同的道德观念,共同建国信仰而努力,而奋斗,而牺牲! "这个共同的道德是什么? 就是舍小我为大我",就是能够"做到真诚纯一"地"为国家民族利益而牺牲"。 这种牺牲不一定仅指躯体的牺牲,还指个人的自由和平等的牺牲,具体做到"只知有国家,不知有个人"。 要怎样牺牲个人的自由、平等,来求国家的自由、平等呢? 具体地说,就是要随时随地都能严守纪律,服从命令,如在家庭,就要服从家长,遵守家规;如在学校,就要服从师长,遵守校规;在童子军和军训团里面,就要服从队长、排长,遵守军纪、团规;在社会上,则"就要服从各级政府,来为国家、社会而用"。(37)

显然,蒋介石是强调每一个党员和军人以及所有国民等,都必须在所谓"革命的人生观"指导下,时刻准备为国民党这个国家、民族的具体代表而无条件地牺牲个人的躯体,在不需要牺牲个人躯体的时候,就必须牺牲自己的自由和平等的权利。

总而言之,蒋介石在南京国民政府建立后所宣传、阐释的"革命的人生观",在原有的基础上,有进一步的理论性扩展。 它从国家、民族、国民党及其主义等方面来强调全体国民尤其是国民党党员和军人不仅必须牺牲自己的生命,以延续和光大国家、民族的生命,如果说到底,就是持久国民党的生命,还必须牺牲个人的自由、平等来求取国家、民族的自由、平等,如果说穿了,就是要保障国民党政权统治的自由及其强加的唯一的"牺牲"之平等。 这就是蒋介石"革命的人生观"的实质所在。 正是在这个意义上,作为一种约束国民言行的道德规范"革命的人生观",它在维护国民党蒋介石政权统治秩序方面,不仅完全起到了与儒家伦理道德等同的作用,而且其欺骗性更大。

似乎可以说,"革命的人生观"与儒家伦理道德是亲爱的两兄弟。

当然,由于生活在当时十分复杂历史环境下的人们,往往各自从不同的认识角度或时代的需要出发,来理解或接受蒋介石的"革命的人生观"。因此,对蒋介石的这个"革命的人生观"的客观社会作用,还应作具体的考察和分析。

总的来说,在当时中华民族危机十分严重的时代背景里,蒋介石的"革命的人生观",在某种程度上具有一定的激发民族感和爱国激情之客观作用。蒋介石要求全体国民、国民党党员和军人,必须为国家和民族无条件地牺牲,表现了蒋介石主观上有极强的掌握全体国民、国民党党员和军人的生命权之意图。但是,"革命的人生观"这一理论,也或多或少地赋有民族主义或爱国主义的色彩。相对于具有很强的民族凝聚力的中华民族之每一分子来说,他们在国家和民族利益面前,一般地说,都能把牺牲个人的生命以挽救国家、民族之危机当作一种美德。在中华民族危机极其严重的形势下,当蒋介石要求人们树立"革命的人生观",进而为捍卫国家和民族而牺牲自己的生命时,尽管蒋介石所指的国家和民族不是抽象的国家和民族,而是具体的指由国民党掌握政权的国家和以国民党为代言人的民族,但是,真诚地热爱祖国和中华民族的广大民众,却很有可能自觉地或不自觉地因蒋介石宣传"革命的人生观"而进一步激发民族感情和进一步增强挽救民族危机之责任感。事实上,在全面抗战爆发前,有不少国民党将领强烈要求蒋介石停止内战并领导全国的抗日,甚至有些将领挺身而出,率部单独抗日;全面抗战爆发后,有许许多多国民党官兵能奋力抗敌、血洒疆场。这些现象的出现,除了其他各种因素之外,还或多或少地与蒋介石宣传"革命的人生观"有关,也许有着不同程度的直接与间接的影响。

如果具体分析起来,蒋介石的"革命的人生观",在南京国民政府建立后的不同时期,又有不同的社会作用。

在西安事变前,蒋介石的"革命的人生观",主要是蒋介石驱使其军队"剿共"的一个精神动力。西安事变前的一段时间里,蒋介石把"剿共"当作国民政府的头等大事。为诱使其军队死心塌地执行他的"安内攘外"政策,蒋诬称中国共产党为"民族最大之祸患",号召国民党军人,"自均应引扑灭赤匪为己任"。他要求国民党军队全体官兵在"剿共"战争中不仅要"破心中之贼","具必死之决心",而且还要"以勿生还之勇气而尽忠"。蒋介石在以儒家伦理道德为准绳严厉斥责其官兵"剿共"不力的同时,也用所谓"革命的人生观"来训育官兵,说什么"国家兴亡,军人之责","革命军人之所以不计成败,不顾利害,而能前赴后继,视死如归者,以其为主义而牺牲也"。"军人生在今日,在完成革命,改造国家之责任","若因革命而死,因主义而死,则为死重于泰山,其价值乃无量之价值,其光荣乃无上之光荣"。蒋介石命令其官兵要"于最短期间,清除匪祸,奠安国族","断不能放弃国家、民族之责任"。实际上,当时真正的民族危机是日本帝国主义对中国的侵略,中国共产党之所以反对蒋介石国民党,主要是因为它实施专制独裁和不抵抗日本的侵略。事实上,蒋介石置民族危机于不顾,不断地对日本妥协、退让,公开宣称"日本不配做我们的敌人"。[38] 蒋介石就是这样根据自己的政治需要来宣传其"革命的人生观",而引导其军队步入反共战争之迷途的。这种人生观的主旨,在于以"革命"、"国家"、"民族"等字眼来欺骗国民党军人为他扫除政治之敌,当然是反动的。

在抗日战争全面爆发后,蒋介石的"革命的人生观"又具有双面作用。由于日本的侵略使得民族危机与国民党政权危机搅合在一起,事实上就使得"革命的人生观"在整个抗日战争时期产生正负两方面的作用。

"革命的人生观"的正面作用,就是激励全国军民积极投入抗日战争,并努力以自己的牺牲来争取胜利的到来。在全国人民的推动和中国共产党的影响与作用下,蒋介石被迫走上了抗日的道路,具有了真正挽救国家与民族危机的行动。这时的蒋介石,仍然用"革命的人生观"来鼓舞士气和民气,并能够联系抗日战争的实际,要求广大青年积极地投入抗日战争,以挽救国家和民族危机。他说:

时至今日,我们不牺牲,国家就要灭亡!国家如被人灭亡,亦同归于尽。因此我们青年必不惜牺牲一切,要为挽救国家,复兴民族而奋斗;只要我们国家能生存,我们个人虽然牺牲了,实有无上的价值和光荣!因为我们个人如果为救国而死,还有许多同学、同志,一定能继续我们的精神和志业,不断奋斗,不断牺牲,来实现我们的主义,完成我们的革命;那就是以我们一人的死,以我们青年继续不断的牺牲,换取整个国家、民族的生存和发展。这种的事,乃是重于泰山,足以增加我们祖宗无限的光荣,足为我们一般后死同学、同志,和世代子孙奋斗的创造的楷模![39]

为了争取抗日战争的早日胜利,蒋介石还呼吁人们:"要认定国家的独立和民族的生存，是要由我们自己牺牲奋斗来取得。"[40]他还要求军人"值此国家民族存亡关头"，"要当坚定意志"，"生为三民主义而生，死为主义死，拼最大之牺牲，求最后之胜利"。[41]

"革命的人生观"的负面作用，就是维护国民党政权统治。因为蒋介石在宣传这个"革命的人生观"鼓励人民和军人努力抗战的同时，仍然竭力要求"人人愿为三民主义而尽忠，人人乐为中华民国而死"。[42]他把抗战与捍卫国民党政权统治一体化，而且后者是根本目的，前者只不过是手段。

但是，比较而言，蒋介石的"革命的人生观"在抗日战争时期的正面作用应当是主要的，因为国民党政权是一个抗日政权，它正在领导着抗日。但负面作用不可忽视，因为从根本上讲，国民党政权是专制独裁政权，而且蒋介石还努力借抗日之机把这种独裁和专制往最极端处推进。

第二章 民众观解读

第一节 工农商学兵——以职业模糊阶级概念

　　一个国家不能没有国民，因为国民与主权、土地一样，是构成国家的最基本因素。一个国家国民生活的好坏，与国家的最高首脑对国民的态度有着十分密切的关系。对国民持何种态度，是臧否国家最高首脑的一个最基本标准。同样，一个国家的最高首脑能否长久地统治国家，与国民对这个最高首脑的态度也有着十分密切的关系。在国民与国家最高首脑的关系问题上，中国有这样鞭辟入里的古训："君，舟也；人，水也。水能载舟，亦能覆舟。"作为中国最高统治者的蒋介石，对这个古训是不会不知道的。应该说，在这个问题上，蒋介石持比较慎重的态度，他试图争取国民，主观上并不想作一个短命的统治者。但是，由于蒋介石从根本上是代表地主、资产阶级利益的，这种阶级的局限性，又致使蒋介石轻视民众，不能正确解决有关民众的问题。在有关人民群众的作用和生活等方面，蒋介石围绕着"重民"、"轻民"、"教民"、"用民"和"民生"等主题，发表了不少的言论，阐述了一些看法，形成了自己的民众观。

　　当国民党南京国民政府建立后，蒋介石就直接面临着如何对待民众的问题了。所谓民众，一般是指国民，国民就是指本国的人民。历史唯物主义认为，人民是一个历史范畴，它的内涵随着历史的变化而变化。关于人民的界定，在不同的历史时期，不同的阶级有着不同的标准。在蒋介石的言论中，对国民、民众与人民这三个概念一般没有区别，往往是交替使用，意义大致相同。总的来说，蒋介石所指的国民就是指四万万民众。其中，只有职业之分，没有阶级差别。 他说："什么是国民？ 国民就是人民，就是四万万人。""中国四万万人，工农两界就有三万万六千万之多，其余是商界学界"。 同时，"军人也是人民"。[1] 这是因为"兵士就是穷苦的百姓，因被压迫，没有工做，没有饭吃，才来当兵的"。 因此，不能"把兵士和人民两样看待"。[2] 之所以蒋介石按工、农、商、学、兵各职业来划分民众，除了沿袭中国封建社会历史上的一些传统说法外，还有一个最主要原因，就是为了利用这种划分法来模糊人们的阶级观念。 然而，在蒋介石的思想中，他是实际上承认人民是由不同的阶级所组成的，至少他承认在人民当中有工人阶级、农民阶级和小资产阶级。 因为他曾明确表示国民党"所代表的民众，是一切被压迫的民众，决没有阶级之分"；国民党"既不排斥农工阶级，也不限于农工阶级，既不排斥小资产阶级，也不限于小资产阶级"。[3]

"国民中的知识分子，都负有教导一般国民的责任"

在一般情况下，蒋介石是把人民划分为统治阶级与被统治阶级的。 他基本上把商人和知识分子当作统治阶级，而工农阶级和小资产阶级则被视为被统治阶级。 蒋介石在强调商人必须是参加统治阶级时说："中正深知商界的痛苦，并且更明白在国民革命期间，也不能离开商人而专使一个阶级来统治中国。"[4] 蒋介石虽然承认农工阶级是民众中的大多数，但认为他们没有知识，因此就不能成为领导阶级，而只能是被领导阶级。 那么，应该由哪一阶级来领导民众呢？ 蒋介石认为民众应该由有知识的阶级来领导。 他说："农工是民众中间的大部分。"[5] "而民众的柱石与中坚，就是知识阶级，如果我们知识阶级不知道一个做人立国的基本学问就不能领导民众"。 那些人是知识阶级呢？ 蒋介石认为"工人的知识不多"，农民就不用说了，他们更没有什么知识。 因此，除了没有知识的工人阶级和农民阶级之外，蒋介石几乎把所有其他阶级都看成是知识阶级。 他说："现在无论是党政军的人以及学界商界的同志，个个都是国民中的知识分子，都负有教导一般国民的责任。"他们才是"领导民众"的统治阶级。[6] 蒋介石这里所指的军人，如果是指作为国民党军队的组成分子单个的军人，虽然他们中间的大多数是来自老百姓，但是，他们已经被编入国民党所掌握的"党军"。 因此，蒋介石所说的军人，实际上是一个整体概念，即是指军队，它是国家机器的一个重要组成部分，而不能将其视为一个单独存在的阶级。 事实上，知识分子从来不构成一个独立的阶级，他们一般依附于其他阶级。 商人阶级中的大商人即大资产阶级因其财力雄厚而享有更多的政治特权，中小商人即中小资产阶级一般因其经济地位的上下波动而徘徊在统治阶级和被统治阶级之间，能爬上统治阶级的一般只是少数。知识分子依其所附属的不同阶级而归类于统治阶级或被统治阶级。所以，蒋介石所说的国民、民众或人民，在一般情况下，主要是指工农阶级和小资产阶级，尤其是指占全国人口总数大多数的工农阶级。

并非不知民间疾苦

在如何对待国民、民众或人民的问题上，蒋介石发表了许多言论，提出了"重民"和"轻民"两种极相矛盾的观点，并构成了他的"重民"、"轻民"论。按一般常理，蒋介石作为中国的最高统治者，在如何对待黎民百姓的问题上，同时提出"重民"和"轻民"两种极相矛盾的理论，这的确是一个极不可思议而又十分有趣现象。

蒋介石的"重民"论，散见在他的许多言论中。在蒋介石看来，中国人民的生活是很痛苦的，因此，他主张动员社会一切力量来关心人民的生活，解救他们的痛苦。蒋介石在表达这种"重民"观点时，是动了感情的，有些话说得似乎是发自肺腑之言。

当蒋介石谈到中国人民的生活十分痛苦时，说得十分具体、细腻、感人，他表示非常之"痛心"。中国人的生活痛苦到什么程度呢？蒋介石说："可以说能够一日三餐吃得很饱的，现在百家中难有一家，能送子弟好好地念书，尤其是能够送进中学，更是千家中难有一家。这就是农村经济日益破产，国计民生凋敝不堪之普遍的事实。"这是令人"触目惊心的"。又说："现在一般人民的生活是如何的痛苦，冬天固然没有衣穿，夏天也没有地方可住，尤其是到了每年新谷没有登场，青黄不接的时候，不仅一般的成年没有饭吃，就是两三岁的小孩子，也每天不得一饱。"还说："我们因为产业不发达，而人口偏是很多，并且受帝国主义的压迫，现在已到了国困民穷的时候，人民的生活，比那一个国家都还苦。全国大多数真正的民众，都是每天以全副的精神来工作，甚至从事过度的劳动，来求最低标准的生活；他们能忍受一切痛苦，只求能从饥饿线上挣扎出来，甚至求饱而不可得。"如"一般农民，时常在天灾人祸之中，以度其饥寒交迫的生活"。蒋介石再以四川为例说："你们大家都看到的，现在四川社会上，不知有多少颠连无告、流离失所的同胞，你们一出门，就可以看见一般劳苦的同胞，面黄肌瘦，或是推车子的推不动，或是负东西的负不起，汗如雨下，劳惫异常，然而却不得不挣扎，以图生存。他们如何的痛苦"，"这是何等痛心的事情"。那么，中国人民的生活为什么如此痛苦呢？蒋介石对此也进行过思考，思考之后得出了两个最主要的结论。一个结论就是由于"天灾兵祸",另一个结论就是帝国主义对中国的侵略。由于这两个主要原因,才导致国家衰败,国家衰败也就必然严重影响人民群众的生活,因此,中国人民的生活也就无比的痛苦。在具体谈到这一问题时,蒋介石说:"现在我们的国家,内有天灾兵祸的危害,外有帝国主义的重重压迫和侵略,整个社会和国家,已衰败到了这个样子,一般国民的生计,不论那一个地方,都是岌岌可危,朝不保夕。"[7]在蒋介石看来,正是因为有上述两个原因,才导致中国人民生活痛苦的程度达到了触目惊心的地步。

蒋介石对中国人民痛苦生活的了解是符合实际的。这大概主要是因为他从小生活在农村,尤其了解农村生活状况,知道农民生活的痛苦。也就是他自己所说的:他"因为生于农村,对于农民的情形,人民的痛苦,都能知道"。[8]但就其所寻找的原因来看,虽然也有一定的道理,但还没有找到根子上。因为这两个原因实际上还只是结果,因为它还有更深层次的原因。也就是说,如果进一步查找原因的话,就会很自然地要问:中国人民为什么不能抗拒"天灾",消除"兵祸"和抵抗帝国主义的侵略呢?实际上,如果从根本上寻找中国人民生活痛苦的原因,至少有两个方面是不能忽视的。一个方面就是历史原因,即长期封建专制导致的生产力水平严重低下的状况。一个封建的落后的"望天收"农业大国,一旦遭遇天灾,就无法抗拒。另一个方面就是现实原因,即蒋介石南京国民政府的恶劣统治,它是导致"人祸"的根源。如果仅就"兵祸"和帝国主义侵略这两个事实而言,这都是南京政府的恶劣统治所造成的。这个政府发动与地方军阀争夺地盘的战争,使广大人民群众遭受兵燹之灾。仅在1929年和1930年就相继爆发了多次规模较大的争夺地盘的战争。军阀混战给人民造成的"人祸"灾难是极大的。其中在1930年5月至10月爆发的规模最大中原大战中,就有30万当炮灰的壮丁死于战场,另有伤者不计其数。当1931年日本帝国主义发动九一八事变之时,蒋介石竟然命令本应把守东北大门的东北军坚决"不抵抗",致使东北国门洞开,整个东北近百万平方公里土地和3000万同胞惨遭日本帝国主义铁蹄的践踏和蹂躏。时隔6年,日本帝国主义又发动了全面侵华战争,蒋介石在中国共产党和全国人民的不断推动下被迫领导国民党军队抗战。但艰苦的8年抗战结束后,蒋介石又立即挑起内战,试图把在抗战中起过中流砥柱作用的中国共产党及其武装力量消灭净尽,再次把兵燹之灾强加在人民的头上。当然,蒋介石作为南京政府的最高首脑,即使知晓有这个现实原因也是有口说不出或不愿说出的。

蒋介石不仅了解中国人民生活痛苦之现状并究其原因,而且在如何动员社会一切力量关心人民的生活,解救其痛苦方面,他也动了脑筋。使蒋介石最感不快和不能容忍的，就是一般政府官员和军人、警察等对于人民的痛苦生活不仅漠不关心，反而想尽办法搜刮民脂民膏。因此，蒋介石对这些人提出了十分严厉的批评，其言论也是美妙动听的。他说：

我们中国一般军人、官吏、团警以及各界领袖和干部，能有几个人是真心实力来为社会谋福利的？许多人就是眼见民众饿死冻死病死，都好像与自己漠不相关，不去没法救济，尤其不肖者，还要忍心害理，想尽种种方法来搜刮民脂民膏，自肥其一家。这种人身为民上，真不知何以对社会国家？何以对自己的良心？大家要晓得，我们社会国家并不是真正贫穷没有办法，而是因为一般负责任的人，只顾敲刮百姓，不知道如何想办法来帮助和指导民众，改良和发展各种生产事业。[9]

同时，蒋介石对国民党的党员干部以及军人提出了特别的希望。他一再要求国民党党员不得把自己当作"是一个特殊阶级"，必须切实接近群众和深入群众，还要实际生活于群众集团之中，考察群众的需要，了解群众的疾苦。要以"人溺己溺，人饥己饥"的胸怀，随时随地为群众服务，为群众谋福利。不要过"特殊的高贵的生活"，以免被人认为"无形中就是一个封建的军阀或官僚"。他特别要求军人必须设法解决农民生活的痛苦，因为"我们革命军人，要像佛教里所讲的救苦救难，革命军是要牺牲个人的一切幸福权利，来谋大多数人类的自由平等的幸福"。他希望，今后中国的军队，一定要与农民打成一片，无论生活上、心理上，都要与农民息息相关，而真正成为人民的军队。蒋介石还提出："这就是我们今后军事教育的基本方针。"通过这种教育，使得每一个士兵无论在走路或放哨，无论在什么地方，"人人都要敬重老百姓"，"看见穷苦的人要救济他"。[10]蒋介石还指示其部队在征用民夫时，必须随时体恤民夫，勿使其过度疲劳，"发生怨望"。而驻扎在后方的部队，也应观察一个地方的实际需要，协助民众畜牧、耕种、造林、开渠，以灌输民众生产的常识与技能。凡是民众的痛苦，军医都要悉力是视，给他们以慰藉。对于"民众的困难，我们要帮助他们解决"。[11]他甚至还要求童子军也得"日行一善"，要以爱人之心，推爱社会上一般同胞，每天总要做一件帮助他们或有益于社会的事，要使人家和我们一样有衣穿，有饭吃，没有劳苦，"同享安乐"。[12]

此外，蒋介石还向全社会知识分子和广大青年发出号召，希望他们主动地担当起这个救苦救难的责任。他呼吁一般知识分子说："救国救民的责任，就要我们一般知识分子担负起来。"因为整个社会民众的痛苦，不是那一个人或几个人能解除得了的，必须一般教职员、学生以及社会上所有的知识分子，大家一致奋发，同心协力，共同责任，才能做到。他还呼吁全国广大青年必须要牺牲一己，推爱及人，看到人家饥冻，就如我们自己饥冻一样，必须要节省自己，去接济人家。"同胞没有安乐，我们就必须牺牲自身，而为之力求福利"。[13]

应该说，蒋介石发表上述言辞恳切的"重民"言论，无论是他一时一刻的感情冲动，还是他因受某些思想启示和个人的特殊经历所得出来的理性认识，其用意是非常清楚的，即要拉近他和社会民众的距离，进而争取和利用民众。

北伐印象：工农能来革命，这个革命才能成功

蒋介石因儒家经典和孙中山思想的影响，认为国民在国家中的地位和作用是非常重要的，承认国民是国家的"根本"所在。满脑子儒家思想的蒋介石对儒家经典中的"民为邦本"之说，肯定是有深刻印象的；跟随孙中山左右多年的蒋介石，不仅非常重视孙中山的言论中的"国者人之积也"这句话，并且还根据自己的理解来解释这句话："就是说，国家是由人民集结而成，人民就是国家的根本。"[14]同时，他还将这句话变成了自己的认识，进一步从思想上把国民当成国家"政治建设的原动力"。[15]

蒋介石依据苏联的革命经验和自己在中国革命过程中的体会，更深感工农群众在革命中的极端重要性。蒋介石曾于1923年9月初至11月底被孙中山派赴苏联考察。在苏联近3个月的考察，使他对苏联的革命经验有所了解和认识。其中，他认为苏联革命能取得"最大的成效"，原因是多方面的，而特别不能忽视的原因，"固然是在农人工人能够帮助他们"。[16]后来，蒋介石亲身参加了国共两党合作领导的大革命，尤其是还以国民革命军总司令身份指挥北伐战争。他目睹了广大工农群众积极参加国民革命并积极支援国民革命军作战的现实，从中深深地体会到广大工农群众是国民革命军事斗争中一支伟大的不可或缺的革命力量，进而认识到虽然武装的军队对于革命固然要努力，但是武装的工农，在革命中的关系比军队更为重要，因为军队数量有限，而工农群众则是无限量的。只有"工农能来革命，这个革命才能成功"。[17]为什么工农群众对国民革命的作用是如此巨大呢？对于这一点，蒋介石有曾谈过如下深刻的体会：

我因本身得到的经验，对于工农与革命军联合作战的好处，是永远不能忘

记的。第一,去年五月,杨刘谋叛,东征军回师靖难,广东等三条铁路工人,同时对杨刘宣告罢工;无论杨刘用什么威胁利诱的方法,工人均不为所动。海员又在各河道及海口截留杨刘的军官及援兵,其他工人也给革命军多帮助,竟使杨刘坐困一隅,他虽有十万兵卒,不能自由调度,以至败逃。第二,两次东征及南路作战,农人工人又以实力来帮助;有做向导的,有任运输的,有侦探敌情的,有供给粮食的;并且每经过一市镇,每克服一城邑,一般工农民众,不是很诚恳的慰劳我们,就是很热烈的欢迎我们,鼓舞了不少士气。第三,五卅惨案发生,香港十余万工人,因反抗帝国主义之残暴,罢工回国联合革命战线,奋斗到了现在十个月之久还是不懈。在这时期中间,工农群众又与政府合作,促成广东的统一,肃清了一切反革命派,使国民政府的基础更加巩固。这样看来,工农已可以独立的不靠军队的力量,单用自己的势力和帝国主义奋斗了。[18]

因"争民"而"重民"

基于上述对工农群众的认识,蒋介石与中共的长期斗争中,经常告诫部属必须花大力气把广大工农群众从中国共产党身边争取过来,以得到他们的支援。蒋介石要与中国共产党争夺民众的观点是很鲜明的。他时常给部属敲警钟,一再提醒他们,声称国民党反对共产党并不是反对工农群众,要求他们千万不能让工农群众被中国共产党利用。在他看来,在今日工农群众已经觉醒的大势之下,"反农工无异促成党国自杀"。因此,目前对于国民党来说,应该认识到谁助农工组织并为其谋利益者,则农工就听其指挥,为其友;谁反对农工及其利益者,则农工与之反抗,为其敌。蒋介石批评国民党内的一些人往往眼光短浅,重视一时政权,不知"大多数民众在他人掌握中,政权无非傀儡式之机械"。[19]因此,蒋介石进一步强调,国民党不仅不能反对工农,还应该主动地团结工农,绝不能让广大的工农群众被共产党所利用。他说"我们有很多的国民,四万万同胞,可是这四万万同胞能不能团结一致,受我们党的指挥,是不是还会被共产党反动派来利用","我们要这样仔细想想啊!"[20]其实,蒋介石并不是把争取工农群众简单地停留在让部属想一想上,而是要求他们尤其是要求国民党党员干部必须具体落实到关心工农群众疾苦的行动之中。只有国民党的党员干部能够关心群众疾苦,才能赢得工农群众的信仰,才能在工农群众中树立国民党的威信,进而才能使工农群众为国民党所利用。在这个意义上,蒋介石教育国民党一般党员干部千万不要自己高高在上,不接近民众,不知道民众的痛苦,更不曾努力去解救一般民众的苦难。如果是这样的话，广大民众当然就要与国民党的各级机关及其党员干部隔离，对国民党也就当然不会产生好感，"更谈不到信仰"。反之，则一般民众自然要为国民党党员干部的精神所感动，认为国民党党员干部就是他们"惟一的救星"；认为国民党是一个"真正能为民众谋利益的党"。假若军队也能帮助民众解决痛苦，而且也能这样为广大民众做出了几件事出来，"在我们军队，可谓惠而不费，而在民众，实在感戴万分。只要我们军队在民众中间树立了信仰，那我们就可以尽量的利用民众，来办理一切事情"。[21]

那么，国民党能够利用工农群众办理哪些事情呢？也就是说工农群众对国民党有哪些实在的作用呢？其实，在利用工农群众的问题上，蒋介石早就有所考虑了。蒋介石在考虑世界上国与国之间的竞争时，认为这种竞争就是一种民族竞争。在这种民族竞争中，发动广大人民群众的力量是十分重要的。因为现代和前代不同，就是各个民族中间，已经不是部分的表面的力量竞争，而是以整个的全民的力量。所以一切事业的进退成败，要以能不能增进群众实力和发动群众力量为断，要以能不能适应群众需要和唤起群众协力为断。因此，国民党"必须为群众而斗"，其事业应"由群众来参加，一切不能离开群众本位"，因为"群众是这一个时代的主流"。[22] 蒋介石从民族竞争的需要方面感觉到群众的重要性，这是在中华民族危机十分严重的环境里能够得到的一般性的认识。在考虑政权建设方面的问题时，蒋介石也想到要"吸引群众参加""中华民国的群众运动"；要"以群众运动的精神"来推进"国民党政权建设的一切工作"。[23] 虽然蒋介石的这些认识不无一定的道理，但他认为这都不是迫切需要解决的问题。目前最需要的最实际的问题，就是要从人民群众那里解决政府的财源和军队的兵源。蒋介石深深知道，政府只有从老百姓身上收取赋税才能养活其军队；也只有老百姓才是其军队最根本的来源。军队的存在与否完全决定有无老百姓，而军队又是政权建设中一个最重要的保证，或者说是国家机器的重要组成部分，按蒋介石的话说就是："建国最切之要素，厥为军队。"[24] 因此，蒋介石通俗易懂地教育部属，希望他们知道军队与人民的关系是非常紧密的，尤其要晓得军队的兵是从百姓中征调或招募而来的，从这个意义上说兵就是民，军民原属一体。还必须晓得部队的军饷也全都是从老百姓的捐税中拿来的，是"从百姓地方赋税及其他筹集方法拿来的"。[25] 只有老百姓用他血汗得来的钱向政府纳税之后，政府的军队才有衣食，才有一切需要的东西。总之，"我们军队没有老百姓，就没有衣服穿，就没有饭吃，所以老百姓就是我们的主人"。"人民就是我们的衣食父母"。[26]

总的来说，由于蒋介石主要考虑到国民党政权建设需要民众做统治基础和提供财源，国民党军队建设也需要民众提供财源和兵源，尤其是在与中国共产党的政治斗争和军事斗争中，更需要得到民众的拥护和各方面的支持，因此，他的"重民"论说到底就是一个争夺民众论。蒋介石的"重民"论，就其批评政府官员不解救民众痛苦、呼吁国民党党员干部和其他各界领袖等承担解救人民群众痛苦生活之责任等方面来说，尽管没有具体规定和措施可操作，起不到实际作用，对于过着穷苦生活的广大民众来说或许只不过是画饼充饥，它作为一种批评国民党党员干部等不关心民众疾苦的言论，是不必厚非，也不应该不加分析的予以全部否定。

因"不满"而"轻民"

虽然蒋介石的"重民"论表明他对广大人民群众寄予了重望，但这还只是问题的一个方面，问题的另一方面则只要是蒋介石用"礼义廉耻"和"四维"道德来衡量民众。只要一想到民众并不没有按他所说的那样去做时，蒋介石就立即对广大人民群众的思想、习惯、行动等方面横挑鼻子竖挑眼地大加指责或痛骂一顿，一边指责和痛骂广大民众处处都表现出"萎靡不振的精神"和"苟且偷安的思想"，已"变成一个不死不活的半死人"，一边还怒不可遏又似乎恨铁不成钢地称"这是最可恨的一件事"。[27] 蒋介石发表的一些轻视民众的言论，往往把民众贬得一无是处。

有时，在一定的场合，蒋介石认为国民的生活主要是衣食住行方面不符合"礼义廉耻"和"四维"道德，称国民是"活死人"。因为蒋介石用他的标准来衡量一般国民，就总觉得他们的衣食住行各个方面，都不能如同中国古代的人或现在外国的人一样，合乎"礼义廉耻"。这是为什么呢？因为食衣住行虽然是人人都能做，但是，从懂得食衣住行要领，真会吃饭、穿衣、住房子、走路这些方面来说，现在中国的这种人实在太少。现在一般中国人，虽有材料很好的，有衣服也穿不整齐，有扣子不扣，还让他脏得不堪，帽子让它歪戴，鞋子不拔鞋跟，这能算会穿衣服吗？至于吃饭，就弄得菜荡饭屑满桌满地，狼藉不堪；吃完之后，碗筷随便一丢，乱七八糟就走了。"这样一点清洁、整齐的道理也没有，试问和普通动物吃东西有何区别"。[28] 再讲住房子，普通一般中国人，也没有几个知道住房子是怎么住的。至于一般人的行动，大部分都是驼背曲腰，低头斜眼，奄奄一息，毫无生气，这那里可算是人的行动。这不过就是俗话所说的"走尸"，实在就是半死不活的一个"活死人"罢了。[29]

有时，在一定的场合，蒋介石认为国民过着的生活是一种野蛮的不合理的生活，并称这种生活是"鬼生活"。蒋介石对中国人的生活分了几种类型，可以拿几个字来包括：第一就是"污秽"，什么东西都肮脏不堪；第二就是"浪漫"，一切的行动，都是随随便便，毫无规律；第三就是"懒惰"，尤其是不知道守时间，凡事都是苟且偷安，敷衍塞责；第四就是"颓唐"，不但是精神萎靡而且体格亦非常孱弱，还有种种不良的嗜好，腐败的习气。"总而言之，现在一般中国人的生活，一言以蔽之就是野蛮的不合理的生活"。"不是人的生活，无以名之，只可名之曰'鬼生活'"。[30] 蒋介石甚至骂过着这种"鬼生活"国民已经的"丧失了人性"，"是所谓衣冠禽兽，与一般禽兽没有分别"。除此之外，蒋介石认为中国民众还有其他许多大的毛病。这些毛病好像时刻装在蒋介石的心里，他能随时如数家珍地数来。似乎中国人民在他的眼里是一无是处。他经常指出中国一般人民最大的毛病，就是无秩序，无纪律，无时间，无论什么事物，都是乱七八糟，完全没有条理，没有规律，不注重时间，格外不知道节省时间，以至养成一种偷惰、迟钝、散漫、萎靡的风气，"成了一个昏乱、黑暗、衰败的社会"。[31] 实际上，蒋介石在这里着重强调的，是一般人民不遵守国民党政权的统治秩序和相关的纪律。他的这种辱骂，充分体现出他在这个方面对民众极大的愤怒和不满。

有时，在一定的场合，蒋介石认为国民无论在哪一方面都不如外国人，并称国民已不配做世界上的人。这时，蒋介石喜欢把中国民众与外国人作比较，进而用外国人来贬低中国民众。甚至称我们中国有几个完全的人，使我们可以看得出来？想得出来？不仅学问道德差，就是语言行动上，也配不上给外国人看。无论外国政治家、军人、商人，他们都是像一个样子的，至少表面上总像一个人；我们中国人就很少在态度行动上像一个人的！中国人教育不善，所有一切饮食起居行动态度，完全比不上人家，也可以说就是不配现在世界上的人，不能算一个现在世界上的人！通过把中国人行动态度的语言同外国人比较、接触后，蒋介石表示："我们自己当然是很惭愧的。"[32] 蒋介石还一一举例说，中国人就是只知有己，不知有人，只知自私自利，不知互助合作。不知道爱自己的同胞，失掉了博爱与互助的精神。一般人只要自己能够吃饱就算了事，再不想到社会上一般同胞如何。一般普通人的思想如此，再看一般普通人的行为又怎样呢？中国人每每看了人家落下水，它只在岸上望着；看见人家起了火，他只站在远处好看；遇着路上有人病倒在地，他可以看了一看，掉头而去，绝不想办法来援救；还有很多人，看到人家有不幸的事情，他不但不同情，不援救，还要幸灾乐祸；看到人家做好的事情，他不但不鼓励，不协助，而且还要从旁阻拦，讥笑嫉妒。总之，"诸如此类卑劣自私,冷酷无情的思想行为,几乎到处可见"。[33] 那么,外国人是怎样的呢? 一提到外国人,蒋介石马上就来劲,少不了要从各个方面来夸奖。 他认为与中国人一比较,外国人则不然。 他们是真能慷慨仗义,公而忘私,看到人家落在水里,就宁可牺牲自己的生命去拯救;看到人家失火,就不顾一切帮人家去扑灭。 此外,外国人无论吃饭,穿衣,住房子,走路和一切的行动,统统合乎礼义廉耻。 不合乎廉耻的饭他们不吃,不合乎廉耻的衣他们不穿,不合礼义的事他们不做。 他们无论起居食息,一言一动,统统有规律,合乎做人的道理,表现有现代文明国家的国民之知识、道德。[34]

其实,上述蒋介石对中国人民的贬谪甚至谩骂都是缺乏充分的事实根据的,充其量可以找到个别的典型,但这绝不能代表一般民众。 无论蒋介石谩骂与否,轻视与否,中国人民的勤劳、朴实、勇敢、善良、忠实等优良品质,绝不会因此而逊色。

重社稷,轻庶民

那么,蒋介石为何在发表"重民"言论的同时,又发表上述"轻民"言论呢? 这主要是因为蒋介石的内心里既存在有"重民"的思想,也确实存在有"轻民"的思想。 他想争取民众是真心无疑的。 但是,作为国家最高统治者的蒋介石,自然地总是把是否能遵守国民党政权统治秩序,也就是"礼义廉耻"为中心的封建伦理道德,作为衡量民众好坏的唯一标准。 所以,蒋介石特别要求广大民众必须听他的话,要做一个明礼义,知廉耻,守规矩的人——现代的文明人,即能做国家的一个良民,家庭的一个孝子,在学校里能做一个守规矩的学生,"在社会上能做一个守法度的君子",[35] 实质上就是做蒋介石国民党政权下的一个"顺民"。 然而,广大民众根本不愿意做国民党专制政权下的"顺民",经常表现出反抗国民党统治的革命精神。 所以,蒋介石发表"重民"的言论和"轻民"的言论,虽然从表面上看起来是矛盾的,但都是出于他此一时和彼一时的政治需要,在蒋介石的心里实际上是不矛盾的。蒋介石作为国民党政权的最高统治者,他的"重民"言论是出于争取民众需要,他的"轻民"言论则是出于稳定其统治秩序的需要。 "重民"论和"轻民"论反映了蒋介石的这两种不同的心态,充分表明在如何对待民众的问题上,蒋介石缺乏应有的诚意。

结合蒋介石的其他言行来看,他也并没有把"重民"论真正落实在行动上。 虽然出于某种需要不得不为民众做一些好事,但总的说来,他的"重民"论只重在口头上,也就是只重口惠而不重实惠。 因此,冯玉祥曾对蒋介

石有个入木三分的评价,说蒋介石这个人是只"说体面话不做体面事"。⁽³⁶⁾

蒋介石在发表"重民"言论时,曾措辞十分严厉地批评政府各级官吏"忍心害理,想尽种种方面来搜刮民脂民膏","何以对自己的良心?"但一旦蒋介石感到政府需要财源解决燃眉之急时,他不仅自己不讲良心还要求部属也不讲良心。 南京国民政府刚建立不久,视军队为命根子的蒋介石在军费问题上碰到了很大困难,蒋介石这样说:"我刚到南京的时候,就和军需处长说,今年非有一万万八千万的收入,不能过去。 三月份以后,二五附加税支出了四千万,算到年终还是要有一万万四千万,才可以补救。""而盐余和二五附加税,原来是要作中央银行的基金",实即他个人的资金,要到"万不得已时才去动用"。 这样一大笔差额要从那里来呢? 蒋介石提出"仍要由各省来筹划"。 这时,蒋介石明明知道各省有困难,但他还是坚持要求各省必须按他指示的办法,即使弄得"怨声载道",也要筹集规定的税额以补军费之不足。他说他也晓得各省的痛苦,比如福建,每月要他打算一百万,便有难色;若是月筹二、三百万,舍广东以外,可以说没有一省能够办到。 但是,在这个"革命时期,绝不可用呆板的方法来办事"。 不用呆板的办法又用什么灵活的办法呢? 蒋介石传授他的机宜说:

> 理财和带兵也有相同的地方。带兵的若不用非常的手段来指挥,那军事就不能出奇制胜;理财的也是如此,也要用非常的手段来筹措才好。第一要任劳,第二要任怨,还要有不避谤毁,办得怨声载道,不能安身,才算是尽力。⁽³⁷⁾

蒋介石还为各省官员壮胆,声称只要各省把用非常手段搜刮来的民脂民膏全部交给他,没有以饱私囊,就完全不必要害怕。 但是,蒋介石在表达这个意思之后,似乎觉得有点过分,紧接着又措辞十分婉转地说:"但我这句话,并不是叫各位去搜刮,去中饱,是要各位尽心竭力的为国民革命开发财源,只要大公无私,尽忠职守,什么都可以不怕的。"⁽³⁸⁾ 在蒋介石的倡导下,国民党政府各省官吏更是生财有道,各显神通。 自国民党南京政府建立后,各省的田赋附加税的种类是一年更比一年多。 这是众所周知的事情。 仅从1933年各省田赋附加种类之多就可见一般。 是年,蒋介石统治下的各省附加税种类几乎无不超过正税,情况特别严重的有江苏、湖北等省,江苏的附加税超过正税25倍,湖北的附加税超过正税竟高达80倍以上。 有人称这种附加税超过正税主仆倒置的现象,简直造成租税史中的新纪录。⁽³⁹⁾ 全国广大民众在蒋介石非常的理财手段的搜刮下,同时又是在蒋介石对民众的一片"关心"和"同情"的甜言蜜语中一天比一天穷困潦倒。

蒋介石在发表"重民"言论时,曾措辞十分动听地呼吁国民党一般党员干部,要"努力去解救一般民众的苦难",进而使民众把国民党党员看成"是他们惟一的救星"。 但是当1942年和1943年河南省民众曾因数次遭大饥荒饿殍遍野之际,迫切需要国民党党员去努力解救一般民众的苦难时,蒋介石作为国民党的最高领袖不仅没有去当"救星",反而还坚持要河南省继续征粮。

　　河南省主席苦于实在无法继续征粮,只好大胆地向蒋介石反映说:"旱灾太厉害",难以继续征粮。 结果,这个省长挨了蒋介石的一顿大骂。 蒋介石为了能在河南继续征粮,故意说河南没有灾荒。 后来,两名美国新闻记者带来了灾区的照片,还写了一份所见所闻的详细报告递给了蒋介石。 在这种情况下,蒋介石才承认河南省确实有一些困难,但又说记者所说与他从官员那里听来到的报告不符。 当时,河南省还派出代表团到南京,要求政府制裁当地的将领和官员,也遭到蒋介石的推诿。 更有甚者,当蒋介石得知河南灾民成群结队向陕西和四川省逃难时,他竟然命令陕西、四川边界上的官吏截住他们,不许他们到后方来。 当时逃难的灾民,男女老少都或推车或挑担或手携手,哭哭啼啼向西方或西北方逃。 结果处处受盘查,在盘查的七八天时间中,又饿死了不少人。 这些难民说:"我们早知道不准我们到后方来,我们还不如不逃,在当地饿死呢!"[40] 国民党驻陕西边区的将领蒋鼎文更是遵奉蒋介石之令,不准灾民逃向中国共产党领导的河南省北部和陕甘宁边区,尽管中国共产党答应愿意接纳难民,供应种子和农具,让他们去开垦。 但是,当饥饿的人群企图越过国民党军防线寻求一条生路时,结果被国民党军的机枪夺去了生命。

　　可见,蒋介石在个人利益与民众利益相冲突时,在民众利益与国民党及其政府的利益或者与国民党所代表的地主、资产阶级的根本利益相冲突时,他总是把民众的利益甩得老远,有意无意地站到人民的对立面。 也正因为如此,每当蒋介石国民党需要人民的时候,也总是不仅得不到人民的支持,人民反而自然而然地站在它对立面帮倒忙。 如果就这个意义上讲,"重民"论在蒋介石的思想中并不占重要的地位。 因为如果他真正重视民众,就得从实际上来关心民众的利益,为民众办实事,特别是要具体地解决民众的有关生活等方面的问题。

第二节 "教民"方能"用民"

民众在国家中的重要作用能否真正发挥出来，就在于他们能否被政府利用。 如果政府能够在维护民众根本利益的基础之上利用民众，则民众就一定能在国家的政治建设、经济建设以及军事斗争等各个方面发挥出无穷无尽的力量，做出巨大的贡献。 这就是"水能载舟"的道理。 虽然蒋介石懂得这个道理，而且也十分想利用民众。 但是，他不但没有采取有效措施保护民众的根本利益，反而为了保护地主资产阶级根本利益而严重损害民众的利益。 因此，在利用民众方面而言，蒋介石往往是一厢情愿的单相思，具体操作起来总是心有余而力不足。 民众非但不为他所利用，反而心向他的政敌中国共产党，在一切可能的条件下支援和帮助中国共产党领导的政治斗争和军事斗争。 也就是说，蒋介石想利用民众之汪洋来载国民党政权之舟，但民众之汪洋总是波涛起伏，使国民党政权之舟时刻面临灭顶之灾。

注重民众教育

南京政府完成对中国形式上的统一后，蒋介石觉得在自己走向独裁政治道路上的唯一障碍，就只有中国共产党及其领导的中国工农红军了，于是，他决心不惜一切代价也要置中国工农红军于死地。 从1930年12月起，蒋介石纠集大军对中国共产党领导的中央苏区及其中央红军进行多次大规模的"围剿"。

蒋介石万万没有想到，区区3万余人的中央红军在先后与他的近百万大军的4次较量中，不仅没有被消灭，反而次次大获全胜。

在总结"围剿"中国工农红军失败经验教训时，蒋介石感到十分地寒心，因为国民党在几次"围剿"中央苏区的战役中失败得太惨了，而中央红军却几乎安然无恙。 根据部属报告不知打了多少折扣的数字，他自己概略地算了一下，国民党军队"自人赣剿匪以来，至今已时逾三载，官兵死伤者万余人，而师长阵亡殉难者且及四人之多"。可是红军却不仅在战役中"无损"，而且其活动"有加无已"。对此，蒋介石的心里焦急如焚。在对部属作报告时，他有点沉不住气地说："我没有一时一刻不在焦急之中，现在头发胡须都已苍白到了这个样子。"那么，为什么出动上百万人枪的堂堂的政府正规军居然被区区3万余众的"赤匪"所打败呢？蒋介石自己找出了两个最主要的原因。一个原因就是国民党军队"剿共"不力。关于这一点，蒋介石大骂其部队官兵"无必死之心"，"有偷生之乐"。因而多次要求其部队官兵必须破"怕匪怕死之心贼"，命令他们应该"具必死之决心以剿匪"。[1]另一个原因就是红军能够很好地组织民众和发挥民众的力量，从而就能以少胜多，能够以3万人打败100万人的进攻；国民党军队则恰恰相反，它没有很好地组织和利用民众，因而不能以多胜少。关于这一点，蒋介石体会最深，阐述得也很详细。他说："我们现在和赤匪打仗，并不是打军队数目的多寡，也不是打枪炮、弹药的精粗和饷械、粮服的接济。如果是打这几项，那我们都胜过赤匪，我们早就应该消灭他们了！"那么国民党与共产党之间较量的是什么呢？蒋介石认为，双方较量的主要是"组织"、"训练"、"宣传"、"纪律"、"战术"等方面。国民党军在这些方面都赶不上红军，特别是在组织民众方面相差甚远。蒋介石认识最深的，就是红军"无论是军队的组织（编制），政治的组织，和民众的组织，都很严密，尤其是民众的组织，我们最不及他"；相反，红军则于根据地的民众，却"都尽量组织并武装起来，成为各种样的别动队，如赤卫队、慰劳队、童子团、少年先锋队等都是"。这些民众与红军能"协同一致的动作"。相比之下，国民党方面则是"政府自政府，人民自人民，军队自军队"。所以红军"一个人能当十个人用，我们十个人不能当一个人用！我们三十万兵打不过他们三万兵！"基于这些认识，蒋介石深感利用民众的极端重要性，不得不把如何利用民众的问题提到议事日程。他明确地提出："今后我们最应努力的，就是民众的组织。"他觉得曾国藩所说"用兵不如用民"之语，"就我们现在剿匪的情形而论"，"实在很重要！"因此，蒋介石指示其部下"在其他任何情形之下，最好能统统用民"。然而，蒋介石对用民却又极不放心，认为要用民首先就得要教民。他说："我们要用民，一定先要教民。我们先不去教他，他一定不能为我们所用。用民必先苦心孤诣地教民，好像我们训练军队一样。因此，我要就曾国藩的话，加以补充：'用兵不如用民，教民要如教兵'。"[2]蒋介石查找儒家经典和不断总结正反两方面的经验的基础之上，悟出"用兵不如用民"，

"教民要如教兵"这"两句最要紧的话"[3]之后，又结合实际对这两句话加以阐述和补充其内容，大致形成了一个有体系的"教民"、"用民"论。他相信，如果用这种理论来"教民"和"用民"，就一定能达到预期的目的。因此，蒋介石特别强调"用兵不如用民，教民要如教兵"的重要性，认为无论是"围剿"红军，还是治国平天下，都应当如此。"因为民众的人数既多，并且到处都有，只要我们加以组织与训练，便可以发挥最大的力量"。[4]

在如何"教民"的问题上，蒋介石进行了系统性的理论思考和具体措施的设想。蒋介石关于"教民"的基本观点，就是"教民要如教兵"。总的设想是要求这种"教民"，必须在国民党的具体领导和组织下，在采取各种措施与广大民众发生感情的基础之上进而对民众进行有目的的、形式多样的和始终不懈的教育，以便将他们争取过来，使其能听国民党的指挥。蒋介石解释说："'教民要如教兵'，又怎么讲呢？这就是我们要运用民众，就先要组织民众，使他们有组织还不够，一定还要同教兵一样，勤勤恳恳来教育他们，先使他们和我们发生感情，再使他们识时势，明利害，晓得自救救国家的办法，然后才能和我们团结起来，个个人民如同士兵一样，能够听我们的命令，为我们所用。这件事，当然不是一两天可以做到，全靠我们各官长领导一般部下，到处注重民众教育。"即使处"在困苦劳顿之中"，也要"想尽一切办法，要始终不懈的来爱护人民，教导人民"。[5]

教育民众的方法

那么，蒋介石主张用什么来教育民众呢？在这个问题上，蒋介石也提出了非常具体的要求。他认为对民众的教育主要有三种：一种是"礼义廉耻"的教育；一种是"军国民教育"；一种是军事教育。

对民众进行"礼义廉耻"的教育，也就是蒋介石所倡导的一种封建伦理道德的教育。蒋介石在强调伦理建设时，就主张把"礼义廉耻"作为国家培养人才的最高标准。在这里，蒋介石以同样的道理，再一次从培养国民人格的角度，进一步阐述对国民实施"礼义廉耻"的教育的重要性。蒋介石认为，从培养人格的角度讲，数、理、化等文化知识的教育是不完善的。因为文化方面的算学、物理、化学、政治、经济诸般科学，都"不能算是真正完善的教育"。那么，在蒋介石的眼里，什么样的教育才能算是"真正完善的教育"呢？他认为"人格"的教育才是"真正完善的教育"，而且这种"人格"的教育必须要在上述其他教育之前实施。他说："我们要讲'教'的基本内容，首先当注意的东西就是'礼、义、廉、耻'。"一定要在算学、物理、化学、政治、经济等这些科目"之外"和"之先"，进行"礼义廉耻"的教育，才"能将受教育者教成一个人"。因此，蒋介石认为，进行"礼义廉耻"的教育是非常重要的，"如果教育不自做人的道理——礼、义、廉、耻做起，受教育者虽有学术，不但不能救国，有时误用聪明，反而增加其用恶的能力"。于是，蒋介石希望党政军各方面都要对民众加强实施这种"礼义廉耻"的教育。他不但要求"警察要做民众的模范，社会的教师，格外要能随时随地拿礼、义、廉、耻来教导一般国民"，同时，他更要求国民党的所有党政工作人员，在这个方面应该向西方学习，学习什么呢？就是要和外国社会高尚的牧师、医生与教师一样，做到能够"以传教的精神"，"以除病救死的方法"，"以循循善诱的态度"，来"教化民众"，使民众能能够服从"三民主义的基本精神"，也就是蒋介石经常极力提倡的"礼义廉耻"和"四维"道德。[6]

除对民众进行"礼义廉耻"的教育外，蒋介石还十分重视对民众实施所谓"军国民教育"。他把这种"军国民教育"作为民众教育的一个中心目标。蒋介石明确提出要使全体国民养成"军国民"的风尚。为达到这个目标，蒋介石要求把国家的教育变成"救国的教育"，也就是所谓"军国民教育"，因为在他看来，唯有实施"军国民教育"，才可以充实并增强国家的生命力。所谓"军国民教育"是什么样的教育呢？蒋介石指的是一种尚武的教育。他把德国俾斯麦的"铁血政策"与中国的"武德"和"武艺"结合起来的教育统称为"军国民教育"。照蒋介石个人的理解，世界近代史上德意志帝国宰相俾斯麦推行"铁血政策"，其中的所谓"铁与血"，就是一种"军国民教育的精神"。但是，蒋介石认为，中国古代的军国民教育比俾斯麦的"铁与血"要全面一些，按蒋介石的话说，就是"我们中华民族古来军国民教育不仅是铁与血，还是重在武德与武艺。这才算是完全的军国民教育"。在这里，蒋介石希望用"军国民教育"来启发民众的卫国觉悟和具备为国牺牲之精神，因为他觉得目前的中国已经到了危急存亡的地步，如果一般国民不能一齐觉悟，奋起救国，根本就会被人家灭亡。这还有什么其他的话可说呢？但是，如果没有受教育的一般民众，民众会不会觉悟，能不能起而卫国呢？那是一定不会的。在这种情况下，国家必须采取措施来教育民众，否则，就会像孔子所说的那样，"以不教民战，是谓弃之"。所以，蒋介石一再强调如果要救国救民，就一定要实施"军国民教育"，进而使全体国民都能军事化，都能成为"军国民"；使之养成"公而忘私，国而忘家"和"英勇死义，精忠报国的人格"。这样的教育，就是所谓"军国民教育"。

然而，在"军国民教育"的具体教育内容上，蒋介石却没有提出新的东西。在蒋介石看来，孔子提倡的"六艺"教育，就是一种尚武的教育，或者说是"文武合一"的教育。因此，他认为"军国民教育"应该"要以六艺为本"。因为中国古时基础教育科目是"六艺"——"礼、乐、射、御、书、数"。而这"六艺"实在是现代国民所必备的修养和技能，这是一种"文武合一，身心兼修"教育。所以，蒋介石特别强调，必须认定"六艺"是现代国民教育不可缺一的基础科目，尤其是达到军事化的必要途径。因为在他看来，如果实施了"六艺"教育，也就是实施了军事化教育。为什么蒋介石把"六艺"教育视为"军事化教育"呢？这是因为蒋介石觉得不仅"六艺"的每一项都与军事有关，更重要的还在于"六艺"的一贯精神就是军事，也就是武装的教育，因为一切"礼、乐、射、御、书、数"的修养和技能，都是在军事上面，还因为六艺之中，没有一样不是军事或与军事有密切关系的东西。所以，"六艺"的教育，其根本目的，就是"教民以武"，它完全就是"军国民教育"。在这"六艺"中，蒋介石最重视"礼"的教育，他把"礼"的教育看成军事教育中第一重要的教育。有时，蒋介石也把"礼义廉耻"和"四维"道德的一同视为最基本的教育，认为这是"一切教育的基本，也就是我们实施军国民教育的具体条件"。[7]

蒋介石所说的"军事教育"，是一种与"军国民教育"和"礼义廉耻"教育既有联系又有区别的混合教育。在具体阐述这种"军事教育"时，蒋介石提出：虽然"我们训练保卫团、壮丁队，就是要办理普通的'成年补习教育'，要将民众中一般成年的壮丁，统统教以普通的常识，而军事教育不过为其成年补助教育中应有之一课。"但是，绝不能小视这种军事教育的重要性，要认识到这种军事教育"是现代国民普通教育中之基本教育"，是使每一个国民都培养"成为一个健全的现代国民"所不可少的教育。蒋介石以为，这种军事教育，主要是使民众在衣食住行等方面受到军事化教育，要拿军队组织的方法来"部勒"民众，以军队训练的精神来训练民众。那么，怎样进行这种军事化教育呢？蒋介石提出这种军事教育首先应该是"礼义廉耻"和"四维"道德的教育，也就是蒋介石所说的要使受教育者知道做国民的道理。为了突出"礼义廉耻"的教育，蒋介石强调"军事教育的精神，惟有礼义廉耻，而军事教育的基础，端在食衣住行"。[8]尤其要以"礼义廉耻"为一切基础，就食衣住行几项基本生活做起，择"简单"、"容易"、"做小"的事情做起，"先教他做成一个健全的现代国民，然后再教成他一个知耻而勇的爱国战士！"[9]

如何才能对民众进行有效的"礼义廉耻"的教育和"军国民教育"或者"军事教育"呢？ 也就是说，要用什么方法进行这些教育，民众才可能接受呢？ 这是一直困扰蒋介石并使之冥思苦想的问题。 因为在蒋介石看来，要教育民众好民众绝非一件容易的事，如果没有好的教育方法，民众是不会接受这些教育的。 因此，蒋介石精心设计了几种教育民众的方法。

蒋介石认为，为了使民众乐意接受这些教育，教育者本身必须"亲近"民众。 只有亲近民众，在与民众发生了感情的基础之上，才能对民众进行有效的教育。 关于这一点，蒋介石认为是非常重要的。 因此，他强调在教育民众之前，必须亲近民众，亲民是教民的"基本的要着"。 怎样才能做到亲近民众呢？ 蒋介石详细阐述说，所谓亲近民众，"若再分析起来讲：第一是要用自己的精神和实际的行为，真能爱民；第二，是要时时处处和民众接近；第三，是要与民众发生亲密的感情。 有了相当的感情，然后才易于教，便于用"。 针对部属只注重与一般土豪劣绅亲近的问题，蒋介石特别指出，他所说的亲近民众，绝不是指亲近一般土豪劣绅，而是专指亲近"一般真正的民众的领袖"和"正绅"。 他说：

讲到亲民，有一点大家是要当心的，即我们亲民一定要亲近醇厚可用的真正的民众，尤其是一般真正的民众的领袖，绝不好亲近一般土豪劣绅。现在我们一般长官所亲近的，往往只是一般土豪劣绅，一般真正可用的民众，反而刻薄他；所谓民众，只是几个土豪劣绅这般东西，貌虽谦恭，心实贪狠，并不能帮一点什么忙。叫他派几个侦探，或雇几个挑夫，他腰包里还要落几个钱，实在派去没有，还是不的确。所以以后我们不好再来用土豪劣绅，一定要采访一般正绅。[10]

怎样才能亲近民众呢？ 蒋介石觉得，靠以往简单的开会、演说、喊口号、贴标语等方法，是不能亲近民众的，因为这些方法已经不能引起民众的完全注意，没有什么效果。 要靠什么方法呢？ 蒋介石提出："必须经常的与民众联络，利用各种机会，去训练他们"，只有这样，"才能发生实际的效果"。[11]

蒋介石还认为，要使民众接受教育，还必须采取因陋就简、循序渐进的方法。 这种方法尤其适用于新占领的红军根据地。 因此，蒋介石强调，国民党军队在"围剿"红军根据地取得成功后，在根据地进行"教民"，应该因陋就简、循序渐进。 所谓因陋就简，蒋介石指的是不要摧毁根据地原有的地方教育，而是利用原来的旧学校，派人去指导"教民"的工作。 蒋介石要求其

"围剿"的军队对此必须引起高度重视，要特别注重教育，每到一个地方，不仅不好摧残地方教育，还一定要想法子，使"我们亲自来监督教育，使教育能够发展，这是我们剿匪第一要紧的事情"。那么，对根据地民众的教育应该怎样具体进行呢？蒋介石指示其军队进驻红军根据地后，应由各该地军事官长负责督办教育，各县、各地旧有学校，"由政训人员主持，师旅团部服务人员辅教之"，即对学校实行军事督办。这种因陋就简，还指利用学校以外的一切条件进行各种形式的因地制宜的教育。蒋介石要求其军队在进驻红军根据地后，"还要因地制宜，举办义务教育，开办夜学班之类，总要使得学生以外的中年和青年农工商人，统统可以受到我们的教育"。这种教育施行起来，并没有学校那样正规。它既无固定的地方，也无固定的时间，还无固定的教材。也就是蒋介石所说的："至于教课的地方，亦不必用什么教科书、仪器之类，亦不用一定的地方，只要选择可以集合的场所，就应用各种教材，如木炭在墙壁上画地图，用荻杆在沙土上写字之类。"所谓循序渐进，就是指在"教民"的内容上有先有后，循序渐进，先教"礼义廉耻"，再教一些简单的军事常识和技术。蒋介石说："初期的教材，大概说起来，就是要将中国礼、义、廉、耻、孝、弟、忠、信的伦理，衣、食、住、行四项最粗浅的基本生活的条件，特别是整齐、清洁和卫生常识，这几项要多注意。""这样经过相当的时期以后，彼此已很相信，这时我们就可以拿我们的三民主义和保甲、保卫以及侦探组织方法与必需的技术，来扼要的教他们。并且要拿他们自己实在的情况，与他们各方的利害关系详细告诉他们，指示他们努力自救的途径"。蒋对自己设想的这个方法非常地自信，认为一定能成功。他说："我们如果能照这样的方法与步骤来教他们，只要两三个月，就可以使他们对我们心悦诚服，惟命是从。""使我们军队所到的地方，一般民众，统统能够受到我们的教育，被我们所感化"。"只要能联络民众，教化民众，那我们剿匪真是指日可以成功"。[12]

在蒋介石看来，除了因陋就简，循序渐进的说教式的教育外，还有一种"人格"感化教育，也是教育民众的一种好方法。因此，他特别强调要用教育者的"人格"来感化民众。他说："我们要教好民众，治理民众，必须于口讲面授及法令典章以外，求得教民、治民的要道，这就是要用我们的人格、精神、体魄、态度等来作民众的模范，使民众不待我们说话或下命令，而已受到了我们的感化。"蒋认为这种感化教育是很容易进行的，他认为至少可以通过1个人来感化1万人。虽然用直接的办法要1个人感化1万个人很不容易做到，但是，如果采取由近及远的方法逐渐推广进来，就不会是一件难事了。

因为首先从自己身边的人感化起，至少可以感化10个人，再由这10个人又感化他们身边的10个人，如此以一化十，以十化百，以百化千，以千化万，效力就不知几多大了。岂止1个人可以感化1万人，就是5万、10万人都可以被感化过来。同时，蒋介石认为，这种"感化"教育必须建立在亲近民众和深入民众的基础之上，因为"如果不亲近民众，深入民众中间，我们自己有好的主义、思想、道德、言行，就无从传授他们，感化他们"。因此，蒋介石要求其部下等能深入到民众中去，对于民众，要导之以德，齐之以礼，渐磨之以仁义，教之引之，鼓之舞之。蒋介石还特别提出，在"人格"感化教育民众方面，最重要的是要使国民党的党政工作人员努力教育好民众，先把部分民众教成为"良兵"，使之做一般人民的模范。只要军队能够做一般国民的先生，成为一般国民的表率，进而感化民众，使被感化了的民众反过来做军队的基础。他说："我们党政工作人员，同时要负两种相关的责任，即一方面要教成良兵，来做一般人民的模范。""就是说我们的军队，必须做一般国民的先生，军队的一切要为人民的表率，使他们景慕而效法，学成良民"。或者说"使得一般民众统统敬重军队，景慕军队，自然而然的效法军队，不知不觉的变成良民"。"另一方面要教出良民，来做军队的基础"，"来补充我们的军队，来帮助我们的军队"。[13]

那么，只靠党政军人员来对民众实施"礼义廉耻"教育、"军国民教育"和"军事教育"行不行呢？蒋介石认为是不行的，还必须培训专业人员去农村从事这种专门的教育。因此，蒋介石把举办合作人员培训班，培训合作人员去农村对农民进行言传身教，当作弥补教员不足的一个重要方法。蒋介石对于正在培训班受训的人员所提出的要求是非常严格的，同时也寄予了莫大的希望。他曾在合作人员训练班上说："你们一般合作人员，将来一切工作最接近一般民众，尤其是要与穷乡僻壤乃至深山崖穴里，与一般不识字的无知识的民众接近，更加要拿这些做人的道理来指导他。"蒋介石希望受训的合作人员将来派到农村去之后，一定要能如同前清的时候每县派去的一个私塾老师一样，来教育好当地的民众。那时的私塾老师每到一个地方，就是负责教化一个地方。所以现在受训的一般合作人员，以后派到各地方去，不仅仅是要教书，还一定要实实在在地来尽到从前私塾老师的重大职责。虽然从前的塾老师，有时仅住在明伦堂里讲讲经，说说书，但是，现在派下去的受过训的合作人员却不能空谈，一定要实实在在做给社会一般人看，"因为你单靠口教不会，必须以身作则，实实在在能够实行礼义，来现身说法才行"。蒋介石还希望这些合作人员一定要"个个能够学会""六艺"，以便将来能"深入民众，去实行教导"。[14]

显然，蒋介石"教民"论，其内容是非常丰富的，它不仅主张对一般国民进行"礼义廉耻"的教育、"军国民教育"和"军事教育"，而且还提出了具体的教育方法和步骤。它提出的教育方法是多样的，既有因地制宜、因陋就简的教育，又有说教式教育和感化教育，还有党政人员和军人的模范教育以及受过培训的合作社人员的言传身教教育等。这不仅充分地说明了蒋介石要按照自己的需要来塑造民众、改造民众和利用民众的迫切愿望和煞费苦心，还充分反映了蒋介石在用武力镇压民众的同时，也极想通过教育来从心理上征服民众、争取民众，进而使民众能够被有效地利用和顺从国民党政权的统治。

蒋介石"教民"的一个最主要的目的就是为了"用民"。在"用民"的问题上，蒋介石特别注重利用民众支持国民政府领导的一切军事斗争。他认为在一切军事斗争中，军队特别需要地方民众的支持和帮助。因为军队的数量是有限的，可是，民众不仅人数多、力量大，而且还有许多军队所不及的优势。在这个意义上讲，蒋介石深感"用兵不如用民"的极端重要性。在具体阐述"用兵不如用民"的道理时，蒋介石指出："怎么说'用兵不如用民'呢？没有旁的理由，如人民最熟习地形"，权且其他"各种关系，暂且不提，只拿数量来说"便可明理。蒋介石进一步解释这个问题说：

现在普通一个村庄，总有几十家至几百家，每一家可以直接为军队之助者，平均以五人计算，就有几百乃至几千人。所以随随便便一个村庄的民众，只要我们教育得法，为我们所用，就可以当作一营、一团的力量。如果以一县为单位，每县至少以二、三十万人口来说，那格外大了。所以百姓的数量，要比军队多过若干倍，一定要百姓能为我们所用，才能够增大军队的数量；若单是军队的力量，毕竟有限，所以我说："用兵不如用民。"[15]

同时，蒋介石还认为，军队在作战中还需要得到民众各方面的帮助。休养军队，采办粮秣，征发夫役，探访敌情，带行道路，何一非借重民力？行军打仗这些重要的事情，统统要借重人民的力量。此外，蒋介石又从兵民一体关系的角度，阐述兵民实际上是一个整体，不能绝然分开，用民就相当于用兵，用兵又相当于用民。他以中国古时寓兵于农为例，强调"其实兵与民原为一体，并没有绝对的差异"。任何一个兵，都是老百姓。中国古时候就实行过"寓兵于农"，当国家有事的时候，人人有当兵的义务，国家承平的时候，人人便解甲归田。"可见兵即民，民即兵，更无所谓兵与民之别"。也就是说，用民就相当于用兵，反之亦然。

"用民"在于"剿共"和"御侮"

由于在军事上用民是如此地重要和有意义，所以，蒋介石认为，无论是"剿共"还是"御侮"，都必须要用民。他确信"无论剿匪御侮，与其用正式军队的力量，不如靠全体民众的力量"。因为国家养兵很少，力量已极有限，惟国民乃能"众志成城"，发挥出整个民族的无限的实力。而军队的力量，"如果没有民众的力量为其伟大的渊源与深厚助力，必不能持久和发展。所以我们要复兴民族，用军队的力量不如用民众的武力"。[16]

虽然蒋介石强调在军事斗争中的"用民"，最主要的是指利用民众的力量来"御侮"和"剿共"，但是，从他"用民"理论的实践来看，他在军事上"用民"的实践开始于"剿共"军事之中。南京国民政府建立还不到一个月，蒋介石就提出要通过国民党来组织和领导民众，达到使用民众之目的的设想。他说："民众为抽象名词，其借以具体表现者为组织，民众之抛弃本党与否，在于本党之是否有民众组织，以领导民众为断。"[17] 但是，蒋介石这时提出的组织民众和领导民众，还没有涉及到军事方面来。到了"围剿"中国工农红军时期，蒋介石每失败一次就要从政治、军事等方面总结一次经验教训，逐渐地感到在"围剿"红军的军事行动中必须利用民众的力量，进而把组织民众提到议事日程上来。1932年夏初，蒋介石在庐山召集高级别的军政会议，研究第四次"围剿"鄂豫皖根据地中国工农红军第四方面军的战略方针，会上提出了"三分军事，七分政治"的口号。什么是"三分军事，七分政治"呢？按照蒋介石的解释，"三分军事，七分政治"的办法，其中包括了组织民众和领导民众，进而利用民众的意图。他说："要剿灭赤匪，必须用'三分军事，七分政治'。这两句话是什么意思呢？就军队而言，就是我们只要用三分的力量来作战，可是要用七分的力量来推进剿匪区域，特别是新收复区的政治工作，亦就我们军队所到的地方，凡是经济、政治与整个社会，或者说就全体民众，都能够用军事部勒，来协助剿匪，发生极大的效果。""最后要做到民众即军队，军队即民众"，"民众成为军队之民众"。这就是说，蒋介石想要用军队的方法来"部勒"民众和训练民众，以"造成民众的武力"。但是，蒋介石认为，用民的关键在于组织民众，因为民众"绝不是乌合之众，绝不是仗人多而可以不讲组织"。所以他特别强调："我们要运用民众,就先要组织民众。"[18]

因此,在利用民众方面,蒋介石最强调的是先要组织好民众。那么,用什么办法才能把民众很好地组织起来呢？蒋介石认为,从本性上讲,中国的民众很"驯良",同时他们既无组织又文化程度相当低,要组织起来不是一件难事。因此,他提出,中国的民众之所以没有组织好,主要责任不在民众,而在于政府的具体责任人。在蒋介石的心目中,我们中国的国民,实在是最驯良的。因为他们对于政府、对于官吏,可以说是最能服从守法的。基于这种认识,蒋介石反思政府没有把国家治理好,认为这都是国民党党政官员的过错。所以他批评国民党党政官员说:"有这样驯良的人民,我们还不能自己治理自己,凡是负政治责任的人,真是个个都应当惭愧。"这说明在蒋介石的眼里,中国民众是"驯良"的,是很好统治的。同时,蒋介石又认为,中国民众向来是一盘散沙,没有纪律,迫切需要将他们组织成团体以便加以训练。他说:"我们中国人的习惯,不知纪律的重要,所以要训练。"[19]在具体的组织方法上,蒋介石则认为,对于文化程度低的中国民众,没有别的办法能将他们组织好,唯一的办法就是要他们严守纪律。他说:"现在一般国民的教育程度太低,社会环境和积习也太恶劣,我们有什么法子可以将他们组织好,教导好,立即能做到共同一致呢？治本的办法,当然还要靠教育。"但是,"治本已来不及"了。怎么办呢？只有通过"治标的办法"才是"为今之计"。什么是治标的办法呢？就是八个字:"严守纪律,服从命令"。[20]这是说,蒋介石认为中国民众一方面是"驯良"好统治,而另一方面则因为他们无纪律、无文化而必须严格组织才好。

保甲制度是"用民"的最好方式

要把民众严格组织起来,就要选择一种好的组织形式。在选择什么样组织形式方面,蒋介石人似乎也是有所考虑的。他认定中国古代封建社会传统的保甲制度这一组织民众的方法,是中国两千年前就已经发明、而且是迄今为止最好的方法,用这种方法来组织民众,就能使民众"造成绝大之武力"。他说:"我们中国两千年以前,早已有人发明。管子'作内政而寄军令',定'轨'、'里'、'连'、'乡'的保甲办法。"因而才造成绝大之武力,以守则固,以战则胜,进而"御外侮,共齐国"。又如商鞅实行"举国而责之于兵",所以能使秦国富强,卒能灭亡六国,征服四夷,建立最强大的汉族国家。蒋介石对管仲和商鞅提出的这种保甲制度很赞赏,认为这种保甲制度,就是一种强国的办法,它既是我们中华民族固有的军制,更是新国家必须"师法"的途径,因此,蒋介石极力主张效法之。 他试图通过这种制度把全体国民组织起来,使 4 万万中国人民都能成为军国民,"即有组织,有纪律,有训练,能够为国牺牲的战斗员"。 蒋介石深信,只有这样,也必须这样,"然后才可以造成强大的武力,来恢复我们中华民族固有的地位"。 这是说,蒋介石有想"用民"御侮之意图,从而把中国古代的保甲制度当作好方法来加以仿效。 此外,蒋介石却还有一个最根本的企图,这就是利用保甲制度来组织民众"剿共"。 他说:"始专就保甲制度而言,管子以治齐,商君以强秦,其明户籍,除奸宄,维治安,既已奄有现代警政之长。"而明代王阳明之"剿匪"江西,即赖厉行十家牌法,以奏肃清之效。 此其立制之精,运用之善,信可准之百世而不忒。 "今剿匪各省,均定举办保甲为基本要政之一,实已鉴古证今,权衡至当,非无故也"。[21]

既然中国历史上的保甲制度就是组织民众的一种最好的方法,所以,蒋介石主张把保甲制度承袭下来,也用它作为组织民众的基本方法。 他强调他所主张的"用民",就是要组织各地方的保卫团,要把各县保甲办好,使各地的民众都有组织,"都能武装起来! 足以自卫,足以帮助剿匪!"因此,按照蒋介石的要求,随着"剿共"的进行,国民党军队所到之地,保甲制度强制推行。 为了把保甲制度办好,蒋介石还提出了具体的试行和推行两步走的办法。 他说:

这个工作,一时或因种种原因不能普遍地做好,但我们很可以就要紧的地区内,选定几个最重要的地点先行试办。侯有成效,我们就尽快的推广……我们可先就防地地带,选定十个重要的处所来试办,这个地方就可以叫做"试验区"……以后如果这些地方发现有土匪时,或是土匪来攻不拼死抵御或不迅速报告,就惟团长、保长、甲长是问,就要同纵匪通匪一样连坐办罪。[22]

蒋介石在坐镇江西"剿共"时,还就如何试行保甲的具体方法做了如下的设计:"凡关于试验区内办理保甲的人员和事权","统统由省政府派保安团的官兵去负责。 现在我们先要找十个有忠负干练,的确可以负责办理保甲的人,这十个人另外自己去找几个靠得住的帮手,先组织十个团队,办好十个保甲的试验区,以后逐渐普及到全省"。[23]

蒋介石不仅提出上述"用民"论,而且还把它付诸实践。 从 1932 年《剿匪区内各县编查保甲户口条例》的颁布到 1934 年 11 月,保甲制度大致推行到全国。广大的民众大都被编成保甲单位，保甲之编组以户为单位，设户长，十户为甲，设甲长，十甲为保，设保长。直到抗战发生以后的1939年8月，蒋介石才宣布改行自治，他说："迄于今兹，保甲规模已具，民众组训亦有条理，改行自治"。同年，蒋介石"手订县各级组织纲要颁行实施"，规定以乡镇为建设地方自治之基础，以保甲为充实乡镇组织之细胞，并将管教养卫一气贯通，各层首长，均兼壮丁队长及学校校长，以期集中事权，利于负责，期其实行。显然，即使在实施所谓县自治的情况下，蒋介石照旧利用保甲制度来利用民众。就他当时对四川省实行保甲制度的设计，竟需要甲长以上之人选高达70万人左右，他还说"尚不与焉"。蒋介石还十分器重保甲长，视他们为"手足耳目"。他说："中正兼理川政，且将视全川乡镇保甲长皆为我手足耳目之所寄"，"中正对于乡镇保甲长不仅尊视其地位，亦必倚之如腹心"。[24]与此同时，蒋介石还视"乡（镇）为县以下的基本单位，保或村街为乡（镇）的细胞组织"。国民党组织系统也相应地渗透至保甲，即所谓"党的方面，将区分部与乡（镇）组织配合，而于保甲之下设小组，以便与行政组织相配合"。[25]总之，到了抗战时期，保甲制度仍在趋于加强，蒋介石还是在采用保甲制度来利用民众。

当然，虽然蒋介石运用民众的主要目的是在于"剿共"，但也应当指出的是，随着民族危机的不断加深，蒋介石也产生过想运用民众来抗日的思想。还在"剿共"过程中的1934年7月，蒋介石在一次演说中就提出，在将来和日本作战时，也要采用保甲制度来组织民众抗日。他说："将来对日本作战，和现在一样，一定要十分注重组织民众，训练民众，使全国民众都能军事化，能帮助正式军队作战，军民真正能合而为一，打成一片，这个力量就可以大十倍、百倍不止。"又说，"这运用民众，是我们抗日救国的一个根本方法，这也可说是用组织保甲、训练团队这些旧的方法，来抵抗敌人近代新的军事方法之一种实例。所以要格外注重研究"。[26]蒋介石还指示其军队在作战时要注意"对当地的士绅以及乡镇保甲长等"，"更要常常联络"。[27]由于在当时蒋介石并没有真正抵抗日本的侵略，而实际上是对日本的种种侵略行为采取妥协退让和"不抵抗"的政策，因而他的这种组织民众抗日的想法不具有实际意义。

"教民"・"用民"论的失败

在"围剿"中国工农红军过程中相继建立起来的保甲制度，到了抗日战争时期，事实上成为国民党统治区域内唯一组织民众的方法。不过，事实证明，这种保甲制度在组织民众方面不仅没有取得预期的效果，而且弊端越来越大。对此，蒋介石也是十分清楚的。他于1940年5月公开承认说：

我们考察现在一般乡镇长和保甲长普遍易犯的弊端，约有以下四端：第一，就是假公济私，营私舞弊。现在一般乡镇长和保甲长，奉到委任以后，往往凭藉自己公务人员的地位和职权，在社会上做种种投机牟利的事情。如包征税收，开设旅馆等，无非假公家的名义，满足其个人的私欲。甚至还有包赌、包娼、运烟、走私，受授贿赂的。如此贪污行为，不但为地方自治推行的障碍，而且引起地方人民的怨恨……第二，就是倚势招摇，压迫民众……第三，假藉乡、镇长的名义，报复私仇！这也是常见的弊病……第四个弊端更大了！现在一般乡镇长和保甲长，往往操一乡、一镇执行政令之权，普通派工和征兵，都是由他们经手，所以一般恶劣贪残的，就可以凭藉机会，勒索穷户。对于一般有钱有势的人，不仅有力可以不必出力，有钱可以不必出钱，而对于无势贫民，则苛派滥索，毫不顾恤。[28]

虽然蒋介石知道保甲制度的弊端如此严重，但他并没有采取有效的措施或者即使采取了措施由于积重难返而没有得到纠正。结果，上述弊端依旧存在，而且还有所发展。因此，有人严厉批评国民党保甲制度下的地方官员说：

区乡长，联保主任，保长，甲长，完全是官府委任的。这些人都是地方上有钱有势的土豪劣绅，恶霸及其爪牙，地痞流氓，他们之活动当区乡保甲长，完全是为了升官发财，而一党专制的政府委派他们，是利用他们习诈的手段好实现压迫剥削人民。委派时则不出乎利用私人关系或公然"卖缺"，于是他们与上级政府互相勾结，狼狈为奸，敦朴的农民当然不是他们的对手。因此他们飞扬跋扈，作威作福，老百姓不能奈何他。间或有人忍耐不了向官府控告他们，而因为他们是官府的爪牙，官府不但不讲理，反而将这些案件推到被告的那些最老练的贪官污吏去审理敲诈，如此，老百姓不但不能解除痛苦，而每每冤苦中更加一层冤苦……。[29]

虽然蒋介石的"教民"、"用民"论在某一阶段、某一时期或某一具体的实践中可能达到了暂时的目的，但蒋介石统治中国最终彻底失败的结果表明，从总体上讲，蒋介石的"教民"、"用民"论在实践中遭到了彻底的失败。这大概是蒋介石所始料不及的。

蒋介石所谓的"教民"，实际上是一个改造民众思想或是重新塑造民众意识的问题。"教民"能否达到预期目的，主要取决于用什么东西来"教民"。如果所教的内容是民众不喜欢或坚决反对的东西，那么民众就绝不会接受。然而，蒋介石主张"教民"的内容，基本上都是经过他加工整理后旨在维护国民党政权统治的、以"礼义廉耻"为中心内容的封建伦理道德。当生活在水深火热之中的广大人民群众迫切需要政府解决温饱问题或提高其基本生活水平的时候，蒋介石不是设法满足人民的要求，反而把与人民的要求风马牛不相及的封建伦理道德灌输给人民。显然，这些东西教得越多，民众对蒋介石及其政权就越加会失去信心。可是，人民群众越是不听，蒋介石反而越加认为这是教育不好的结果，从而又更加强调说教，甚至要求其军队即使暂时驻扎某地，也得对当地民众好好地说教一番。他在教育其部队官兵时说："如何努力去做教民的工作呢？这就是要在行军或驻军的时候，不管驻几个月也好，住一个月也好，甚至住三天、五天都好，我们每到一个地方，必须好好联络附近的人民，随时设法招集拢来，每天教他们三点钟或两点钟。""要教他们孝悌、忠信、礼义、廉耻的道理"。(30)虽然这些说教能够暂时强迫民众来听一听，但是，民众在听了之后是绝对不会放在心里的，更不用说要用它来改造自己的思想了。因为广大民众目前关心的是自己的生活温饱问题，他们绝不会愿意饿着肚子来过所谓"礼义廉耻"的生活。

蒋介石的所谓"用民"，实质上就是用保甲制度对民众实行严密的控制，并在此基础之上强迫民众为国民党效力。广大民众在保甲制度下，其生活不仅没有得到改善，反而因保甲长等的额外盘剥而更加走向贫困，所以无论从什么意义上讲，民众大多没有为国民党政权效力的积极性。可以说，蒋介石"教民"、"用民"论是没有适应时代需要或者说是非常错误的。其结果，是广大民众不仅不被他利用，反而成为逐步汇集成推翻蒋介石南京政权之舟的巨大革命洪流，蒋介石所不愿见到的"水可覆舟"的历史现象终于在他的统治时期重演了。

第三节 "革命的中心目的，即在民生"

中国有句古语，叫做"民以食为天"。中国历史上凡是想有所作为的国家最高统治者，大多要花一定的精力在不同的程度上来关心民食问题，也就是民生问题。但是，并非所有想有所作为的统治者都能够有所作为，因为能否有所作为并不是以他的主观意志为转移的，而是受其他客观因素的制约；是不是有所作为也不是由他自己判定的，而是要看其所为的主观愿望和客观效果的一致上是否能够代表广大人民群众的根本利益，是推动了历史的发展还是阻碍了历史的发展。那么，蒋介石是不是也想有所作为呢？应该说，从主观愿望上讲，蒋介石绝不会想使自己在历史上留下骂名，遗臭万年，而是非常想使自己在历史上留下美名，永垂青史；他肯定不希望自己的统治立即被他人推翻，而是非常想使自己的统治能够长久下去，越长久越好。也就是说，蒋介石的主观愿望肯定是想有所作为的。如果就民食问题而言，蒋介石也是花一定的精力关注和思考过民食问题，即他所说的"民生"问题，并围绕着"民生"问题发表了许多言论，认为"革命的中心目的，即在民生"；表示他"务必以最大努力改善人民的生活"和"光大群众的生命"。[1] 蒋介石关于民生问题的一些言论，大致形成了他的"民生论"或民生主义，这也是他的民众观的一个重要组成部分。

以"平均地权"、"节制资本"诠释民生

孙中山在特殊的历史环境里，不仅以极大的热情关注民生，而且提出了专门解决民生问题的民生主义，并毕生为之奋斗。蒋介石在民生问题上，在

理解的基础之上大致认同了孙中山的观点,但也有自己的看法,并且主要是按照自己的看法来制定解决民生问题国策和方针。 跟随孙中山多年的蒋介石,既能根据自己的这一种政治需要来歪曲和篡改孙中山三民主义的精神实质或某些基本观点,也能根据自己的另一政治需要来认同甚至继承孙中山三民主义思想体系中的某些观点。 在"民生论"或民生主义方面,蒋介石就认同或继承了孙中山的某些观点。

蒋介石认为,孙中山十分重视民生问题,民生主义在孙中山的思想中占有极其重要的地位。 他说:"总理主义的思想体系,是以民生为旨归。""先生的三民主义原理,全部包含在民生主义之内,其全部著作可总名之曰民生哲学"。 又说,孙中山"发明三民主义,以民生为中心解决一切问题,所谓'民生为历史的中心',就是全部三民主义最基本的原理"。 孙中山的"全部遗教系以'民生'为中心"。[2] 蒋介石的这些说法,大体上是符合孙中山本意的,因为孙中山的确十分强调民生问题的重要。 孙中山也曾指出:"民生就是政治的中心","要把历史上的政治和社会、经济种种中心都归之于民生问题,以民生为社会历史的中心"。[3] 虽然孙中山的民族、民权、民生三大主义相互之间的关系是一个很复杂的问题,但依照孙中山上述言论可知,民生主义至少在孙中山思想体系中曾占有核心地位。

蒋介石还认为,孙中山民生主义的基本内容就是"平均地权"和"节制资本"。 蒋介石说:"根据总理的遗著来研究,我们可以说,民生主义最重要的结晶,就是两句话",即"平均地权,节制资本","这就是民生主义的基本原则"。[4] 国民党第一次全国代表大会宣言也正是这样解释孙中山民生主义的,《宣言》指出:"国民党之民生主义,其最重要之原则不外二者:一曰平均地权;二曰节制资本。"蒋介石在认为孙中山民生主义的基本内容就是"平均地权"和"节制资本"的同时,还围绕这两个基本内容来理解和解释其含义。

关于"平均地权",蒋介石具体解释为4点办法,也就是他所说的:"平均地权的办法,总括起来,不外乎申报地价,照价抽税,照价收买和增益归公的四点。"蒋介石认为,根据孙中山的主张,"平均地权"作为国民党的土地政策,与中国共产党的土地政策是不一样的。 其根本区别就在于是否没收土地。 国民党的土地政策决不能和共产党一样,要来没收土地,也不是现在就要把地主的收益,尽归公家所有;而只是由地主自行报价,政府只依照法定税率,照价抽税而已。 其税率既然很低,人民负担转因租税平均,更可减轻,而土地仍归原主所有；至土地定价以后将来所有的增益，才归之于社会、国家所公有。 为什么不能没收土地而只能进行"平均地权"呢？ 蒋介石认为，因为只有不没收土地，才能使目前地主阶级"固有的权利与现在的利益，并无丝毫损失，而且藉此可以获得永久的保障"。[5] 在这里，蒋介石关于"平均地权"的理解，也没有违背孙中山的本意。 孙中山所考虑的平均地权，的确是不触动地主的土地私有制的。 在旧民主主义时期的1906年12月，孙中山是这样阐释他的民生主义的："闻得有人说，民生主义是要杀四万万人之半，夺富人之田为己有；这是他未知其中道理，随口说去，那不必去管他。 解决的法子，社会学者所见不一，兄弟所最信的是定地价的法。"具体怎样来定地价呢？ 孙中山这样举例解释：比方地主有地价值1000元，可定价为1000，或多至2000；就算那地将来因交通发达，价涨至1万，地主应得2000，已属有益无损；赢利8000，当归国家。 这于国计民生，皆有大益。 到1924年8月，孙中山演讲民生主义时，虽然明确提出民生主义就是社会主义，也就是共产主义，但是，他仍然认为在解决土地问题方面，民生主义与共产主义是有区别的，也就是孙中山所说的"不过办法各有不同。 我们的头一个办法，是解决土地问题"。 "这个办法就是平均地权"。 一讲到"平均地权"，孙中山就想到拥有土地的地主阶级会产生恐惧感，因而他专门就这个问题进一步给地主阶级作解释说："讲到了这个问题，地主固然要生一种害怕的心理，但是照我们国民党的办法，现在的地主还是很可以安心的。"这种办法是什么呢？ 就是政府照地价收税和照地价收买，地价应该由地主自己去定，由地主自己报告到政府，地价定了之后，以后所加之价完全归为公有。 孙中山认为："这种把以后涨高的地价收归众人公有的办法，才是国民党所主张的平均地权。""地主真是明白了我们平均地权办法的道理，便不至害怕。 因为照我们的办法，把现在所定的地价还是归地主私有"。 国民党一大宣言也体现了孙中山的这个思想。 宣言指出："私人所有土地，由地主估价呈报政府，国家就价征税，并于必要时依报价收买之，此则平均地权之要旨也。"[6] 由此可知，孙中山关于平均地权的主张，并不要求没收地主现有土地，而是承认地主现有土地所有权的。 旧民主主义时期和新民主主义时期的孙中山，在这个问题上的认识似乎没有多大的变化。

关于"节制资本"的问题，蒋介石认为，孙中山的"节制资本"并不主张打倒资本家，而是主张一方面节制私人的资本，另一方面发达国家资本。 蒋介石说："节制资本也是切实的办法，绝不像共产党那样卤莽急烈的只打倒资本家。打倒资本家这句话，在中国实在用不着的。"那么，蒋介石所主张的"节制资本"的办法是什么呢？蒋介石提出"节制资本"的办法主要有两种：一种是征收累进的所得税和遗产税，使资本不能无限量的增殖起来，以为害于社会。一种是大企业及有独占性者，概归国营，不许私人经营。我们不许资本家垄断大工业，也不许资本家垄断矿山。凡企业之独占性质者，如铁道、航路、矿山等，一概不许私人经营，而统统以国家的资本来经营，使得所有的赢利，散在社会，为民众谋福利，不使得集中在私人手中，却造成资本主义的罪恶。只有这样，一方面发达国家的资本，一方面节制私人的资本，"这才是负责任解决民生问题的根本方法"。为什么在中国不必打倒资本家而只需节制资本呢？蒋介石认为，这是因为现在的中国，实在没有很大的资本家，中国人最有钱的人，有几千万几百万的，在中国实在占最少数，要像外国钢铁大王煤油大王那样拥着富可敌国的资产，在中国确实没有的。所以我们中国简直可以说还不曾有资本家，有10万以上财产的人，往往一县里找不出几个来。与此同时，蒋介石强调孙中山主张"节制资本"的目的，主要是为了防止大资本家的产生。既然中国没有大的资本家，为什么也要"节制资本"呢？这主要是及早想办法，预防贫富悬殊的出现，使大资本家不能发生。因为在近代产业革命以后的世界里，伴随着资本主义的生产方法和生产组织输入，我们中国"若不预先节制资本，那就难保资本不集中于少数人的手中，而成为社会革命的导火线了，所以我们要节制资本"。[7]

蒋介石的上述说法，基本上是对孙中山"节制资本"主张的正确阐述。孙中山在1924年8月演讲民生主义时，就认为中国没有大资本家，中国人都是贫。他说："中国人大家都是贫，并没有大富的特殊阶级，只有一般普通的贫"。中国顶大的资本家，和外国资本家比较，不过是一个小贫，其他的穷人都可说是大贫。中国的大资本家在世界上既然不过是一个贫人，可见中国人通通是贫，并没有大富，只有大贫小贫的分别。因此孙中山并不主张用马克思的阶级斗争的办法来打平资本家。因为在孙中山看来，今天的中国只是患贫，而不是患不均。在不均的社会，当然可用马克思的办法，提倡阶级战争去打平他；但是，在中国实业尚未发达的时候，则马克思的阶级战争和无产专制"便用不着"。所以，孙中山提出在今日的中国只可"师马克思之意"，而不可"用马克思之法"。他主张解决民生问题的方法，不是先提出一种毫不合时用的剧烈办法，再等到实业发达以求适用；而是要用一种思患预防的办法来阻止私人的大资本，防备将来社会贫富不均的大毛病。因此，孙中山认为，现在的中国这种思患预防的办法，"不单是节制私人资本，还要发达国家资本"。孙中山的这个主张，也在国民党第一次全国代表大会宣言中有所体现，宣言指出："凡本国人及外国人之企业，或有独占的性质，或规模过大为私人之力所不能办者，如银行、铁道、航路之属，由国家经营管理之，使私有资本制度不能操纵国民生计，此节制资本之要旨也。"[8]

当然，应当指出的是，在解决土地问题方面，孙中山在晚年提出过"耕者有其田"的主张。他在1924年8月曾强调，现在俄国改良农业政治之后，便推翻一般大地主，把全国的田土都分到一般农民，让耕者有其田。耕者有了田，只对于国家纳税，另外便没有地主来收租钱，这是一种最公平的办法。所以，"我们现在革命，要仿效俄国这个公平的办法，也要耕者有其田，才算是彻底的革命"。然而，孙中山并不主张马上就实行"耕者有其田"。他认为，"如果马上就要耕者有其田，把地主的田都拿来交到农民，受地的农民固然是可以得利益，失地的田主便要受损失"。孙中山认为解决这一问题的最好办法，应该是两个方面：一个方面就是对于地主来说，"要解决农民问题，便可以照价去抽重税；如果地主不纳税，便可以把他的田地拿来充公，令耕者有其田，不至纳租到私人，要纳税到公家"。另一个方面是对于农民来说，他主张全国的农民都能够联合起来，同政府合作，"慢慢商量来解决农民同地主的办法。让农民可以得利益，地主不受损失，这种方法可以说是和平解决"。[9] 显然，孙中山的"耕者有其田"之主张，并非要把地主的土地都重新分给农民，只是把那些不向政府照价纳重税的地主的田地充公。他也不主张照苏联的办法马上就把全国的田土都分到一般农民，实现彻底的耕者有其田。对孙中山这一和平决土地问题的"耕者有其田"之主张，蒋介石也是表示赞同，他说："既就分配而言，本党早就有信条，即遵奉平均地权遗教，应达到耕者有其田之目的。"[10]

此外，在对于孙中山民生主义的目的之认识上，蒋介石认为孙中山的民生主义，其目的就是要使人民在衣食住行等方面享受福利。在这个问题上，蒋介石实际上是对孙中山的民生主义养民目的论进行详细的解释和宣传。蒋介石说："养民即是民生"，这是"国家经济本务"的一个方面的任务。"养就是总理所说，人人不离'衣、食、住、行'四项基本生活。""养是发展经济，充裕民生的意思"。[11] 蒋介石对此还作过更具体和形象的描述，他说：

民生主义就是要使社会上一切的人，平均享受社会所生产的衣食住行四个要素，不使得有何项偏倚不平。在三民主义的国家里，粮食要由国家或地方来管理，不至于奸商有囤积居奇的机会，不至于贫困的人连粮食都得不到；穿的衣服，也要由国家经营很大的纺织厂，平定价格，不许一下子高起来，使穷困的人不至于没有衣服穿；国家并且要建设大规模的房子，以供给人民的居住，不致有如天津上海的房子，涨到一千块钱一月，有些穷人在商埠里却只盖着很小很小的茅篷栖身，甚至连此等窄小巢穴都没有，宿在街头巷尾——这种情形，是三民主义的国家所不应该有的。衣食住以外，我们为发达社会的文化，完成人民应享的福利，便要着重发展交通。那就是要修筑一切的道路以利民行……若不讲行，交通不方便，什么事都不能做，衣食住也得不到充分的利用的。[12]

应当说，蒋介石的上述认识也基本上没有违背过孙中山的原意。因为关于民生主义之目的，孙中山曾这样明确指出："民生主义是以养民为目的。"他也进一步具体和形象地描述说："我们实行民生主义，国家发了大财，将来不但是要那一般平民能够读书，并且要那一般平民有养活。壮年没有工做的，国家便多办工厂，要人人都有事业。老年不能做工的，又没有子女亲戚养活的，所谓鳏、寡、孤、独四种无告的人民，国家便有养老费。国家的大作用，就是设官分治，替人民谋幸福的。"[13]孙中山还就民生主义如何为人民谋吃饭、穿衣等方面作过详细的演讲，其具体内容与蒋介石所解释和宣传的大致是相同的。

显而易见，如果从言论上看，蒋介石在很大程度上理解和继承了孙中山的民生主义。然而，应当指出的是，孙中山领导中国民主革命时期，他所领导的国民党未能统一全国，更没有掌握全国政权，他的革命任务主要是领导反帝反封建。为了打败帝国主义与中国封建军阀相结合的强大的反动势力，出于扩大国民革命阵容的考虑，孙中山主张在经济利益上兼顾各革命阶级，既要使地主、资产阶级的利益不受损害，也要使广大工农群众的利益得到保障。这是适应当时时代之需要的。由于孙中山主张并实行了国共两党的合作，使代表广大工农群众利益的中国共产党能够在参与领导国民革命的过程中，做广大工农群众政治、经济利益的可靠的政治保障，也就使其民生主义具有很强的实践意义。蒋介石虽然也能够比较接近本意地解释和宣传孙中山的民生主义，但他却从行动上背叛了国共两党领导的国民革命，建立了以个人独裁为特征的南京国民政府，把代表广大工农民众利益的中国共产党由原来的国民党的朋友、合作者，变成了被镇压的对象，广大工农民众的政治、经济利益由此失去了可靠的保障。 蒋介石执掌了全国政权，不久使中国归于大体上的统一之后，如果蒋介石真正能继承和实现孙中山的民生主义的话，那么，"平均地权"、"节制资本"、"耕者有其田"等孙中山的民生主义的主张都应付诸实施，国民经济的发展至少应该逐渐见到成效，广大民众的生活也应该因此而得到逐步的改善。 但是，事实上并非如此。

坦陈国民党没有把主要精力用在国民经济建设上

事实证明，蒋介石并没有把孙中山的民生主义真正付诸实施。当然，蒋介石国民党政权也从事过一些经济建设，而且这方面的某些具体措施在一定程度上或一定范围内也不能说完全没有成绩。 在蒋介石国民党政权统治中国的22年中，国民经济的发展也是有起有伏，尤其是在抗日战争全面爆发后，国民党把国民经济的发展纳入战时体制，采取了一些特殊措施发展经济，支撑了长达8年的反对日本帝国主义侵略的十分艰苦的民族战争。 这是应当予以肯定的。 但是，从总的发展方向和总的结局来看，国民党政权统治下的国民经济，是伴随着国民党的军事、政治逐渐走向土崩瓦解而彻底破产了。 如果就广大人民群众的生活而言，虽然因环境不同而各有差异，但是，全国人民的整体生活水平十分低下，绝大多数人民群众几乎一直处于水深火热之中，如果用蒋介石的话说，就是广大人民群众过着十分"痛苦"的生活。 这是一个基本的事实。 关于这一点，蒋介石自己有一个客观的认识。 当国民党政权在中国大陆统治的失败已成定局时，蒋介石对国民党领导国民经济建问题有一个回顾和评价。 他认为，国民党在领导经济建设方面所花的精力，远不如在政治革命与民族革命方面的精力，国民党没有真正担负起实现孙中山的民生主义之重任。 他说：

民国十年,总理手订了实业计划,作为民生主义实施的蓝图。十三年本党改组以后,总理演讲三民主义,更指出历史的动力不是物质而是民生,民生问题乃是一切问题的中心。中正在抗战前夕,颁布了国民经济建设运动纲要,到了胜利前夕,又做成了战后十年建设计划,始终一贯为实行民生主义以改造社会而努力。但是我们必须坦率承认,本党用到政治与民族革命的力量,比用到经济与社会改造的力量为多。其间虽有不少同志,在观念上主张改造社会,但在行动上仍不能深入社会，从事社会运动，招致了"思想左倾，行动右倾"的讥评。党中同志的趋向如此，遂使党的组织、工作与作风，都不适于担负社会改造的重任。(14)

显而易见，从根本上讲，蒋介石对孙中山民生主义的认同或承认，还仅仅停留在一种理解和宣传上。虽然也曾作过经济建设的计划，也作了努力，但最终没有落到实处。因此，国民党既没有按照孙中山的本意把国民党的主要精力用到国民经济建设上来，更没有以孙中山的民生主义作为解决民生问题的指导方针。这主要是由于蒋介石作为地主、资产阶级根本利益的总代表身份所决定的。在考虑解决民生的问题的国家方针时，蒋介石因过多的考虑自己的政治利益和国民党所代表的地主、资产阶级的根本利益，而往往忽略或有意损害广大人民群众的根本利益，因而致使国民党政府的大部分工作，常常为达到某种政治目的而不同程度地干扰了民生经济建设。

在"中国国民党旗帜之下""资本家"完全是在保护之列"

具体说来，在考虑解决民生问题的根本原则时，蒋介石有意把孙中山兼顾地主、资本家经济利益的主张加以发挥并走向极端。他完全站在地主、资产阶级的立场上说话。蒋介石认为，国民党在夺到全国政权后，地主和资本家已不再压迫和剥削工农了，而这时他所害怕的，却是工农阶级压迫资产阶级。在谈论这个问题时，蒋介石努力使自己在各阶级之间表现得不偏不倚。他强调三民主义之革命，在于"铲不平而致于平"。在国民党尚未出师北伐以前，革命之势力犹未普及，土豪劣绅及不觉悟地主、资产阶级依附于反革命之政权以生存。那时，由于农工各界因受地主、资产阶级的压迫，生活十分之痛苦，如果不鼓动他们自身起来反抗这种压迫，他们的痛苦"将难以解除"。但是在今日，"由于革命之势力既已普及，地主、资主阶级已不敢再肆摧残与压迫"。所以，蒋介石表示，他现在并"不患地主、资主之压迫农民，而反恐农民之转而压迫地主、资主，此也造成社会之不平，为本党主义所不许者也"，声称他既坚决反对工农为求生存所举行的抗租、罢工、怠工与减工，并一概诬之为"共产党实现其阴谋之武器"；也坚决不准国民党党员帮助工农阶级解决生存问题，如有国民党党员"以鼓吹农工之直接行动为扶助农工，或提出超过目前生活状况之要求"，便斥之为"不啻以国民党之党员，代共产党做工作"。 南京政府是在江浙财阀的鼎力支持下建立起来的，蒋介石对商人资本家的真诚回报，就是完全保护他们的经济利益，使之不受工农阶级的触犯。 他说他非常了解商界的痛苦，并称他们的痛苦"并没有比农工差异的地方，并且更明白在国民革命期间，也不能离开了商人而专使一个阶级来统治中国"。 他表示，凡有资本50万和几百万的资本家，统统都在"中国国民党旗帜之下，完全是在保护之列"。 这以后，蒋介石不再承认资本家压迫工人，而是宣称工人"并没有受资本家压迫的痛苦"。[15] 他不许有工人反对资本家的现像存在，提出要"促进劳资合作"，"万不允许劳资冲突"，表示要站在资本家方面"对于劳资纠纷，还要实施强制仲裁"。[16] 蒋介石把工人与资本家之间的斗争形容为两只狗在独木桥上抢一块小骨头的斗争，必定同归于尽。 他说："中国工人和雇主来做阶级战争，好像两只狗站在一根独木桥上，抢一块小骨头，打得头破血流，狗和骨头一齐掉在水里，同归于尽。"他指责这种工人阶级为争生存与资本家的斗争是由"共产党挑拨"的。[17]

　　和孙中山一样，蒋介石也十分重视解决土地问题。 蒋介石之所以重视解决土地问题，主要是因为他认为土地问题解决的好坏，直接影响到国家政权的稳定和存亡。 蒋介石已经认识到，土地是造成国家的基本所在，是一国人民生活的资源所在，如果没有良好制度来管理支配，那么，大则酿成国家的纷乱，小则陷溺人民于贫困。 他还认为，国家之所以成立，除了主权之外，最重要的就是土地与人民；而且这两种要素，是完全连带着的，人民固然不能离开土地，就是土地亦必赖人民为之经营，方能算是国家真正的土地。[18] 蒋介石之所以重视解决土地问题，还因为他研究过中国共产党关于土地问题的政策，并在一定程度上受到了影响。 在长期与中国共产党进行政治、军事斗争中，蒋介石发现中国共产党十分注意解决根据地内的土地问题，他认为这是一个应该值得研究的问题。 所以，他强调国民党"尤其要研究的，就是赤匪拿土地做他工作的对象，所做一切的事情，都集中在谋土地的解决上"。 不过，在蒋介石看来，中国共产党解决土地问题完全是照搬苏联的那一套，由于不适合中国的国情，所以不但没有取得成功，反而还引起贫苦农民的"怨恨"。 他说：中国共产党"注重土地问题，拿土地问题做一个中心，这完全是抄袭俄国共产党那一套，全不想到中国土地的历史、现象，和现在环境与国情，以致事实上虽有土地分给贫农，但穷民并不感激他们，反而怨恨他们；他们的失败，也就在这些地方"。[19] 因此，蒋介石不主张国民党拿中国共产党的方法来解决土地问题,因为"如果拿共产党的方式,很简单的把私人的土地一概没收,那就会立时发生纠纷,而且也决不能得到真正的解决","最后还是要自己承认失败"。[20] 中国共产党解决土地问题的成功与否,当然不能以蒋介石的评判为准。事实上,中国共产党以打破封建地主阶级土地私有制,从根本上解决农民的土地问题是成功的。正因为成功地解决了农民的土地问题,使广大农民分到土地,他们的革命积极性极大地调动起来了,才得以全力支持中国共产党。蒋介石之所以认为中国共产党解决土地问题是失败的,这主要是因为蒋介石所说的"农民",特别是那些有"怨言"的农民,绝不是那些分到土地的广大的贫苦农民,而是那些在土地改革中自己的大部分土地被没收实行重新分配的农村地主阶级或富农阶级。显然,由于阶级利益的偏见,蒋介石不可能对中国共产党土地政策有正确认识。

虽然蒋介石认为中国共产党解决土地的办法是失败的,但他对解决土地问题的重要性和迫切性的认识,是相当深刻的。正如他自己所说:"我以为我国今日政治、经济与社会政策,最迫切需要解决的,莫过于土地问题。""土地问题,实为一切问题中之根本问题"。同时,他还郑重地告诫国民党:"须知土地问题非常之重","要想一个适当方法来解决土地问题;如果这个问题不解决,一切政治、经济问题就永远解决不了"。[21]

既然蒋介石认为中国共产党解决土地问题是失败的,那么,他主张用什么方法来解决土地问题呢?在解决土地问题上,蒋介石牢牢把握这样一个总方向:国民党解决土地问题时,绝不能同中国共产党那样,彻底打破封建地主阶级土地私有制,而是要从根本上承认并巩固地主阶级的土地私有权。蒋介石借用孙中山民生主义中某些观点,来表达自己害怕因解决土地问题而使一般地主失去其既得利益的心情说:"如果土地政策不能实行,土地问题不能及时解决,贫富悬殊的结果,地权不能平均,国家不能建设,势必不免如总理当时所忧虑的发生社会革命,那时候,一般地主不仅不能保持其现得的利益,而且要根本丧失其所有权,全要成为革命的对象了"。为了防止这种损害一般地主阶级利益的现象出现,蒋介石提出国民党解决土地问题时,一定要与中国共产党"直接没收土地,尽归公有者,完全不同",解决土地问题的结果,必须使"地主固有的权利与现在的利益,并无丝毫的损失,而且藉此可以获得永久的保障"。[22]

中国土地的经营及整理"更急于分配问题"

蒋介石主张解决土地问题的具体方法,只是在现有土地私有制基础上加强经营和管理,而不是对土地进行重新分配。虽然蒋介石认为"关于土地分配,自应特辟和平途径,以渐进于耕者有其田"。但他同时又认为,分配土地问题是次要的,首要问题是应该抓土地的管理与分配。他认定这是由于中国目前土地占有状况决定的。他说:"须知今日中国之土地,不患缺乏,并不患地主把持,统计全国人口,与土地之分配,倘属地浮于人,不苦人不得地,惟苦地不整理。即人口繁殖之内地省区,只绝少数百亩千亩之地主,而三亩十亩之中小耕农,确占半数以上,职是之故,中正对于土地政策,认为经营及整理问题,实更急于分配问题。"[23] 因此,蒋介石拒绝重新分配土地,并且视此为国民党的一个基本原则。他认为若国民党重新分配土地,那就是抛弃了国民党的这一原则。他说:"如果我们要实行这一政策,我们就要抛弃本党的原则,而像福建暴乱者一样把党的名字换掉。"[24] 这里所说的"福建暴乱者",指的就是国民党第19路军将领蒋光鼐、蔡廷锴,国民党内的李济深、陈友仁和第三党领袖黄琪翔等人。他们于1933年11月发动福建事变,成立了中华共和国人民革命政府,并发表了《人民权利宣言》,明确宣布蒋介石南京政府为卖国政府。他们还召开了中国人民临时代表大会,明确规定革命政府的土地政策,必须达到"实行计口授田,以达到农工共营、国营之目的"。[25] 这与蒋介石南京政府的土地政策是完全不同的。因此,蒋介石称他们是"暴乱者",并坚决反对他们的这种与国民党政策背道而驰的土地政策。

其实,蒋介石上述对中国土地占有状况的估计是错误的。关于中国土地占有状况的问题,中国共产党人曾进行过深入广泛的调查,结论与蒋介石是不同的。根据毛泽东1923年对湖南这个内地省份的考察,长沙地区的土地占有情况是:乡村人口中,贫农占70%,中农占20%,地主和富农占10%。70%的贫农中,又分赤贫、次贫二类。赤贫既无土地又无资金,占20%,次贫占50%,其中有佃农(富佃除外)、半自耕农等。1928年,毛泽东又对内地省份湘赣边界井冈山地区土地占有状况作了调查,其结论是:边界土地状况大体说来，土地的60％以上在地主手里，40％以下在农民手里。江西方面，遂川的土地最集中，约占80％是地主的。永新次之，约70％是地主的。万安、宁冈、莲花自耕农较多，但地主的土地仍占比较的多数，约占60％，农民占40％。湖南方面，茶陵、鄳县两县均有70％的土地在地主手中。1930年12月，毛泽东对全国农民的阶级成分有这样的估计：中农即能"自给自足"的自耕农占农村人口中的"20％左右"；贫农连同雇农在内，约占农村人口70％，贫农是没有土地或土地不足的广大的农民群众。[26]毛泽东在对上述地区调查的基础之上，对农村土地占有状况的分析和估计是正确的，是符合农村实际的。因为事实证明，在中国共产党领导土地革命的过程中，革命的动力正是缺地和少地的大多数农民。他们之所以拥护中国共产党，积极参加土地革命，主要是因为中国共产党的土地政策反映了农村的真实情况，代表了广大农民的根本利益。蒋介石坚决反对重新分配土地，害怕地主阶级利益受到损失，这虽然主要是他出于政治上的考虑，因为国民党内不少人就是出身于地主家庭；也还是因为他对于土地占有状况的分析和估计的错误，而导致忽视广大农民利益的一个结果。

既然蒋介石不同意对土地实行重新分配，而只强调加强对土地经营和管理，那么，在如何加强土地经营和管理的问题上，蒋介石提出了哪些具体办法呢？蒋介石主要提出了两种办法：一种是"均耕"；一种是"集合耕种"。蒋介石在"围剿"中国工农红军的过程中，就大致提出了"均耕"和"集合耕种"这两种办法。他解释这两种方法的"要旨在承继业主地权，保持目前农村秩序"，[27]即它的根本原则是要保护地主阶级的土地私有权。

关于"均耕"之法，蒋介石提出两个条件：一是凡本村有耕作能力者，必令计口授田，重在均耕，不在亟亟均其所有。二是限制田的最高数量。规定私有地亩之最高限度。凡拥有逾限土地之业主，则用累进法，课其田租所得税。目的是使不耕而获之地主，收益有其限度，势且改投资金于他业，而能耕者获取土地之机会甚多。蒋认为通过这种"不需流血"的方法来"创设自耕农"，是与其他国家的"用意吻合"的。这就是蒋介石的所谓"均耕"法。其实，如果仔细分析起来，蒋介石提出的这个"均耕"法是无法落实的。首先，"均耕"不是重分土地，大部分土地归地主占有，如果没有采取强硬手段，地主不可能让无地和少地的农民来"均耕"他的土地。这样，地主与佃农之间的"均耕"实际上还是一种地主剥削农民的"佃耕"。其次，是因为蒋介石的限田法只是由政府向地主征收田租所得税。地主若按政府的规定上交了这种税,那么他无论有多少土地都可以合法地占有。在工业不发达的情况下,地主的土地收益一般具有投资少和收入稳定等特点,这就导致地主不会轻易地"改投资金于他业","能耕者获取土地之机会甚多"[28]的情况也就很难发生,即使发生了也只是个别现象。

关于"集合耕种"之方法,蒋介石解释说:"关于经营与管理,则应倡导集合耕种"。他提出,鉴于自耕农自身或其子孙一旦辍耕则耕地仍有归还原地主之可虑,应更进一步提倡由农业之业主,自耕农佃农,共同组织利用合作社,管理本村土地。其具体方法是:遇有本村售田,先尽合作社购入,平均分佃于社员。积时累月,可令村田尽为合作社所有。在村田全归社有以后,凡不事耕作者,既无土地关系,当然非合作社员,而能耕者,则可经由合作社,以永有其田。纵时或辍耕,退社即了,无售购土地之繁,重新分佃,无兼并不均之弊。而社员承耕社田,对社所纳田租,即该社用为改良耕地之费。无坐食分利之业主,更无业佃冲突之可言,此以合作社为富有弹性之土地。蒋介石还强调,政府不应插手合作社分佃土地的工作,到了具体进行分佃运作时,应当依本村各户之耕作能力,公平分佃,随时由社评定增减,"不劳政府派员专任分配"。[29]蒋介石这种"集合耕种"之法,显然是有利于地主阶级的。在由业主、自耕农和佃农组成的合作社中,由于土地归地主即业主把握,也只有地主才有钱购买"辍耕"的土地;又由于政府不参与土地的分配,权力无疑掌握在地主手中,地主愿意把田地租给谁就租给谁,田租实际上仍归地主所有。因此,这种"集合耕种"之法,从根本上说,依然没有改变原来地主与农民之间的租佃关系。

蒋介石的上述两种办法,从现有掌握的资料来看,似乎最早贯彻于1932年由豫鄂皖三省"剿匪"总司令部颁布的二个法规中。第一个叫农村土地处理条例,该条例对土地限额分配及业佃关系等,都依照蒋介石的思想加以条文化。第二种叫农村合作社条例,这个条例被蒋介石称之为"对农村组织及生产促进,尤有精密的设计和实施的方法"。蒋介石曾自我感觉良好地评价上述两个条例说:"在土地处理及合作社两种条例之中,则一方根据国情,采取小农制的方法,逐渐推行到佃农变为自耕农","一方又鉴于我国小农耕作之困苦而不合理化,更于合作条例中采用现代集产农场的精神,实行利用合作社制度,来扩张生产的效能"。蒋介石甚至相信,只要按照他提出的这种办法施行,就非在中国"创造一种新的土地制度不可"。[30]事实上,蒋介石提出的这两种办法绝不可能"创造一种新的土地制度",因为这不过是对封建土地所有制加以维护和巩固。

处置土地问题,应以"补助剿匪进行为前提"

当然,应当看到的是,蒋介石解决土地问题的方法也不是死板的。只要有利于"剿共",什么土地政策他都愿意采用。他说:"至于如何处置土地,不一定要有呆板的方法,应当以补助剿匪进行为前提,因地制宜的去办,耕者有其田,平均地权,或者地归原主,或是实行二五减租,都是可以的。只要与剿匪进行有利,都可以斟酌办理。"(31)然而,这些灵活的方法,只不过是一些权且吸引农民的政治口号而已,并不影响和改变他维护封建地主阶级土地私有制的国策和方针。

在中国工农红军主力撤出其根据地和开始长征向北转移后,直至抗日战争胜利结束,国民党一直没有根本性地解决农民的土地问题,不管它公开颁行过多少土地政策和法令,也不管其法令措辞如何漂亮,但蒋介石钦定的那种不变更封建地主土地私有制的原则是决不动摇的。这从国民党颁布的一系列土地政策和法令中可以得到印证。

1935年11月国民党第五次全国代表大会通过的《关于积极推行本党土地政策案》中,虽然笼统地提出"实行土地统制,以便调整土地分配,促进土地使用",但它要求立即实行的不是分配土地给农民,而是"迅速规定地价,实行累进之地价税及增值税",这就是要使现存的土地私有制马上合法化。该案也提出要"实现耕者有其田",但对此却没有丝毫具体的措施。1937年2月,国民党第五届中央执行委员会第三次会议上通过了由蒋介石领衔提出的《中国经济建设方案》,其中也谈要"准备土地改革",甚至讲到"土地改革之根本目的,为实行耕者有其田,以安农耕"。但具体办法则是"政府应即限期完成土地清丈及登记,以为实施土地改革之准备"。对于无地的佃农,并不是立即给他们土地,使之成为自耕农,还是老调重弹,"提倡合作耕种"。1938年3月,国民党临时全国代表大会通过了一个《战时土地政策草案》和一个《非常时期经济方案》,仍然强调要"依法清仗登记"土地,"以为实行地价税之准备"。当然,当时因为在抗战的特殊条件下,国民党为了在一定程度上调动广大民众的抗日积极性,对土地政策作过一些有益的修改,认为"土地分配应逐步改进",并强调"在此抗战时期,固不宜操之过急,亦须积渐施行"。主张"兹拟在陕北各县,试行赎土归佃,平均耕地,使农民各得其田，而地主渐收其值，以投资于生产事业，在江西省内，亦拟试行分配农田，一俟办有成效，再行酌察情形，相机推广"。 到1940年7月，国民党第五届中央执行委员会第七次会议上，也曾通过要"设立中国土地银行以促土地改革实现平均地权"的方案，规定对地主报价不实的土地要实行"照价收买"，并将这些收买的土地来实行"耕者有其田"，即"扶助佃农购置耕地，或依法征收土地，转发农民"。 但这种方法却只是停留在纸面上。到1941年4月国民党第五届中央执行员会委第八次会议时，又通过了一个《为实现本党政策应从速举办地价申报案》，这说明国民党在抗日战争特殊时期所要求的照价收买土地都没法实行下去，因为地主迟迟没有按照政府的要求申报地价。 同年12月，国民党再通过了一个《土地政策战时实施纲要》，重复原来土地政策的内容，要求"私有土地应由所有人申报价，照价收税"。[32] 直到抗战结束，国民党一直没有重新分配土地。

农民中的自耕农是少数，大多数是无地或少地的，他们的利益因为没有重新分配土地而得不到改善。 显然，蒋介石想通过解决土地问题来稳定其国家政权，主要是把地主阶级当作其农村中的阶级基础的。 正是在这个意义上，蒋介石充当了地主阶级经济利益的总代表。

二五减租——"反共的最后有效的武器"

抗战结束后，蒋介石国民党再次挑起内战，向在抗日战争中起过中流砥柱作用的中国共产党大打出手。 为了争取农民支持国民党打内战，蒋介石又把解决土地问题当作收买民心的手段。 他虽然不提要重新分配土地，但却以所谓减轻农民的田租、田赋作为他的民生主义内容来宣传。 他提出，现在一般农民，都负担了过重的地租、田赋及利息，政府对于"收复区"的地租，应"规定减收百分之二十五，并且免征田赋"。 他还强调说："我们今天要真正造福于农民，就惟要实行二五减租，这是我们实行民生主义的第一步。"事实上，蒋介石是把他的这一方法视为国民党"反共的最后有效的武器"，[33]它仍然不过是一个政治口号而已。

此外，蒋介石还特别提出要用民众服劳役这一"惠而不费"的方法，来解决民生问题。 蒋介石知道广大人民群众的生活非常痛苦，当然知道他们手里的钱是十分有限的，各级政府动不动就向人民捐款收税，弄得民怨沸腾，既不利于社会稳定，更有损政府形象。 因此，不在非常特殊情况下，蒋介石反对把民众手里的钱财搜刮得一干二净。他告诫政府官员,人民手里的金钱总是有限的,因而仅靠捐款收税来解决民生问题是不够的,还应该在使用民力方面想点办法。在批评专靠捐款收税来办事业的政府官员时,蒋介石说:"现在一般人,以为要做一件事业,必先要付金钱,就要想办法,如何捐款收税,剥削民众;殊不知,一个人如果事事非钱莫办,这个人一定也不能做什么事。"因为这里有一个十分简单谁都明白的道理,即"向民众来剥削金钱,这是要剥削完的"。那么,在不剥削民众金钱的情况下又如何办事业呢?蒋介石强调要善用民众的劳力,来增进民众本身的利益。因为惟有善用劳力,才是"惠而不费,取之不尽,用之不竭"。在"围剿"中国工农红军的战争开始后,蒋介石把利用民力的问题提出来,他要求农村壮丁必须无偿地为国家做工,并亲自具体"规定每个壮丁每年要为国家做三天工"。蒋介石自信只要在全国推行这种方法,就完全可以解决许多问题。因为如果这个办法能够普遍实行,每一个县除老幼及妇女以外,平均以5万壮丁来计算,则每一个县就有15万个义务劳动日,只要政府以合理的计划来利用,无论是用于修堤、浚河、筑路,都可以完成。蒋介石把这一方法称之为"征工"。如何才能把"征工"的方法在全国推行呢?蒋介石强调要逐渐强制推行。他估计这个方法推行起来会有困难,特别是"征工"刚开始的时候,也就是在最初两三年内,民众或许不服从。碰到这种情况怎么办?蒋介石主张一方面由"政府强迫"民众出工;另一方面是"各地实施征工,必先之以宣传与训练,而继之以指导与实施",要使民众"征工"形成"习惯",以致"劳而无怨",进而达到"如此年年继续下去"的目的。蒋介石还就"征工"方法具体指示各级地方官员说:"吾人主张全国成年民众均应有对国家对地方服役之义务,宜由政府明定一生对国家服工役若干月之期限。前者从事于较大规模之公共工程,后者则为其本区或所在农村有关农田水利、道路卫生、公共建筑等等之工作。"[34]甚至在所谓"新生活运动"中,蒋介石也不放过推行这种"征工"制度,他以经济建设为名,电令19省"励行人民服役办法",特别强调要实施征工制度,要求广大人民群众必须遵照《人民服工役法规》服役,从事开发当地交通,修治水利,培养森林,开垦荒地,并规定中等以上学校教职员和学生,也要在年假寒假期间,必须服工役10天。

  蒋介石在搜刮尽民众钱财的情况下,把"征工"当作解决民生问题的又一个方法。这种无偿的"征工",实质上就是一种封建的徭役制度,它是强加在民众身上的又一个额外负担。因为按常理来说,国民党政府向广大人民群众强行征取各种苛捐杂税,就应该使之用于各种经济建设事业,甚至还包括人民群众的各种福利事业。但是,国民党政府及其地方官吏把从民众中强行征来的苛捐杂税,主要用于豢养一支庞大的军队或分别落入个人的腰包,而很少用于经济建设事业,更不用说民众的公共福利事业了。在这个基础上,再搞所谓"征工",对政府官吏来说虽是"惠而不费",但它对广大民众来说,只能是劳民伤财,毫无实惠可言。

带有明显阶级特征的民生主义

蒋介石的"民生论"或"民生主义",充分表明其在处理民众与地主、资本家之间的关系时,坚决维护地主、资本家的根本利益,既不允许工人为求生存而与资本家斗争,也不准用重新分配土地的办法来彻底地解决农民的土地问题,甚至还把"征工"制度作为又一个额外负担,强加在广大民众的头上。蒋介石的这种鲜明的态度,充分证明他完全站在地主资产阶级的立场之上。只有把蒋介石理解和宣传孙中山民生主义的言论,与他自己所提倡的"民生论"或"民生主义"加以严格区别之后,才能够清楚地看到在解决民生问题上即所谓"养民"的问题上,他有着阶级分明的两种立场。

因此,蒋介石的这种"民生"论或"民生主义",就不可能给广大人民群众带来多大的好处。虽然不可否认也不必否认,在蒋介石的主张下,国民党政府及其地方官吏或多或少地实施过一些有利民生的举措,或许取得了一些效果。不过,从总体上看,每当人民群众非常迫切需要国民党政府解决实际生活问题时,虽然蒋介石会对人民群众给予一些许诺,但他总是因看重自己的政治利益和地主、资产阶级的利益,而抛弃广大民众的利益。在这方面的事例是举不胜举。蒋介石在南京建立国民政府后,尤其是在1930年以后的几年内,他一心扑在"围剿"中国工农红军上。虽然人民生活的痛苦他也表示过要关心,但仅仅关心在嘴巴上,很少落实在行动上。也就在这几年,天灾越来越严重。1930年陕甘等11省发生水旱灾害,灾民达3000多万人;1931年长江发生大水灾,灾民达5000万;1932年又有12省发生水灾和旱灾,灾民达数千万人;1933年,黄河决口,灾民达数百万人;1934年,长江各省再次发生水灾,淹没农田3亿多亩;1935年,长江、黄河发生水灾,灾民达2000万人。天灾,固然主要是自然因素所导致,带有一定的不可抗拒性。但是,如果政府能够事先采取预防措施和事后及时赈灾的话,是可以把天灾带来的损失减少到最低限度的。然而，在上述天灾发生前后，忙于"围剿"中国工农红军的蒋介石及其国民党政权既没有很好地防灾，也没有及时有效地赈灾。乃至天灾几乎成了"人祸"。更有甚者，还有些政府官吏和军队长官等居然借发大水之机大发个人横财。如有人披露，1931长江发大水，"这次水灾本可防止，可防而不能防，此实吾人所当注意者。盖扬子江堤防修改费……合计一千五百二十万元，此巨额资金，一部分入军阀的私囊，一部分则投入川江龙公司（鸦片公司）。"[35]另外，还有些省份"各县县长、财政局长、各征收局长，亏蚀或挪借捐款者，多或逾万"。[36]在如此严重的天灾情况下，国民政府采取的措施怎样呢？应当说，国民政府采取的措施是相当有限或者是很不得力的。因为到了1933年，在上海仍然有一些县政府照旧按亩提捐，"民众一时无钱付税，便被鞭斥"；[37]因为到了1935年，不仅在安徽出现"逃生无路，水藻捞尽，草根掘尽，树皮剥尽"、"饿殍田野者，途中时见"和"大小村落，鸡犬无声，耕牛绝迹"[38]的广大民众生活凄惨的景象，而且在河南也出现"户鲜盖藏，途有饿殍，年壮力富者多铤而走险，致盗贼起于郊野，哀鸿遍于村原，耕者离其阡陌，织者离其机杼，扶老携幼，逃亡四方"的农村破败景象。其他灾区的情况一般也都无不是如此。

第三章 民族观解读

第一节 复兴民族论

　　任何一个民族，都应该在共同的经历、对未来的共同憧憬、共同前途的基础之上，形成休戚与共的民族观；个人作为一个民族的一份子，就必须对自己的国家和民族有高度的忠诚。毫无疑问，这是一个民族赖以存在和发展的根本动力。因此，一个多民族统一国家或单一民族国家的领袖，也就应该怀着对自己国家和民族的高度忠诚，指导全体国民形成休戚与共的民族观。那么，曾作为中国最高统治者的蒋介石，他具有什么样的民族观？他的民族观对中华民族的存在与发展又产生了什么样的影响呢？实际上，蒋介石围绕民族问题分别提出了"复兴"民族论、"卧薪尝胆"论、"不抵抗"论、"安内攘外"论等，构成他的民族观。

　　中华民族是中国境内各民族的总称。中华民族勤劳勇敢，富有创造精神。从远古开始，中华民族的祖先就劳动、生息、繁衍在美丽、富饶、广阔的中华大地上。随着社会经济的发展，随着中华民族各族人民相互了解和依存关系的加深，随着边疆地区和中原地区经济文化联系的加强以及政治上的接近和结合，逐步为组成统一的多民族的国家奠定了基础，进而使全国统一集中的发展趋势成为不可阻挡的历史潮流。终于在公元前221年，由秦始皇统一了战乱频仍的中国，第一次建立起多民族的中央集权的封建国家，为中华各民族进一步加强联系，创造了更为有利的条件。秦统一后的漫长历史时期，特别是经过汉、唐、元、明、清各朝的努力，中华民族的统一呈不断发展和巩固的趋势。自1840年英国发动侵略中国的鸦片战争以后，由于西方帝国主义列强不断对中国进行侵略，使中国逐步沦为半殖民地半封建社会，中国各民族人民遭受深重灾难。中华民族为坚决捍卫祖国的统一和独立，争取各族人民的共同解放，进行了反对沙俄、英、法、美、日、德等帝国主义的斗争。至1911年，伟大的革命先行者孙中山领导了辛亥革命，在推翻清王朝的基础之上建立了中华民国，结束了两千多年的帝制。但中华民族半殖民地半封建社会性质并没有改变。继1921年7月中国共产党诞生后，孙中山领导的国民党于1924年1月与中国共产党合作领导了反帝反封建的大革命，把孙中山重新解释的民族主义,"中国民族自求解放","免除帝国主义之侵略"作为民族革命的一个重要目标。 然而,正当大革命顺利进行之时,蒋介石于1927年4月发动四一二反革命政变,建立南京政府,致使大革命失败。

中华民族的绝对统一性——复兴前提

虽然南京国民政府,是一个对外妥协退让的软弱可欺的政府,但由于蒋介石没有彻底卖国,也不敢完全满足西方帝国主义列强的种种侵略要求,因此,帝国主义列强尤其是日本帝国主义不仅没有停止反而加快了对中华民族的侵略,中华民族的灾难依然深重。 复兴中华民族的任务客观地而且还十分严重地摆在蒋介石面前,这是他想躲也躲不掉的。 因为在统一性的意义上说,蒋介石认为中华民族与国民党及其南京政府不能绝然分开的,国民党"与国家、民族绝对一体",中华民族的灭亡就意味着国民党及其南京政府的灭亡。 所以,蒋介石也经常谈论要"复兴"民族,并围绕这一问题提出了一些观点,形成了他的"复兴"民族论。

怎样才能使中华民族复兴呢? 在蒋介石看来,要复兴中华民族,一个最需要而且必须最先解决的重要问题,就是中华民族的"绝对统一"性。他认为,人类最大的战争是民族战争,国家是由民族组成的,要复兴中华民族就得强调民族的"绝对统一"性。"就国家民族而言","绝对统一于国家至上民族至上"等方面。 为了强调中华民族的"绝对统一"性,蒋介石否认汉、满、蒙、回、藏5个民族独立存在的客观性,把这些民族统统称为"宗族"。他说:"就人类的战争来说,最大的战争,还是民族战争"。 而民族战争则是由民族组成的国家来实现的,因为"国家是某一个或几个民族"[1]组成的。 相对于中国来讲,我们只有一个中华民族,而其中各单位最确当的名称,实在应称为宗族。""我们集许多家族而成为宗族,更由宗族合成为整个中华民族"。[2]

同时,蒋介石还把中华民族的绝对统一性,看成是中华民族抵御外侮和"复兴"民族的一个重要条件和主要方法。 在谈到民族主义时,他强调中华民族必须保持统一,不让外族侵略。 他说:"我们民族主义,对外要保持我们整个民族的独立和统一,不使得有那一部分,受人家的侵略。""我们绝不许外国帝国主义来压迫我们。"[3]因此,他要求全体国民都知道我们5000年来中华民族的根源及其不可分离的关系,都知道抵御外侮、复兴民族,是我们人人应负的使命和应尽的责任。 蒋介石以清政府为例,说明由于在清政府统治下实行民族歧视,致使民族之间不平等,结果使中国遭受帝国主义的侵略。他认为,假使满族对国内汉、满、蒙、回、藏各宗族,不存界限,一视同仁,认识五族在实质上是整个的一体,使各宗族不分宗教、职业、阶级、男女,皆一律平等,更扶助边疆各族,培植其自治能力,保障其平等地位,则中国必能与欧美现代各国并驾齐驱,以至于康乐富强,绝不致遭受此百年来不平等条约之耻辱,亦不致任日寇为祸于亚洲。这是可以"断言"的。然而,清政府"对待各宗族的手段"是"言之痛心,令人发指!"中华民族不但没能复兴,反而在列强侵略之下,造成了许多不平等条约和"继续不断有加无已的国耻,卒使我国势日蹙"。因此,为了抵御外侮和复兴民族,民族团结和统一是非常重要的。同时,蒋介石还认为要保持整个民族的统一和团结,就必须实行各"宗族"之间的平等,只有这样,才能增强各"宗族"的"向心力与团结力,对于整个国家与中央政府,共同爱戴,一致拥护,和衷共济,休戚相关"。他还声称国民政府不仅采取了这样的平等的政策,而且视此作为"一贯精神"。[4]

如果把蒋介石上述观点与孙中山的个别主张进行比较,就会发现,在中华民族统一性的问题上,蒋介石在很大的程度上受到了孙中山思想的影响,他的某些看法与孙中山的个别观点是基本接近的。

国民党"一大"后,孙中山在其民族主义的演讲中,主张把中国境内的各"宗族"统一为单一的"国族",他有时明确地把民族主义阐述为"国族主义"。他说:"民族主义就是国族主义。中国人最崇拜的是家族主义和宗族主义。外国旁观的人说中国人是一片散沙"。这个原因是在什么地方呢?就是因为一般人民只有家族主义和宗族主义,没有国族主义。中国的人只有家族和宗族的团体,没有民族的精神,所以虽有四万万人结合成一个中国,实在是一片散沙,弄到今日,是世界上最贫弱的国家,处于国际中最低下的地位。孙中山认为在这种情况下,如果再不留心提倡民族主义,结合四万万人成一个坚固的民族,中国便有亡国灭种之忧。因此,他主张要善用中国固有的团体,像家族团体和宗族团体,大家联合起来,成一个大国族团体,有了四万万人的力量,共同奋斗,无论我们民族处于什么地位,都可以恢复起来。孙中山还进一步说:"依我看来,中国国民和国家结构的关系,先有家族,再推到宗族,然后才是国族,这种组织一级一级的放大,有条不紊,大小结构的关系当中是很实在的。"所以,孙中山认为,用宗族为单位来改良当中的组织,再联合成国族,这是很好的方法。在少数民族与汉族的关系问题上,孙中山认为中国的少数民族数量少,一般被在数量上占绝对优势的汉族所"吸收"和"同化"了。[5]

虽然孙中山把汉、满、蒙、回、藏5个民族当成"宗族"看待，但是，由于他坚持了经他首肯的国民党"一大"宣言所规定的民族政策，由于他领导实现了国共两党的合作，主张革命政权由各革命阶级联合执掌，使之具有广泛的人民性，同样具有广泛的民族性。因此，孙中山实际上也是承认各民族的独立自决的，是同意革命成功后组成各民族"自由联合"，即平等的中华民国的。从这个意义上讲，孙中山个人对"宗族"、"国族"和中华民族相互关系的认识，存在一定的缺陷，落后于他的革命实践。蒋介石利用孙中山在民族问题上呈现出的思想复杂性，继承孙中山的"宗族"说，显然是错误的。因为民族是人们在历史上形成的一个有共同语言、共同地域、共同经济生活以及表现于共同文化上的共同心理素质的稳定的共同体。中国境内生息着的汉、满、蒙、回、藏等50多个民族都具有上述民族形成的几个特征，他们远远超出了仅以血缘为纽带的宗族范围。他们在互相联系和互相影响、共同促进的关系下一同向前发展。因此，中华民族不是单一的民族，它是一个多民族的大家庭，是中国境内所有并存并享有平等地位的各种民族的不可分割的统一体。

毫无疑问，中华民族的团结和统一，是抵抗外敌侵略的一个十分重要的条件。蒋介石从"抵御外侮"和"复兴"民族的角度，来强调中华民族的统一，本身并没有错误，但问题在于他所主张的"绝对统一"是怎样的统一，也就是中华民族统一到谁的领导之下和以什么主义为核心。其实，蒋介石之所以大谈特谈中华民族的"绝对统一"性问题，主要目的就是要求各民族一律统一在他的国民党领导之下和以他的三民主义为统一的核心。他明确地强调，全国各"宗族"，对于建立中华民国，大家都负有共同的责任，"要尽到我们共同一致的建设三民主义新中国的任务"。蒋介石打着孙中山三民主义的招牌，要全国各"宗族"都来信仰这一主义。他说："我们中国要建立在世界上，中华民族能生存在世界上，不给人家消灭，一定有一种力量。"这个力量就是由思想、信仰发生出来的力量。而要发生信仰，就首先一定要有一个思想。因为只有先有了思想，然后才能发生信仰，然后中国才可以立得稳，中华民族才可以站得住。那么，中华民族要用什么样的思想来作信仰才能站得住呢？蒋介石说："中国要建立在世界上，中华民族要生存于世界上，就要有总理所创著的三民主义"，如果不能使全国国民了解、信仰三民主义，那么，中国即将真正没有办法，不仅国家要亡，种族也要灭的。所以，蒋介石要求全体国民必须真心信仰三民主义，要团结一致来奉行三民主义，"这就是我们全国国民所应有的统一救亡的中心思想,也就是我们现在要救亡图存所必由的不法二门"。[6] 蒋介石还特别强调,在中国只能有一个主义存在,有第二个主义存在,"就是我们的敌人"。他甚至明确地告诉国民,中国之所以遭受帝国主义侵略,"实在是因为大家从前没有研究三民主义,不能实行三民主义,甚而至于违反三民主义,所以敌人敢来如此侵略我们,压迫我们"。[7]

蒋介石以强迫手段和错误的理论,要求各民族在信仰他的主义前提之下,来"共同爱戴"和"一致拥护"蒋介石独裁下的国家与中央政权。说到底,蒋介石是在民族问题上做着如何搞独裁政权的文章;蒋介石强调民族"绝对统一"性,成为他用武力镇压少数民族的"理论"依据。历史证明,蒋介石这种错误的民族思想导致了错误的民族政策,错误的民族政策又以失败的结果而告终。1946年,四川、西康、云南边区的国民党军队侵入彝族区域,向彝族同胞搜索钱财、侵夺土地,结果引起彝族与汉族同胞的共同反抗,彝族与汉族同胞联合起来,组成"人民自卫军司令部",武装反抗国民党政权的反动统治。因此,毛泽东在1945年4月便对蒋介石国民党的民族政策从理论上和实践上予以一针见血的批评。他说:"国民党反人民集团否认有多民族存在,而把汉族以外的少数民族称之为'宗族'。他们对于各少数民族,完全继承清朝政府和北洋军阀政府的反动政策,压迫剥削,无所不至。一九四三年对于伊克昭盟蒙族人民的屠杀事件,一九四四年至现在对于新疆少数民族的武力镇压事件,以及近几年对于甘肃回民的屠杀事件,就是明证。这是大汉族主义的错误的民族思想和错误的民族政策。"[8]

自强自立——复兴途径

在蒋介石看来,要复兴中华民族,不仅必须强调中华民族的"绝对统一"性,还应当强调中华民族的自强自立。也就是说,自强自立也是蒋介石认为的一个复兴民族的主要途径。蒋介石把民族的自强自立看得十分重要,并把它当作"民族运动"所必争的一个重要目标。蒋介石所谓民族运动,绝非单纯的对外运动。他说,盖民族运动应有内外两面,对外运动仅为民族运动中之一部分,绝不足以概民族运动之全。换言之,对外应向国际为吾民族求独立平等,对内应向民族为吾国家求自立自强。那么,中华民族为什么要自强自立呢?蒋介石是从抵御外族侵略的角度来看待这一问题的。蒋介石提出,之所以中华民族总是遭到外族的侵略,其中一个最重要的原因,就是因为中华民族不能自强自立。 蒋介石根据孙中山的昭示提醒国民要警惕外族的侵略，他说："吾人每遭横侮之来，惟有反躬自省，尝读民权主义第五讲，总理所昭示吾人者，总括其意，以可以灭亡我中国者不止一国，此吾人不能不引为猛自警惕也。"为什么帝国主义总是想灭亡中国呢？ 蒋介石在分析总结九一八事变的原因时，认为帝国主义之所以总是想灭亡中国，这应该从民族自身来找原因，强调中华民族的自强自立对抵御外族的侵略是十分重要的。 他认为，九一八事变的发生，此次空前之国难，自有其因果律，绝非偶然发生的。蒋介石还根据孙中山经常以孟子所说的"人必自侮而后人侮之，国必自伐而后人伐之"这句话"以告吾人"之事实，进一步认为，如果中华民族能够自立自强，敌人可以化为朋友，否则，朋友也会变成敌人。 用他的话说就是："若吾人自暴自弃，而不能自强自立，则今日之友，皆成为明日之敌；反之，吾人果能自主自强，则今日之敌，未始不可成明日之友。"[9]同时，蒋介石还认为国家民族的命运都是由全国同胞自己决定的，决定的方法就是要人人自强。 他说：

我们国家的情势，现在很危险紧迫，时时刻刻都在危急存亡之中。但是，国家民族的命运完全是由我们全体同胞自己来决定的。我们要挽救四万万同胞所有的中华民国，复兴历史文化最悠久、最光荣的中华民族，我相信一定是有方法的。这种方法，并非其他，就是在我们中华民国本身的努力；换句话说，就是我们四万万同胞个个人能够自强。[10]

因此，蒋介石相信，只要中华民族能够自立自强，就一定能够"复兴"。这是因为我们中华民族有 5000 年来最悠久的光荣历史，有大好的锦绣河山，更有占世界人口四分之一的 4 万万同胞。 他还很自豪地指出："你看现在世界上，那一个国家，那一个民族，比得我们的伟大！ 只要我们全体国民，都能坚定民族的自信力，真正自立自强，还忧什么？"[11]

民族的固有道德——复兴关键

那么，蒋介石所强调的自立自强具体含义是什么？ 蒋介石强调的自立自强，主要是指个人在身体体格和精神等方面的自强。 他解释他常常讲的"打倒帝国主义"，并不是说要用什么多大的武力去打倒，只要我们中国人民自己能够自强，也就是说在体格、精神、行动、态度等方面，时时刻刻均能强健，能改过一切不良的习惯。如果做到了这一点,就是做了"一个堂堂中华大国民,我们不自侮,还有谁敢欺侮我们"。(12)虽然蒋介石强调自立自强的方面诸多,但其中他最注重是精神上的自立自强。因为蒋介石相信,精神胜过物质,如果中国国民能够在精神上自强自立,则物质上落后的中国也要胜过帝国主义。因此,他希望国民能够在精神、道德、人格上自强自立,他提出,由于世界上侵略的国家,它们在武力方面、物质方面,一定要胜过被侵略的国家,所以,中国将来和帝国主义作战的时候,要想在物质一方面来战胜,是希望很少的。但蒋介石认为,如果被侵略的国家和被侵略的民族,能够自强自立,起而自卫,就一定可以抵抗侵略的国家,而获得最后的胜利。"这是什么道理?就是'精神胜于物质'的道理"。(13)因为我们建筑一个现代国家,并不一定要怎样精良的武器与强大的军备。最要紧的,还是要一般国民有高尚的道德,整个国家有高尚的人格,只要我们一般国民和整个国家的人格,能够提高,在这种情况下,即使我们中国没有精良的武器和强大的军备,但"外国人就不敢来轻侮我们,更不敢来侵略我们"。(14)

什么是精神上的自立自强?什么是一般国民和整个国家的人格呢?在这里,蒋介石所讲的"精神"和"人格",是特指他一直倡导的以"礼义廉耻"为中心的封建伦理道德和抽象的"国民的知识"。在这里,他把封建伦理道德称之为国民道德。他认为就一般情况来说,要复兴一个国家和民族,不能用武力成功的。要如何能成功呢?简单地讲,第一就是要使一般国民具备国民道德,第二就是要使一般国民具备国民知识。这是因为道德愈高、知识愈好的国民,就愈容易复兴他的国家和民族。如果具体到中国而言,中国虽有武力,依然不能求得平等,这是什么道理?蒋介石说:"没有旁的,完全是由于我们一般国民的知识、道德不如人家。"今后"要想恢复我们的国家和民族,一定要根本上先从提高国民的知识、道德来做"。(15)

其实,在"国民道德"和"国民的知识"两个方面,蒋介石更重视"国民道德"。他认为只要国民恢复了"国民道德",就一定能够自立自存,中国在不久的将来一定够成为世界上头等的世界强国。所以,他非常自信地认为,一个国家民族之兴衰,全在精神道德之消长,道德精神的力量,实在强大无比。我们要救亡复兴,要首先恢复我们固有的精神道德,而恢复精神道德,就在我们大家一转念之间。只要我们的固有道德真正振兴恢复转来,使全国四万万同胞能互相亲爱,团结一致,必能自立自存。只要做到了这一点,外国就"不敢不来敬爱我们",中国在不久的将来,"必可成功一个世界上头等的强国"。 蒋介石也以为这是一个十分简单的道理,因为他相信如果一个国家、一个民族,有了这种高尚的道德和精神,"就是他无形的无敌的武力!"基于这种认识,蒋介石进一步提出:"我们今后利用国家伟大的人力、物力、地力,发挥我们抗战的力量,就是要恢复民族固有的道德",把"忠孝仁爱信义和平"等道德"一致奉为立国的根本精神"。 他要求全体国民能普遍地实行他提倡的所谓"新生活",他还告诫国民说:"拿这个东西来复兴民族比用什么武器,什么军队的力量都要大!""无论是要废除一切不平等条约,无论是求报仇雪耻,复兴我们的民族,都不是什么难事!"[16]

为什么蒋介石要把精神上的自立自强看得如此重要呢? 除了蒋介石重视恢复封建道德之外,他还有另外的一个考虑。 这就是他认为日本之所以强大,除了它的军事实力强大外,还有一个重要原因,就是它有一个"武士道"的民族精神。 蒋介石认为每个民族都有其立国精神存在,这个立国精神就是"民族精神"。 蒋介石对一个国家立国的民族精神十分重视,认为凡是一个民族,能够立在世界上,到几千年不被人家灭亡,就是因为这个民族一定有其立国精神的所在,这个立国的民族精神,就是这个国家的"国魂"。 反过来说,"国魂",就是民族精神。 为什么这个民族精神是如此地重要呢? 因为凡一个国家总要先有其民族的精神,然后他的民族性才能养成。 如果是一个没有民族性的国家,那一定是散漫、腐败、没有组织、没有机能的。 当这个国家遇了外敌侵入的时候,其国内就会出现败类和汉奸,于是,这个国家不但不能团结起来抵抗外敌入侵,反而还会有败类和汉奸"投机取巧,做出种种卖国的行为来"。 如果结合中国的实际来讲,日本为什么能侵略中国呢? 蒋介石认为,日本之所以能够侵略中国,除了它的"武器战术"比中国好外,还有一个重要的原因,就是它有一个"武士道"的民族精神。 他说:"日本之所以能够侵略中国,到今天居然成为世界上五大强国之一",就是因为他们有自己的"国魂",即"大和魂"和"武士道"精神。 "所谓武士道的精神,就是忠君爱国、尚侠好义之类"。 既然日本用"武士道"精神来侵略中国,那么,中国也就必须用自己的民族精神或立国精神,即蒋介石所提倡的民族固有道德,来反对和打破日本的"武士道"精神。 蒋介石也很简单地相信,中国固有的民族道德一定能够战胜日本的"武士道"。 因此,他说:"日本今天要消灭我们国家,灭亡我们的民族,他只是拿了几百万陆军和几十万海军,我们并不怕他的,须知我们中国有我们立国的精神,几千年都不能拿武力消灭的。 所以我们要复兴我们固有的民族精神,方能打破日本的民族性——

'武士道'。"中国要"打破日本侵略的民族,在武器战术之外,还有最重要的一个攻心为上的要素,用来攻破他的精神!这除了应用我们中国自己的固有民族道德外,是再无他法可以取胜的"。[17]

那么,为什么用中国的民族固有道德即"民族精神"就可以战胜日本的"武士道"精神呢?蒋介石对这两种精神作了分析和比较,认为中国的民族固有道德比日本的"武士道"具有更多的优点。他说:

日本的武士道的精神仅在于勇,最多带上一点智。我们中国古人所谓勇的解说,有义礼之勇,与血气之勇之别。而于我们中国智、仁、勇三个字中最紧要的仁字,日本却绝对没有;他不讲信义、仁爱、和平,完全只讲侵略、强暴。所以日本武士道只讲忠勇,而他的精神,亦完全是提倡血气之勇,而中国儒道所最要紧的仁爱的仁字,与所谓礼义之勇的礼字,他完全不讲。这样子,我们相信日本现在这侵略民族的程度,已经到了极点,他没有这仁字,辅助这个勇字,他国家民族一定是不能存在的!我们对日本的缺点和优点,统统看得出来。[18]

蒋介石还提出,日本"武士道"这一"立国精神的基础,完全只注重在血气之勇"。蒋介石认为,虽然日本的武器和武力方面要比中国强,而且中国要恢复武器和武力需要时间、财力和人力,在这方面中国绝不能与日本相比。但是,日本的这种"武士道"立国精神,就比不上中国的民族固有道德了,同时,还要看到,中国的民族固有道德要恢复起来也很容易。在这方面蒋介石显得很有信心,他认为,我们现在慢说拿武器、武力同日本比较,因为这铁制的武器的精进,不是一天就可以造成的;我们务要先拿自己的民族性同日本来比较,因为我们立国的精神,我们的民族性,乃是固有的,内在的,如果我们要恢复,马上就可以恢复,不要用什么工厂和别的经费、技师来制造的。所以,蒋介石提出:"我们要打倒日本侵略的野心,要打倒日本侵略的武力,先得打倒他日本侵略的精神。"这是说,制造武器需要时间,而恢复民族精神马上可以办到,而且不必费钱财和人力。在这种认识的基础之上,蒋介石真正地相信,如果中国用民族精神来打破日本的"武士道",就一定能够达到胜利之目的。这是什么原因呢?一句话,就是中国的民族固有道德比日本的"武士道"具有更多的优点。因为中国的民族精神是"忠孝仁爱信义和平"八德,而日本的武士道精神"只在于勇,而绝无仁的意义"。正因为日本"武士道"具有这一缺点,所以它必将导致日本"这个国家民族,没有不亡的"。既然中国的民族精神具有日本武士道所不具有的许多优点,加以要恢复这种民族精神又比较容易,所以目前恢复中国的这种民族精神是十分重要的了。 蒋介石把恢复这种民族精神提到中国存亡这一高度来认识,认为如果中国的这个民族精神失了,国家就有若无,存若亡! 如果有了这民族精神,即使国家灭亡,也可以复兴起来! 所以,他特别强调说:"我们不怕日本人怎样侵略,而只怕我们自己没有民族精神。"[19]总之,蒋介石认为,只要恢复了固有的民族道德或民族精神,即能够在民族精神上自强自立,中华民族便可以复兴。

自强自立包含精神和物质双重层面

蒋介石所说的自立自强,除强调精神上的自立自强即指必须恢复民族固有道德外,还有一个很重要的含义,就是军事上和物质上自力图强。 由于各帝国主义国家的扼制,蒋介石国民党政权经常受其左右和影响。 对此,蒋介石肯定是不满意的,他也曾考虑通过自立自强来摆脱帝国主义列强的控制。在全面抗战尚未开始时,蒋介石有时也曾认为帝国主义的国际条约如九国公约和华盛顿条约是不能依赖的,中国必须要"自力复兴"。 他已经认识到,帝国主义列国之所以签订九国公约和华盛顿条约,绝不是在为中国打算,虽然其表面上似乎是为了维持其各列强在中国的均势,以保护其在华的商业,但实际上就是帝国主义所以处置次殖民地的惟一方法。 如果中国不能自力复兴,还一味依赖此等条约,则时势推移,即可为瓜分或共管的先兆。 全面抗战爆发后,中国曾在一个时期内得不到国际上的充分援助,蒋介石没有因此而灰心失望,他曾在武汉失守后鼓励士气说:"至于说到目前国家形势,大家更加不可悲观失望,以为第一期抗战失利以后,苏俄应参战不来参战,美国应联合干涉而不能干涉,甚至九国公约会议没有效果,国联制裁毫无希望,以为各国就此沉默下去,或且转将于我不利。"蒋介石仍然认为,对于这些都不必过于重视,最要紧、最根本的一点,就是要认定国家的独立与民族的生存,是要由我们自己牺牲奋斗来取得。 "只要我们能够自强自立,能持久抗战,就天天可以促起日本利害相反的各国来包围日本;如此,国际形势不变也要变,各国不助我也就是助我"。 可见,就这一点而言,蒋介石的自立自强复兴民族之思想,在一定程度上有不依赖西方列强或者说要走自力图强之路的意义。 因此,尽管蒋介石认为"铁制的武器的精进,不是一天可以造成的",但他也认识到在军事上和物质方面的准备是十分必要的。 在1934年,蒋介石就曾说:"现在无论我们自己,我们军队和整个国家,要图生存,全靠自卫,要能自卫,全靠自强,自强就是要……随时随地,和准备一切。"[20] 在七七事变发生前,蒋介石也的确做过一些有限的军事准备,如修筑了一些有限的国防工事。 南京政府陆续整修沿海及长江各要塞,使虎门、厦门、马尾、连云港、江阴、镇江、南京等地的江防、海防工事有一定的加强。 在内陆方面,主要是在江浙、晋绥、鲁豫等地区完成了第一期国防工程。 还如整编军队和扩充装备方面,蒋介石于1934年底制定了将全国军队编为60个师的计划,"暂定三年至四年编练完成"。[21] 至抗战前夕,南京政府已辖整编步兵182个师和46个独立旅,9个骑兵师及3个骑兵独立旅,4个炮兵旅及22个炮兵团。 还有一定数量的海军。[22] 此外,南京政府还在经济方面完成了币制改革,货币的统一使国家加强了对经济的控制,等等。 这些,不能不算是蒋介石在自立自强方面所采取的物质准备措施。 当时,蒋介石也曾认识到了国家和民族所面临的将被列强灭亡之危险,认为中国已经陷于十分危险的关系到存亡的境地,现在不仅不足与各国并驾齐驱而独立生存于世界,并且连第三等的国家地位也做不到,而且要列在次殖民地的地位,随时有被灭亡的危险。 "这是何等的耻辱,何等的悲痛"。[23] 七七事变发生后,蒋介石在中国共产党和全国人民的推动下实现了国共第二次合作,在组织的意义上,蒋介石成为了一时被公认的领袖,他领导国民党军队从事了八年艰苦的抗日。 这些都表明,蒋介石的自立自强也并不完全是精神上的自立自强,而是具有一定的物质准备之意义。

但是,如果就精神方面和军事、物质方面两个方面比较起来,蒋介石最重视的还是精神方面的自立自强,即要恢复所谓民族固有道德,这是蒋介石自立自强思想的最主导方面。 因此,蒋介石特别强调"我们今后救亡复兴的根本途径,在乎实践四维,恢复八德"。[24]

不可否认也不必否认,精神在民族复兴中的重要作用是不能忽视的。 也就是说,要振兴民族,其中必须包括振兴民族的精神,或者可以说,振兴民族精神是振兴民族的一个必不可少的条件。 但是用什么精神来振兴民族或"复兴"民族,是决定其效果好坏的一个关键。 蒋介石把封建的儒家伦理道德视为"复兴"民族的立国精神,力图通过恢复这些旧的道德来"复兴"民族,这显然是错误的。 蒋介石强调恢复的封建伦理道德,是经他加工整理后的以"礼义廉耻"为核心的封建伦理道德,完全是为维护国民党政权服务的,是约束人们言行的一种思想统治工具,蒋介石越是恢复这些东西,越是束缚人们的思想和行动，其主要结果当然是越加有利于蒋介石专制独裁政治的推行。在世界历史发展到资产阶级民主政治影响力很大的时代，中国却向封建专制方向倒退，这本身就是一种落后和衰败，绝不是什么民族的"复兴"；专制制度下生活着的中国人，当然无所谓发挥积极性可言，整个中华民族在政治思想诸方面将呈现出一潭死水，没有活力。

另外，西方帝国主义列强的侵略中国，其根本原因是由于帝国主义的侵略本质决定的；中华民族遭受西方帝国主义列强的侵略，也绝不是因为国民没有立国的民族精神，恰恰相反，中华民族具有反对外族侵略的光荣传统，形成了以爱国主义为核心的民族精神。每当政府对外敌侵略妥协退让之时，总是有人民群众自发起来反对外敌侵略。到了蒋介石统治时期，面对日本帝国主义的步步侵略和国民党南京政府一再妥协退让的现实，中国人民以高度的爱国主义精神强烈要求政府坚决抵抗日本帝国主义的侵略。具体地说，蒋介石在建立南京政府后的一个相当长的时间里，他对帝国主义尤其是日本帝国主义直接出兵侵占中国东北和进一步威胁华北的严重威胁，没有引起足够的重视并采取正确的对策。他一方面是对外敌的侵略步步妥协退让，另一方面则对国内搞所谓能够恢复"民族精神"的"新生活运动"。结果，这种"民族精神"越恢复，中华民族危机就越严重。中华民族并没有因此而自立自强，帝国主义也并没有因此而像蒋介石所说的来"敬爱"中国，恰恰相反的是，日本以为中国好欺，最终发动了全面侵华战争，把中华民族推向了战争的苦难深渊。因此，缺乏"民族精神"或"立国精神"的不是人民群众，而是蒋介石及其国民党政府。所以，这个时期"复兴"民族的关键，并不是在于人民群众恢复什么封建伦理道德，而是迫切需要蒋介石及其国民党政府真正做到以民族利益为重，领导全国军民坚决抵抗日本帝国主义的侵略，以首先解决中华民族的生存问题，这才是"复兴"中华民族的唯一途径。

复兴愿望的落空

固然，不可否认，正如蒋介石所说，日本的"武士道"精神或"大和魂"对日本的发展产生过一定的影响。从根本上讲，确切的说，日本的"武士道"精神就是法西斯主义，仅就日本对外侵略扩张而言，它对日本帝国主义侵略中国起了催化剂的恶劣作用。这种"武士道"精神是必须加以反对的，但是，要反对日本帝国主义的侵略，关键不在于如何反对它的"武士道"精神，而在于中国必须从物质上和军事上做力所能及的准备。因为日本的强大，主要是体现在物质形式尤其是军事实力上。1937年5月,日本为了发动全面侵华战争,制定了一个"陆军省重要产业五年计划纲要方案",以图迅速改变目前工业不适应"国家总体战"的状况。根据这个计划,日本将大规模地扩充产业的范围。其中,飞机工业要保持年产1万架的设备能力,第1年生产1万架,第2年生产2万架;坦克工业的设备能力增加2倍半;汽车工业年产10万辆,保持30万辆;工业和弹药工业无论私营还是官营都必须扩大数倍;其他方面的工业都要与上述军事工业相应地扩充和发展。与此同时,日本还计划大规模地扩军,规定国防军备要达到陆军正规军60个师团,海军、空军要相应地成倍增加。既然中华民族最凶恶的敌人日本在不断地扩充物质实力和军事实力,那么,为了反对日本帝国主义的侵略,中华民族要复兴的关键无疑是应该人物质上尤其是军事上做好反侵略战争的准备。这才是中华民族复兴的重中之重。事实上,蒋介石在这方面的准备上是远远不够的。如果蒋介石能够把主要精力放在准备抵抗日本的武装侵略方面,而且自他建立南京政府之始,就能扎扎实实地做近10年的物质上和军事上的准备,那么,当日本发动全面侵华战争时,经过长期充分准备的中国,绝不会处于后来那种非常不利的地位。显然,虽然蒋介石希望通过"自立自强"来复兴中华民族的愿望是好的,但由于他主观认识的错误或思维的片面性以至绝对相信精神的力量,仍然没有找到一条正确的复兴民族的根本途径。

提倡"哲学运动"无果

在蒋介石看来,要复兴民族,还必须开展一个相应的"哲学运动"。这是一个很费解的问题,因为开展哲学运动似乎与复兴民族没有太大的直接联系。但是,蒋介石则认为,开展"哲学运动"对复兴民族来说,也是相当重要的。在这里,蒋介石是希望通过知识分子开展一个"哲学运动",来启发一般国民复兴民族的意识。他主张首先由知识分子担负启发民众的责任,进而在全国发起一次"哲学运动"。他说:

无论古今中外,一个社会要能改造进步,一个国家或民族要能复兴,绝不是要全体国民个个人都有足够的知识,然后方可能;如果一定要这样,那么,不仅是我们中国有如"俟河之清",不晓得要等到什么时候,方能使全体国民都知识充足,可谈复兴,恐怕古今中外,也没有一个国家、一个民族真正能够复兴了!所以改造社会,复兴国家和民族的责任,在事实上决不能希望全体国民都能尽到,完全要靠我们一般有知识的做各界民众领袖的人,能够将这个责任一肩负起来;只有我们先负起责任,以身作责切实去干,才可以推动全国国民共同觉悟奋发,协力来干!(25)

蒋介石还进一步从古今中外的历史上查找根据,说明哲学对复兴民族有十分重要的作用,中国更是如此。他说:从历史上看,"历代都有哲学运动",中国每当国家垂危,民族衰败的时候,必有大哲学家与大教育家产生出来,以为思想革命的前导,从事复兴图强的运动。他通过考察中国的历史,更可以知道哲学之隆替,影响于民族之盛衰,真是历历不爽。这不必远稽上古,即如宋、明末年学者的兴起,与哲学的昌明,就是一个显著的例证。但是,蒋介石认为,如果和外国人相比较,到了近代,中国政府和社会则是不大重视哲学的这种作用,尤其是当政者不能"赞助奖进"哲学的发展。他详细阐述说:

不过我们中国一般人士,向来对于哲学不如西洋人之有兴趣与重视,所以每当一个大哲学家出世以后,对于他的学说,仅仅和他接触往远的极少数几个学者与知识分子信奉他,学习他,而一般社会人士与民众,都不知道重视,而且当政的既不予以赞助奖进,使他们的学说建立起来,甚至还要反对他,排斥他;近世以来,我们中国的哲学之所以不能发达进步,因而影响到国家、民族不能获得永久的独立自由,这是一个最主要的原因。(26)

蒋介石要求从"哲学运动"入手来做复兴民族的工作。他要求军事家和政治家都要加强哲学修养,造成一种风气以号召民众。因为在中国历史上,每当建国之成功,或是由兴衰而中兴,往往是则由少数军事家和政治家具备深湛的哲学修养,由其行为、事业中表现出来,加以发扬光大,使之成为一时的风气,乃能号召民众。于是,蒋介石指示国民党的党政军高级干部也"特别要注重哲学的研究"。

蒋介石认为他自己就是这个发起"哲学运动"的"哲学家"、"政治家"以及"军事家",要研究和推行于广大民众之中的哲学也就是他的"力行哲学"。当然,蒋介石在有些时候仍然拿孙中山的"知难行易"说来掩饰,或是打着孙中山哲学的招牌,说是"尤其要以总理的革命哲学——即知难行易学说,为我们研究的中心和基础"。(27)蒋介石自认为他首先是王阳明"知行合一"哲学的信奉者，后来又是孙中山"知难行易"哲学的继承人，最终在上述基础之上自己发明了所谓"行的哲学"；用他的这个"行的哲学"就可以对复兴民族起很大的作用了。 他说他最初就很得益于王阳明"知行合一"哲学的"心传"。 后来因追随孙中山总理，"服膺"他的三民主义和"从事革命事业"，"更是实践知难行易的学说，而名之曰力行哲学"。 他表示相信，只要他的这个"力行哲学"又所谓"革命哲学"的思想与精神，能够普遍深入人心，蔚为一时的风气，并使全国青年必须养成爱好哲学的风尚，"那抗战建国的成功，便无丝毫疑义"，即肯定会成功。 可见，蒋介石不仅重视用所谓"诚的哲学"和"行的哲学"来唆使国人践履儒家伦理道德，在这里他还特别重视用"行的哲学"来"复兴"民族。 这说明受儒家学说影响极深的蒋介石，思想上总是跳不出这个圈子，无论阐述什么问题都离不开儒家伦理道德的指导。

　　蒋介石从"复兴"民族的角度谈"行的哲学"或"力行哲学"，也具有一定的对抗日本哲学的含义。 他主张要用中国的"知行合一"、"知难行易"的哲学，来打破日本残缺不完的哲学。 他认为中国的这个哲学实即指他的"力行哲学"，就是攻击日本和抵抗日本的最紧要的一个武器！ 他甚至提出"我们立国保种，是在知难行易！""什么兵器战术，都没有这样重要！"在此，蒋介石再从哲学方面来挖掘日本"武士道"精神的思想基础，进而论证中国可以用"力行哲学"来打破日本的"武士道"。 蒋介石觉得，王阳明"知行合一"的哲学，就是被日本人拿去做了他的"武士道"的精神。 用蒋介石的话说，就是日本"得了致良知与知行合一的学说，做了他们的立国精神，他们就拿了这个行动的哲学来侵略别人的国家"。 "这就是王阳明政治哲学的唾余，竟造成功日本为侵略的民族"。 为什么说日本是拾了王阳明哲学的"唾余"呢？ 在蒋介石看来，这主要是：

　　因为日本没有我们中国固有的国民性,他仅在智、仁、勇的勇字方面努力,而中国儒教整个精神道德,所谓信义、和平的要素,完全不讲,所以他只知道勇,且只知道血气之勇,不知道义礼之勇,所以他虽学得了王阳明动的哲学一片段,而其结果,充他的量,还是乱动盲动,陷入一个动的大毛病,所以他就成了一个侵略的民族了。[28]

　　因此，蒋介石主张用王阳明的"知行合一"哲学、孙中山的"知难行易"

哲学以及中国几千年遗留下来固有的民族道德,来融合贯通为一种新的民族精神,即他的"行的哲学"或"力行哲学",来"复兴"民族。他不仅个人相信,而且还要求人们相信,他的这个哲学在复兴中华民族中,是有着十分重要作用的,"至少可以保障我们国家、民族,不会给人家侵略"。[29]

为什么说用"力行哲学"就能复兴中华民族呢?因为"力行哲学"强调"行",即要求国人都能够实实在在的去做。有时候,蒋介石用王阳明的"致良知"来阐述"知行合一"在"复兴"民族当中的具体作用。他认为,"致良知"就是重在"致",也就是证明"行易"。因为我们如果仅是讲"良知",而不讲"致",那就像宋儒一样,不免落于空虚,所以,王阳明要在"良知"'上加一个"致"字,就是要从各人的"良知"到事物上切实体验,所以"致"就是"行","致良知"就是证明"行易",就要实实在在去做。什么是"良知"呢?蒋介石的解释有几种,仅就复兴民族问题而言,蒋介石把"良知"看成是"御侮救国"和"爱国"等等。他提出,现在的中国面临着的问题就是要保护领土,保护国家,保护民众。如何才能达到这些目的呢?这就只有把大家的"良知"发挥出来,而且还要使全国民众都"一致去努力实现御侮救国的良知!"除此以外,便没有旁的方法可以抵抗日本,也再没有其他方法可以来复兴民族。目前,对每一个国民来说,"良知"就是"爱国"。为什么"爱国"就是"良知"呢?蒋介石认为,因为每一个人都应该爱他的国家,应该为他的国家来牺牲。爱国家,为国家牺牲,这些都是个人良心上认为应该做的事情,所以,这就是"良知"。反之,如果有些人虽然知道国家应该爱,而却不能实在去爱;虽然知道应该为国家牺牲,而却不肯去牺牲,这就是"不致良知"。[30]在这里,蒋介石从爱国的角度上来强调"知行合一",表明他是重视或者希望人们应该在爱国方面有所行动,应该努力去"行",并以此作为"复兴"民族的一个重要方法。虽然这个用意也是良好的,但在事实上,爱国的标准是由蒋介石掌握着。蒋介石衡量一个人是否爱国,其标准就是看他的言行是否有利于国民党政权的稳定与巩固。在不同的时期,蒋介石有着不同的标准,具体地说,他执行什么样的方针政策,就有什么样的标准。如在一个相当长的时期内,蒋介石执行的是对日妥协的方针政策,这个方针政策就是一个最主要的标准,谁违反它而要求抗日或有具体的抗日行动,谁就是不"爱国"。1936年5月,沈钧儒、章乃器、邹韬奋、李公朴、沙千里、史良、王造时等响应中国共产党关于建立抗日民族统一战线的号召,在上海发起成立"全国各界救国联合会",发表宣言,通过了

《抗日救国初步政治纲领》,向全国各党各派提出立即停止军事冲突、立即释放政治犯和由各党各派立即派遣正式代表进行谈判,进而制定共同救国纲领和建立一个统一的抗日政权的建议。但是,国民党南京政府不仅不支持沈钧儒等人的爱国行动,反而于11月23日以他们犯了所谓"爱国"罪将其逮捕和审判并关押,制造了"七君子事件"。

蒋介石所提倡的这个"哲学运动"并没有在全国开展起来,事实上也不可能开展起来。本来,在蒋介石的高压政策下,他要推行一个哲学运动,是无需启发一般人的觉悟就可以强制推行的。但是,问题在于这些哲学上的抽象而高深的理论,除了能在蒋介石的高级部属或一般军官以及军校学生等人群中能够谈论一下外,在一般民众中是不会有多大的反响和作用的。因而这个所谓"哲学运动"影响的范围实际上并不大。退一步说,即使这个"哲学运动"能够开展得像"新生活运动"一样,在全国搞得轰轰烈烈,它也不会对复兴民族起多大的作用。因为在当时严重民族危机的形势下,广大民众的爱国觉悟比蒋介石所想象的要高得多,根本就用不着蒋介石发动一个"哲学运动"来启发。确切地说,需要启发的也许就是蒋介石自己。正如中国国民党临时行动委员会在九一八事变后不久所指出的那样:要抗日救国必须先"倒蒋",这是因为蒋介石国民党政权已经成为"帝国主义者的工具,蒋氏的政权一日不倒,中华民族一日不得解放"。[31]这种评价在当时的情况下是比较客观的,因为蒋介石制定和强行贯彻的"不抵抗方针"和"安内攘外"政策,已经成为严重阻挠国民抗日的绊脚石。

联系蒋介石的实际行动来看,蒋介石从哲学入手来大谈所谓"复兴"民族,其实质主要就是为了推行他的"力行哲学",达到诱使人们不问方向只注重盲从和盲行之目的。如果这个"哲学运动"被全面推行的话,整个中华民族也就无论从思想言论上还是行动上,都将被束缚得死死的,全国4万万同胞的脑子都将停止思考或禁止思考,无论思考还是不思考都要围绕着蒋介石的指挥棒转。如果这种局面出现的话,这当然只会使中华民族退步,因为中国不可能有一个能够代替4万万多个脑袋进行思考,并且时时思考得绝对正确的超人的脑袋。

蒋介石希望通过实现民族的绝对统一和团结、民族的自立自强和开展"哲学运动"等主要途径来复兴中华民族。他的这种愿望本身有良好的一面,在一定程度上体现了他的民族情感,这些主张的宣传也会客观上产生一定的正面效应,但是,在蒋介石复兴民族意图的背后,却明显地摆着这样一种政治动机：即把"复兴"民族与实行国民党蒋介石的独裁专制政治相伴而行。在两者的关系上，后者是主要的和最基本的，前者是次要的和表面的；当双方出现矛盾时，前者必须服从后者或为后者让路。 蒋介石所谓"复兴"民族的理论，虽然在一定的程度上也曾考虑到了民族利益，但他的个人专制欲望往往高于民族的利益，还是一叶障目，极大地障碍蒋介石一直找不到真正复兴中华民族的正确途径。

第二节 "卧薪尝胆论"

蒋介石在1927年4月建立国民党南京政府至1931年九一八事变发生期间，经常以"卧薪尝胆"为主题，阐述其对帝国主义侵略中国的态度，实际上形成了"卧薪尝胆"论。这是蒋介石执掌国民党南京政府大权后最早提出的对帝国主义妥协退让的理论。

其实，谈到蒋介石对帝国主义侵略中国的态度，就有一个很令人费解的问题，就是如果以国民党南京政府建立为界限，蒋介石对帝国主义的态度前后判若两人。在南京政府建立前的黄埔军校和北伐战争期间，蒋介石对待帝国主义侵略中国的态度是怎样的呢？一句话，就是坚决主张打倒帝国主义。

早在1924年10月，蒋介石就在一次演讲里明确提出，民族主义的主要内容之一就是"不许外国帝国主义压制中国"。[1] 此后，他又经常发表措辞激烈的反帝言论，十分鲜明地把帝国主义当作中国革命的主要敌人。他说："中国要想独立，非打倒敌人不可，敌人是谁呢？就是帝国主义。"[2] 那么，中国革命为什么必须要打倒帝国主义呢？在这个问题上，蒋介石有着相当深刻的认识。

"我们的敌人是帝国主义"

蒋介石把帝国主义与中国的封建军阀作了比较，认为两者都是要打倒的敌人。但是如果从帝国主义和中国的封建军阀的力量比较上以及两者的关系来看，帝国主义才是中国革命所必须打倒的真正的敌人。从力量比较上看，中国的封建军阀的力量比帝国主义的力量要小得多，它还配不上做革命的敌人；从两者的关系上看，帝国主义比中国封建军阀的力量强大，又是军阀的靠山，如果只打倒中国的封建军阀而不把帝国主义打倒，中国的封建军阀还会在帝国主义的扶持下东山再起。所以蒋介石明确提出，帝国主义是中国革命必须首先打倒的一个真正的敌人。他说："我们要知道那些军阀不配做我们的敌人，我们的敌人是帝国主义"。[3] 蒋介石还进一步提出，帝国主义实为中国的死敌，其间绝无妥协调和的余地。今天可以说帝国主义不倒，中国必亡，中国不亡，帝国主义必倒。如果帝国主义不倒，中国军阀之乱绝无已时。同时，从擒贼先擒王的经验来看，国民党的革命也应当自打倒帝国主义始。因为军阀不过是帝国主义的傀儡，这些傀儡是不会倒完的。一个旧傀儡打倒了，新傀儡又生出来了。有时是旧傀儡还没有倒，新傀儡也生出来了。因此，国民党的革命目标，与其革军阀的命，不如先革北京东交民巷太上政府帝国主义的命。所以，蒋介石主张："我们今日革命，先要认清目标，认清帝国主义者是我们真正的敌人。"[4] 1927年初，北伐战争进展顺利，北洋军阀几乎要全部土崩瓦解时，蒋介石仍然提出，即使打倒了军阀，但如果帝国主义没有打倒，革命不能算是成功。他认为，现在我们中国革命力量，我们革命军力量，差不多对于打倒军阀这句话，已经是不成问题了。不过要完全成功，一定要等到帝国主义打倒，因为帝国主义是军阀所赖以寄生之靠山。所以，"光是打倒军阀，革命还是不能成功"。当时，蒋介石估计在3年之内，英国一定会同日本发生战事。据此，他主张中国在英日作战之时，乘机把在中国的帝国主义势力驱逐出去，完成打倒帝国主义之任务。他说："照事实上观察起来，我们要求革命成功，定要趁英国同日本两方作战的时候，乘机把他们帝国主义者在中国的势力完全驱逐出去，方才可以成功，所以我们成功的时候，当在这三年之内。"[5]

蒋介石还从帝国主义侵略中国的目的和手段，来进一步阐述中国革命必须要打倒帝国主义的观点。他认为帝国主义侵略中国的目的，就是要把中国变为次殖民地，变成他们的原料产地和商品市场。西方帝国主义列强侵略中国，就是利用中国经济落后这一弱点，"企图吸其精髓，藉以延其资本主义之残喘"。于是，他们乃挟其经济侵略之目的，以经济的政治的文化的种种手段，强割土地，开辟商埠，协定关税，签订不平等条约，销售过剩产品，掠取廉价之原料。蒋介石还认为，帝国主义的侵略目的已经达到，它不仅使中国"在经济上""变为帝国主义之销售场"，而且还"利用军阀，造成内乱，破坏中国实业之发展，维持其已得之经济特权"。同时，帝国主义还与军阀相勾结，又导致中国"在政治上已沦为次殖民地之封建残局"，这就使帝国主义在中国的既得利益得到了保障。蒋介石还认为，帝国主义侵略中国的手段也是十分阴险和毒辣的。在蒋介石看来，帝国主义在不同的时期侵略中国的手段也不尽相同。他认为,从鸦片战争到太平天国以前,帝国主义对中国的侵略手段是"直接的武力压迫"。到了北洋军阀时期,帝国主义侵略中国的手段主要是"以华制华"。他说:"帝国主义者利用清政府以汉制汉之故智,递嬗而利用北洋派为以华制华之阴谋"。"以华制华"侵略手段是十分阴险毒辣阴险的,蒋介石形象地描述说:

外国资本帝国主义,真好像毒蛇身体,美女头面的一种怪物;有人和他流睐顾盼,结果必至丧身亡国。帝国主义者最狠毒的手段,是他要灭我们的种,亡我们的国,他却不用兵力攻打我们,他专用经济势力无形的谋害我们。他用金钱收买我们国内贪官污吏,剥削人民脂膏,保护他们的侵略政策,使中国民族变成一个无廉耻无人格的民族。他先借款卖械给中国军阀,弄得中国民穷财尽,债还不清,他就拿着债权者的名义来监督财政,一般人民还莫名其妙,以为外国人没有用兵力来打我们,政府仍旧是中国人,外国人并没有到中国来做皇帝,来收捐税,那里是亡国呢?这是资本主义无形亡人国家比武力还要凶险的地方。[6]

蒋介石还认为,之所以帝国主义的这种侵略手段和阴谋"是毒极了",主要是因为中国对于武力侵略的亡国,苦痛容易感觉,尤其是人民容易起来反抗,复国运动,亦便容易发展;而这种经济侵略的亡国,却一时不容易感觉它的苦痛。不但一般人民不明白,甚至中国有些军人亦以为没有武力打我们,何曾亡国。而那些被帝国主义利用了的"中国的军阀的愚蠢,可说是古今无比的了"。这些愚蠢的军阀甚至以为帝国主义并非侵略中国,而是拿钱来帮他的忙,是为了支持他成功。他们那里晓得帝国主义是在用他们做侵略中国的工具,用他们来压迫中国的人民,来杀伤中国自己同胞的生命呢!蒋介石还认为,帝国主义利用军阀还有另外一个罪恶的阴谋,这就是要分裂中国,"要使中国做他的殖民地"。其最凶狠的一个毒计,就是挑拨中国国内的战争,使我们中国人自相残杀,国家四分五裂,不能统一,不能建设;他花了少许金钱,买通军阀,如同观剧的看客花了一些戏票钱,却要我们中国人民的生命化作炮灰!所以,蒋介石提出:"我们反对帝国主义并不单因为他表面上压迫中国人民,实在是深切处看到他帝国主义榨压,以图苟活;又痛恨他买中国人打中国人的毒计。"正因为如此,蒋介石主张:"完成革命必先打倒帝国

主义。"(7)

那么,打倒帝国主义能不能取得胜利呢? 蒋介石认为肯定能够取得胜利。 在他看来,帝国主义侵略中国的行径,肯定要遭到其国内无产阶级的坚决反对,同时,世界无产阶级也肯定要支持中国革命。 因此,他相信帝国主义一定能够被打倒。 蒋介石说:

> 帝国主义虽想与吾人开战,其国内无产阶级反对他政府欺压中国,扰乱世界和平,这一点心腹之患,已足制其死命而有余了。因为帝国主义国内真正掌握政权的,不过少数资本家特殊阶级,而最大多数的无产阶级却一样受苦,一样反对其本国帝国主义;苟帝国主义与吾人开仗,正是他无产阶级推翻资本主义千载一时的机会,他们绝不会轻轻放过,而且必能与我们革命军相策应。我们明白这个道理,便知打倒资本帝国主义实在是可能的。(8)

扮左派:在民族观上不乏反帝亲共词藻

很显然,上述蒋介石的反帝言论,不仅措词激烈,而且在理论分析与批判上明显地受到马克思主义有关理论的影响。 为什么会出现这种情况呢? 从他对张学良所说的一段话,可推知蒋介石大致在国共合作后的某一时期,接触过有关马克思主义的书。 西安事变爆发后,张学良去探望蒋,曾问他为何看的书籍全是一些旧书。 蒋介石十分骄矜地回答说:"余不知尔所看之新书几何,且尔之所谓新书系何种书籍? 尔是否以马克斯资本论与共产主义之书籍为新乎? 尔可将尔所看之书择要问余,余可为尔详解。""尔岂知尔等所见为新书者,余在十五年前,已不知批阅几次也。"(9)所谓15年前,即1921年以前,这在时间上当然是不合实际的,因为如前所述,据蒋介石当时的言论,他在当时正在努力习修儒家经典。 那么,蒋介石究竟在何时看过有关马列的书呢? 在现有资料中似乎难以考证,但可以断定的是,蒋介石在国共合作后的黄埔军校时期和北伐时期,肯定接触过马列的有关书籍。 因为在国共合作后,在孙中山明确宣布共产主义不但不与他的民生主义相冲突,"并且是一个好朋友,主张民生主义的人应该要细心去研究的"的情况下,(10)还在苏联顾问的直接影响和作用下,蒋介石为了表示自己与孙中山在思想上的一致,也为了学习一些革命词藻以便将自己装饰为"左派",他在这时不得不学几本有关马列的书。 通过学习,蒋介石多少掌握了一些马列主义的观点。 在这里，必须指出的是，尽管这时的蒋介石能够用一些马克思主义的观点分析和批判帝国主义，但他绝没有表示自己已经接受了马克思主义的基本观点。

那么，又怎样解释蒋介石的上述反帝言论呢？ 无论蒋介石出于何种目的，事实证明，蒋介石是通过发表一些反帝言论，把自己打扮成"左派"，捞取一定的政治资本。 在当时，即在国共合作特别是孙中山去世后，主要由于受到共产国际和苏联的影响，反对与不反对帝国主义被看成是划分国民党内部"左"派和右派的一个主要标准。 中国共产党的主要领导人陈独秀曾专门就此撰文说："国民党的左、右派之分别究竟是什么呢？ 国民党第一次大会前后，可以说反对帝国主义与军阀政治的是左派，不反对帝国主义与军阀政治的是右派。"又说："在理想上：左派之反对帝国主义，乃根本反对国际资本帝国主义之一制度本身为压迫全世界弱小民族及劳动平民扰乱人类和平的怪物，右派之反对帝国主义，并不是根本上反对帝国主义之一制度……"[11]在国民党"左"派和共产党势力占优势的情况下，蒋介石见风使舵地发表了一系列反对帝国主义的言论，并不断宣传孙中山的"联俄"、"联共"政策，以表示其反帝亲共态度，进而使自己能够挤入国民党左派的行列。 蒋介石在北伐时期常说："如果时代到了要实行共产主义的时候，任何主义也不能抵抗共产主义。""反对共产主义，就是反对三民主义"。 "世界上党的组织同党的纪律最好的，莫过于俄国的共产党"。 "要知道共产党是代表无产阶级的政党，是不能没有的"，因为"中国国民党同中国共产党是两体一命，现在不能够分开的"，"中国国民党同中国共产党，确定是要合作到底的"。[12]正因为蒋介石有反帝亲共的言论，所以他也很快被陈独秀和邓中夏等人承认是国民党"左"派，而且被认为是"左派领袖"，与汪精卫并称。[13]当国民党真正的"左派"领袖廖仲恺遇刺后不久，1926年3月20日凌晨，时任国民党中央政治委员会委员、中央军事政治学校校长及广州卫戍司令等职的蒋介石，在精心策划后，以中山舰奉命在黄埔和广州间往返开动为借口，诬称共产党员海军局代理局长兼中山舰舰长李之龙及中山舰"有叛变的嫌疑"，突然下令包围了苏联顾问团的住宅、共产党的机关和省港罢工委员会以及国民政府主席和军事委员会主席汪精卫的住宅等处，占领了海军局，逮捕了李之龙，还命令第1军各师、团长将各该部队中的共产党员予以扣押。 史称中山舰事件或三二〇事件。 中山舰事件后，汪精卫被迫出走，蒋介石便成为唯一的"左派领袖",是共产党争取的一个主要对象。 陈独秀后来是这样说的:"我们自去年三月二十日到四月十二日始终迁就他向他让步想拉他向革命路上走。"蒋介石也就顺水推舟,不仅一直不公开暴露自己的真相,反而在发动中山舰事件后见局势于己不利,立即反复说明自己对此事处理不当,而且还一再向共产党申明他不是针对共产党,向苏联领事馆表示"对人不对俄"。 蒋介石的这些举措,巧妙地掩盖了他的反革命政治动机,模糊了中国共产党领导人陈独秀以及其他人对蒋介石本质的认识。 在这种情况下,陈独秀等人没有看清蒋介石的真面目,仍旧把他当作国民党"左"派来争取。 甚至到了1926年9月22日,中国共产党中央作出的关于汪蒋问题最后的决定中,还把蒋介石视为重点争取的对象,明确提出仍然要维持蒋介石之军事领袖地位,要愈加充裕、扩大蒋介石之实力以作更远大之发展,还要引导蒋介石注意准备更远大的全部革命军事工作,以后须在武汉作第二次更多大规模的黄埔式的练兵,必须扩充至10个师以上的力量,以准备应付未来与奉系军阀的争斗。 直到蒋介石发动四一二反革命政变,陈独秀方知养虎为患,后悔莫及。 他说:"我们一年余的忍耐迁就让步,不但只是一场幻想,并且变成了他屠杀民众屠杀共产党的代价。"[14] 显然,在这里,中国共产党有着十分深刻的历史教训值得吸取。

转向社会达尔文主义

蒋介石的反帝言论的确是慷慨激昂的,不管他是否出自内心,也不管他抱有何种目的,他本人则有意无意地被国共两党领导和组织的、反帝反军阀的大革命浪潮推动着前进;他作为国民革命军总司令,参与领导了直接的反军阀、间接的反帝国主义的北伐战争。 从客观上讲,蒋介石的这些言行是有利于国民革命向前发展的。 然而,一旦真正与帝国主义展开直接斗争时,蒋介石则显得有些畏缩和动摇了。 作为当时历史见证人之一的周恩来这样回忆说:"在沙基惨案中,我们已看到蒋介石动摇,畏惧帝国主义。 一九二五年六月,国民党中央党部通知黄埔军校参加广州的游行示威。 我从军队中抽出两个营,学校里抽出一个营去参加。 蒋介石后来知道了,非常不满意,认为不应当游行示威。"[15]

那么,在建立南京国民政府之后,蒋介石对于帝国主义的态度又是如何呢? 也是一句话,就是妥协退让。 应当说,蒋介石还有要反对帝国主义侵略的思想。南京国民政府建立后，帝国主义没有改变侵略和灭亡中国的既定政策，而这时已经作为一国之首脑的蒋介石，就直接面临与帝国主义打交道的问题。他从关心国家和民族尤其是他的国民党政权的生存问题出发，当然不得不考虑反对帝国主义的问题，所以，蒋介石继续发表要反对帝国主义的言论。他说："我们之所以革命，乃是革帝国主义者的命，所以革命的对像，即为外国帝国主义者。"又说："中国革命之目的，对外为解除帝国主义所加于我之桎梏与凌侮，而求中国之自由、平等。""中国之革命运动，既无时不思突破外国侵略之藩篱"。[16]然而，这时的蒋介石，不再用马克思主义的理论和观点来认识帝国主义，而是根据自己的思考或者根据自己的某种需要，来看待帝国主义为什么要侵略中国和国民党政府应该怎样对待帝国主义的侵略等问题，并提出了自己的观点。

与以前相比较，在分析帝国主义侵略中国的原因时，蒋介石则自觉或不自觉地完全站在帝国主义的立场上说话。他认为帝国主义侵略中国，是由于民族之间存在着的生存斗争所决定的，是不可避免的。在蒋介石看来，现在弱肉强食的世界上，人类因为互争生存，战争终归是无法避免的。在这种大势下，如果没有战争本能的民族，便没有生存的可能。蒋介石甚至还认为，帝国主义的侵略战争能够促使人类进步。理由何在？其所谓理由就是自古以来，人类社会的文化，可说是战争的产物，每经一度战争，文明便有一次进步，所以，"无战争必无进步"之说，"这是很有道理的"。那么，为什么中国要遭受帝国主义的侵略呢？蒋介石认为主要原因在于中国，是因为中国人"野蛮落后"，"自己太不争气"，不知道"奋斗争存"。他指责中国人没有时间观念，不知道人类生存"都是'以奋斗争存'为基础"，不知道在广泛的战争中，"以时间决其生死成败"。所以，现在一般中国人，就是因为不知道这一层最要紧的道理，所以不知道宝贵时间，凡事不能遵守时间。在此，蒋介石甚至还有意无意地为帝国主义侵略中国开脱罪责。他批评现在一般中国人总以为自己一切都很好，是外国人故意来欺压我们中国人。到底是不是外国人故意来欺压中国人呢？答案是肯定无疑的。这是一个很简单的道理。但是，蒋介石却说他不同意这种观点，他认为，这种观点在许多方面都是不对的，因为在他看来，还有许多事情，都是由于中国人自己太不争气，尤其是一般国民的德性和智能都要逊人一等。因此，在各种条件上讲，中国人还不具备做现代意义上的国民，按蒋介石的话说，就是中国在"各种条件上不如人家的完备，即不能和人家平等"。总之，中国的民族是弱劣民族，野蛮落伍，"因此我们民族要被人家肆意侵略压迫！"[17]显然，蒋介石不再用马克思主义的有关理论和观点来分析和批判帝国主义的侵略战争，而是用社会达尔文主义为帝国主义侵略战争做辩护。

妥协退让，将全民族置于空前的危机之中

实际上，在中国为什么总是遭受帝国主义侵略的问题上，蒋介石从中国方面还找出了其他方面的一大堆原因。他认为由于中华民族缺乏民族自信力；由于中国人的体格、精神、生活卫生等方面都不如外国人；由于中国人不懂得儒学说中"修、齐、治、平的基本科学方法"；由于中国人不懂军事、一切不能军事化；由于中国教育的失败；由于中国在政治上没有人负责任等等原因，才导致帝国主义总是侵略中国。

在谈到由于中华民族缺乏民族自信力，才导致帝国主义侵略中国这一问题时，蒋介石阐述说："最近各帝国主义者的人口，英国法国美国日本，统统合计起来，他们不过同我们中国四万万五千万人口相等。为什么我国这样伟大的民族，倒受这些小民族的压迫？""这是什么道理？就是中国人不相信自己，没有民族自信的能力，所以中国才给外国帝国主义者都是那样的侵略压迫，弄到如今这样贫弱，这样的一个结果"。[18]

在谈到由于中国人的体格、精神、生活卫生等方面都不如外国人，才导致帝国主义侵略中国这一问题时，蒋介石首先是问了以下一连串的问题，他说：

我们国家何以要被外国人侵略压迫？我们民族何以要被外国人轻视、欺侮？何以我们中国人比不上外国人，要被外国人目为野蛮？我们个个人都应当要自己反省。首先从自己本身来看：我们的体格和精神是不是比得上外国人？是不是和外国人一样高大，一样强壮？再看我们一般同胞的智识、行动，是不是和外国人一样懂规矩？是不是和外国人一样一举一动都能循规蹈矩，有礼守法？是不是事事物物都和外国人一样，有条有理、清洁整齐？比方讲：我们穿的衣服，家里住的地方，或是学校里的课堂、宿舍、操场是不是和外国人一样清洁？在街上走的人是不是都和外国人一样有规律？——都靠左边走呢？是不是我们的同胞和外国人一样不随地吐痰？[19]

在横挑鼻子竖挑眼地问了上述一连串的问题之后,蒋介石总结说:"就是因为我们一般同胞的生活,毫无规律。连这些很小的事物我们都不能做到,而外国人都能做到,所以我们一般同胞要被人轻视,甚至整个民族,要被人家欺侮!"[20]

在谈到由于中国人太自由,不遵守国家法令和公认的纪律,才导致帝国主义侵略中国这一问题时,蒋介石阐述说:"中国人所以贫弱,所以受不平等条约的束缚,就是中国人太自由的毛病生出来的。"因此,他要求"无论工人、农民、商人、学生都要遵守公认的纪律,不能随便自由。尤其是要守国家的法令,不能随便反对"。[21]

在谈到由于中国人不懂得儒学说中"修、齐、治、平的基本科学方法",才导致帝国主义侵略中国这一问题时,蒋介石阐述说:"我们中国既然自古就有这种修、齐、治、平的基本科学方法,就应该永远可以富强。"但是,从前一般主管长官、校长和教职员,自己既然不懂得科学的精神与方法,更不能将这些道理来教训一般部下和学生,所以他们训练出来的部下和学生,虽然有整千、整万的人,却完全不能发生效用。所以我们中国虽有四万万的人民,在外国人的心目中,简直没有看见一个人,不将我们中国当作一个国家,因此敢来任意欺侮压迫我们。[22]

在谈到由于中国人不懂军事、一切不能军事化,才导致帝国主义侵略中国这一问题时,蒋介石阐述说:"我们中国有这样广大的土地,有这样众多的人民,又有这样多数的军队,为什么要受外国压迫欺侮?为什么区区三岛的倭寇,敢来侵略我们,甚至要想来灭亡我们呢?"这就是因为日本帝国主义欺侮我们中国人不懂军事,既不能做到一切军事化,更不能成为一个现代化的国家,所以他敢来欺凌我们,侵略我们。如果由我们由自己反省的话,我们国家、民族近百年来之所以受人侵略压迫,最主要的一个原因,就是我们军事落后,以致积弱不振;毫不讳饰地说,根本上就是我们中国不重军事,尤其是一般读书人——知识阶级,向来以为"习文不必讲武",认为军事只是少数军人份内所应讲的事,而对于文人来说,就可以不必注意了,因而也就更加不懂得军事了。有时,蒋介石把这个原因扯到军人身上来,说是因为军人无准备。他说:"目前我们之所以要被人家如此侵侮,国家之所以陷于如此危亡,就是因为我们军人太无准备,因而不能稍尽保国、卫民的责任。"[23]

在谈到由于中国教育的失败,才导致帝国主义侵略中国这一问题时,蒋介石阐述说:"我们的国家、民族何以会弄到这样危急存亡的地步?"推究起来,原因固然很多,但是最重要和最根本的一点,就是各种教育的失败,尤其是一切施教与求学的人,不注意实用的缘故。[24] 在这里,蒋介石最强调的还是"礼义廉耻"等儒家伦理道德即所谓"民族精神"的教育。他把"民族精神"的丧失,也视为中国落后和遭受帝国主义侵略的一个很重要的原因。他仍然认为,最近这百年来,由于中国丧失了我们的民族精神,才弄得衰颓散漫,麻木不仁,以致备受帝国主义的侵略,使我们的国家陷于次殖民地的地位,使我们中国无论在经济上和在国际政治上,都不能得到独立和平等。因此,他强调"正是廉耻道丧,所以中国要亡"。甚至还得出"中国现在没有廉耻,没有礼义。所以四万万同胞的大国,要受外族的压迫欺侮"[25]这样一个结论。

在谈到由于中国在政治上没有人负责,才导致帝国主义侵略中国这一问题时,蒋介石阐述说:"中国国家所以要危亡,中国之所以弄到这样子,受外国侵略的耻辱,好好的土地被人家占领,是什么原因? 就是我们不能负责任! 政治上没有人负责任,无论地方以至中央统统没有人负责任,有了这一个大毛病,所以把国家断送了都不知道!"[26]

蒋介石还从其他方面寻找中国被帝国主义侵略的原因,举不胜举,不一而足。这表明,这时的蒋介石,在对待帝国主义的问题上,已经完全失去了应有的研究问题的态度,而是一旦需要强调什么,就把它简单地拿来当作是缺陷,视为一个原因,以图引起人们的极端重视。他可以把什么都当作主要原因,也可以把什么都不当作主要原因。

凭情而论,蒋介石所说的上述各种原因当中,并非一条都没有一点道理。至少"中国军事落后","积弱不振";军人"不能稍尽保国、卫民的责任";"政治上没有人负责任"等,就多少反映了中国军事落后的国情、国民党军队没有把住国门的能力、国民政府官吏包括蒋介石在内不愿负政治责任等方面的事实。因为中国封建社会末期腐败无能的清政府没有致力于富国强兵,结果使中国在各方面都落后于西方列强,尤其是在军事上几乎完全丧失了保家卫国的能力,因而致使近代以来的中国总是处于落后挨打的地位。事实证明,蒋介石作为国民党政权的最高统治者,虽然掌握军政大权且拥兵百万,但他没有用武力很好地抵抗日本的侵略,没有尽到保国卫民的责任;他虽然经常表白自己关心国家和民族的前途,但在具体涉及到国家和民族前途问题时，却更多地考虑自己的利益，我行我素，这事实上就是一种不负责任的表现。 在七七事变发生之前，蒋介石对日本的侵略一直是妥协退让，客观上助长了日本加速侵略中国的野心，致使日本终于发动了全面侵华的战争，制造了中华民族历史上最大的生死存亡之危机。 因而从根本上说，到了蒋介石统治时期，中国遭受帝国主义侵略的一个基本原因，就中国方面而言，就是蒋介石对帝国主义妥协退让的态度及其相应的错误国策与方针。

"卧薪尝胆"论成为国民党政权的对外政策

其实，在中国应当如何对待帝国主义侵略这一问题上，蒋介石喜欢围绕"卧薪尝胆"四个字来表述自己的观点，进而逐渐形成了一个对帝国主义侵略妥协退让的理论，即"卧薪尝胆"论。 查遍能见到的蒋介石言论，发现蒋介石最欣赏的"卧薪尝胆"四字，最早是他于1927年7月5日晚，在上海全市国民党党员欢迎他的一次盛会上提出的。 当时，蒋介石对自己的势力扩大，特别是国民党在北伐战争中一举控制了全国17个省份而高兴不已。 蒋介石踌躇满志，决心要统一全中国，他说："现在十八省，除直隶外，其余十七省土地，已完全在党的势力之下"，"我们要统治中国，我们要扩大西藏蒙古东三省都在我们党的指挥之下"。 但与此同时，蒋介石还担心两个问题：一是帝国主义要干涉他继续统一中国东北；二是中国共产党人要武装反抗他的独裁和反动统治。 因此，他哀叹"目前的中国，外有帝国主义的压迫，内有共产党的捣乱，一想到此，真是不寒而栗"。 但是，在解决这两个问题上，蒋介石有主有次，即要以解决中国共产党的"捣乱"问题为主和以解决帝国主义的"压迫"问题为次。 在解决中国共产党的"捣乱"问题上，对于还没有发动武装暴动和尚未掌握武装力量的中国共产党，蒋介石采取血腥的镇压政策。 对于帝国主义的压迫，蒋介石主张向越王勾践学习，"暂时屈服退让"，"卧薪尝胆"。 当时，在蒋介石看来，帝国主义对中国的侵略，突出表现在收回租界和使帝国主义撤回其在中国的驻兵。 租界是帝国主义强迫中国在一些通商口岸或城市划出供外侨居留和经商的一定区域。 租界中设立法院、警察、监狱、市政管理机关和税收机关，是帝国主义国家对中国进行政治、经济、文化侵略的据点。 西方帝国主义通过武力强迫清政府签订的《辛丑条约》，其中规定外国军队有权驻扎在北京和从北京到山海关铁路沿线的12个重要地区，从而取得了在中国的驻军权，这是中国主权严重丧失的一个重要标志。本来,在国共两党共同领导的北伐战争期间,由于武汉国民政府执行了革命的外交政策,在反对帝国主义侵略方面已经开始从收回租界着手,并利用群众性的反帝运动,收回了汉口和九江的英租界。但蒋介石在建立国民党南京政府后,却在收回帝国主义在中国的租界和让帝国主义撤回在中国的驻兵这两个问题上,主张妥协退让,他要求"大家须要团结起来,服从中央的命令,卧薪尝胆"。(27) 为什么必须要"卧薪尝胆"呢？蒋介石提出,这是因为现在还没有力量,只能等待一个好的机会。他说：

现在中国之问题,中国革命问题与世界不能脱离的,尤其是现在不能脱离国际地位,外交方面要观察国际状况,国际情形。收回租界非常重要,如能撤退外兵,叫外国兵撤退回去,得到自由平等,这是四万万同胞都希望的。但是事实上,一时做不到……如无实力量而来赤手空拳打退无数的外兵这是不但没有用,反而害中国的。所以要听党的命令,因为这是整个的事,不是人人所能发表的……我们要注意我们的环境,到了时候,我们都要打倒帝国主义,有了机会,我们当然要起来主张,现在机会未到,租界未收回,只好暂时屈服退让。(28)

既然现在没有机会,那么就只能"卧薪尝胆"。现在的"卧薪尝胆"是为了"要求将来的胜利"。这是蒋介石在对待帝国主义侵略中国问题上的一种的设想。他认为这种做法在古今中外也是有先例可循的,如列宁在领导俄国革命时,就曾"主张忍受德国的压迫,不用抵抗,革命要成功的时候,宁受耻辱,因为这是最后之光荣"。还如"吾国古时越王勾践,卧薪尝胆也是如此"。因此,蒋介石提出,对帝国主义"暂时屈服是不要紧的",他最害怕的是,如果暂时不屈服,就可能被帝国主义所奴役,给帝国主义当牛做马。一旦到了做牛马的时候,就来不及了。同时,蒋介石又告诉国民,说只要暂时屈服于帝国主义,中国就不会有给帝国主义做牛做马的时候,他相信绝不会到这种地步,因为暂时的屈服是为了将来实现三民主义。由于有中国国民党的三民主义,到了实行三民主义的时候,作为革命对象的帝国主义就非打倒不可,而且到了那时,事实上帝国主义也将被打倒了。所以,蒋介石成竹在胸地说："诸位不要心焦,有中国国民党来训导我们,大家卧薪尝胆来设法,将来一定能达到自由平等的目的。"他还特别强调说："我负起建国责任来讲这话,请各位同志不要怀疑,并且把我的话来做中心。"(29) 这就是说，蒋介石实际上在强调要把他的"卧薪尝胆"这句话，来当做国民党及其政府的对帝政策和方针。这表明，蒋介石的"卧薪尝胆"理论一经抛了出来，就要贯彻于国民党政权的对外政策之中了。

为什么中国对帝国主义侵略只能"卧薪尝胆"，而不能采取其他强硬的手段呢？从蒋介石发表的许多言论来看，蒋介石是从消极方面来考虑这个问题的。

蒋介石认为，由于中国暂时不具备反对帝国主义的条件，因此中国政府和国民都必须忍耐，尤其是作为国民来讲，更不能有任何反对帝国主义的言行。1929年4月，他说："总之，打倒帝国主义，是目前革命的唯一目标，是本党的根本政策。所以本党必定领导全国人民，向着这个目标前进。不过我们要知道打倒帝国主义，不是徒呼口号所能成功，更非一纸标语所能济事，一定要有计划，有步骤，才有成功的可能。"这意思是说，他是主张打倒帝国主义的，但国民不能表现个人的反帝情绪或行动，要由国民党统一地领导和有步骤地进行。国民党的步骤是什么呢？蒋介石说："我们今后唯一的出路，就是'卧薪尝胆'、'忍辱负重'八个字。勾践灭吴，也要十年生聚，十年教训，何况要打倒二十世纪科学时代的帝国主义，那里是浮躁的举动所能成功？"所谓"卧薪尝胆"，也就是"忍辱负重"。蒋介石紧接着便阐述"忍辱负重"在所谓反帝斗争中的重要性。他首先说明反对帝国主义以及使中国独立、自由的先决条件是组织与训练国民，使之成为现代国民，若这个条件不具备，反帝就必须忍耐，否则就不会成功。也就是说，如果要把中国建设成现代的国家，"算现代的人类"，就要接受现代的文化，完备现代的知识。只有这样，我们的国家和民族，才会不至于失败。要做到这一点，最重要的或最要紧的就是组织训练国民，按蒋介石的话说，就是："我们第一要紧，就是要有组织，要有训练，要有持久性，不是忍痛须臾，更不是泄一朝之愤所可办到的。"他要求国人忍耐再忍耐，"我们只有一个敌忾心，只有忍耐，惟有忍耐才能不怕"。[30]

蒋介石还认为，由于国际惯例和法律是必须遵守的，因此中国也就得承认帝国主义在华的一切侵略权益。蒋介石一再强调中国必须暂时遵守国际惯例和法律，认为只有在此基础上等待和积蓄力量，才能打破帝国主义对中国有害的国际惯例。因为现在20世纪时代各国所应有的国际上的惯例和法律，我们中国人自然不能居于例外。而且就许多的条例来说，这些条例在事实上对于外国是有利，对于中国是有害的；同时，还应当看到，这些条例亦有于中国有益，而于外国是不利的。因此，即使有许多事我们明明白白晓得是有损失的，但是，由于我们要生存在20世纪的时代，要做20世纪的国家与人类，这就没有什么办法来避免这个损害。"只有埋了头自己刻苦奋斗，来打破这个险象，这就是求我们真正的出路。要这个样子，才算是积极的行动"。蒋介石特别要求国民党党员能够做到这一点。他说：

> 现在这个时候，尤其是我们的党员，应该格外认识这种形势，我们现在国家快要亡了，民族亦快要灭了，我们自己只有悲痛，只有奋斗，老老实实地认识我们不良的地位，危险的环境，只有忍了声，吞了气，埋了头，一点不做声的用苦工来做事，等到有了时机，有了力量，再来同他们说话。[31]

蒋介石要求大家忍耐，等待时机。他认为这个时机会有的，"国际上给我们建国的机会是很多的，只问我们国民有没有忍耐心和持久力，自己能运用不能运用就是了！"蒋介石要国人相信，只要如此地忍耐，待3年后就可以成功。因此，他强调必须停止一切反帝活动，声称"如果我们……把喊口号游行的浮嚣，改为不折不扣的卧薪尝胆的敌忾心，我想三年之后，外交上一定可以达到地位平等的目的"。[32]

此外，蒋介石还认为，如果从帝国主义不可能同时一起被打倒这个角度上讲，中国也不能反对帝国主义，必须等待时机。这是为什么呢？这是因为外国帝国主义者，不只一个，他们乃是连带着的，势不能一一将其打倒，更不能同时都打倒。因此，中国就"必须利用机会，始能成功"。要利用什么机会才能成功呢？蒋介石把这个机会寄托在第二次世界大战的爆发上，认为一旦爆发第二次世界大战，中国就可能"死中求生"。照蒋介石的话说，就是"至于中国独立的机会，果在何时？盖在国际战争再起之时"。第二次世界大战何时会发生？蒋介石在1929年推测第二次世界大战将在1944年发生。其理由就是帝国主义者在东方或者在中国的冲突，均随时可能发生。帝国主义之间的利害关系，无一时不相冲突，英、美之于日，日之于俄，其冲突尤觉显然。而帝国主义之间冲突的焦点，必定在中国。因此，蒋介石断言："第二次大战之起，亦必在中国！中国此时……就是我国兴亡的关键。"那么，第二次世界大战将在何时才爆发呢？蒋介石估计第二次世界大战"盖远则不出十五年，近则随时均可发生。不过目下彼等无准备，无机会，亦皆不敢轻动"。他判定第二次世界大战爆发时间的理由是："所以断定彼等冲突之期，尚须十五年的缘故，因为美、英、日三国五五三海军比率完成之时，在其时之前后，国际战争必将发现。一九四四年，距现在正是十五年"，"当彼帝国主义者互相残杀之时，即我中国独立奋发之日"。[33]

到1931年1月，蒋介石认为西方各国已经准备好了，故推测第二次世界大战马上就要发生了，西方各国都将卷入战争，中国"死中求生"的机会来了。在谈到中国"死中求生"的问题时，蒋介石提出，"我们可以想得到看得见的"，是"最近的将来，世界要爆发的战争，西方各国已经准备，在各国都是随时可以爆发的"。这一次世界大战爆发出来的时候，不只是法国和意大利的问题，俄国德国固将牵入漩涡，即英国美国日本亦不免要转入这漩涡里去。因此，这次大战固然是中国的危机，但也是中国在危险中得到生存的一个机会。蒋介石认为到了那时，各国帝国主义者对于他们的殖民地必不容易对付，甚至还要瓦解。因此，1931年即民国20年乃是"我们中国国民党和国民政府死中求生的时代"。同时，蒋介石强调在世界大战发生前，中国要加紧准备，因为"我们如果没有准备，等到事变临来的时候，那时便来不及了"。[34]

既然第二次世界大战就要爆发了，那么，按蒋介石的设想，如果第二次世界大战一爆发，中国可以乘机"死里求生"了。其实则不然。事实上，蒋介石并没有对此做认真的准备，或者说准备得很不充分。这时，他要求国人"卧薪尝胆"，一个最主要目的，就是想求得一个安定的环境，以有利于他把主要精力放在和国民党内部地方实力派的权力之争上，放在以"训政"为名的独裁政治建设上，放在镇压反对他搞独裁专制的中国共产党及其武装力量上。对于帝国主义的侵略，他似乎显得无力应付，或者是把它放在次要的位置上，于是，他只好要国人"卧薪尝胆"和"忍辱负重"了。

在"卧薪尝胆"理论和方针的指导下，蒋介石在与帝国主义交往中的妥协退让，最突出地表现在南京事件和济南事件的处理上。北伐战争后期的1927年3月24日，国民革命军第2军与第6军占领南京。当天晚上，英美帝国主义以所谓侨民和领事馆受到"暴民侵害"为借口，纠集日、法、意等国停泊在下关江面的军舰，对南京施行猛烈的炮轰，中国军民2000余人死伤于炮击中，是为南京惨案。至1928年2月，南京政府与英美等国谈判，以答应向各国道歉、赔款和所谓惩凶而了结。 明明帝国主义是肇事凶手,南京政府为了不得罪帝国主义却反诬时任国民革命军第6军政治部主任的共产党员林伯渠是"肇事祸首"。 同年5月2日,日本帝国主义为了阻止国民党军队北伐,公然在国民党军进驻济南的同时,也派一个师团的主力进抵济南,与蒋介石所设总司令部及其军队只隔一道城墙之处驻扎对峙。 中国的一个主要都市被日军占领,如此屈辱状况的出现,使国民党军官兵大为激愤,颇有人高呼不惜一战。 其时,日军仅为福田率领的一个师团,而蒋介石在津浦路就屯兵20万。 但是,蒋介石禁止其部队开枪和接近日军地区。 当晚他在日记中这样写着:"不屈何以能伸,不予何以能取","小不忍则乱大谋,圣贤所戒。 慎之！ 勉之！"[35]第二天,他命令部队撤出济南,绕道北上。 日军乘机在济南血腥屠杀一周,中国军民死伤达万人。 到次年3月,蒋介石南京政府本着"卧薪尝胆"的妥协退让方针,与日本签订了"济南协定",其中答应了日本的所谓"保护"日本人"生命财产之安全"等条件。 这样,日军才同意在两个月内撤出济南。 蒋一心想完成自己对中国的统一,对日本的侵略予以高度的"忍耐"。 事隔几年之后,还有人写信批评蒋介石说:"有谓介石兄对内则面狞如鬼,对外则胆小如鼠。 十七年在津浦路有兵二十万,为福田一师吓走。"[36]这说明在济南事件的发生和处理上,蒋介石已经在国人心中留下了害怕帝国主义的印象。 但蒋介石继续对此不加考虑,在完成对东北的统一之后,又忙于使国民党"训政"合法化,即确立国民党一党专制,以便于自己搞个人独裁。

随着蒋介石消除异己和建立他个人独裁政权进程的发展,中国国内形势趋于更加复杂化:国民党内部权力之争白热化,上升为严重的武力倾扎;中国共产党武装反抗蒋介石国民党反动统治的斗争,也以不断建立革命根据地的形式在顺利的发展。 蒋介石"卧薪尝胆"论的危害,就在于它模糊了国民党的反帝思想,从根本上改变了国共两党在大革命时期坚定执行的反帝方针,给广大人民群众在大革命中培养出来的强烈的反帝爱国情绪泼了一桶冷水,致使全国无法形成一个反帝的共同意识。 这些都直接或间接地松散了本来已经形成的强有力的民族凝聚力。 阶级矛盾的激烈和国民党内部政治权力之争的白热化掩盖了正在迅速上升的中日民族矛盾,日本正是藉中国国内局势复杂化之机而把中日民族矛盾推向又一个高峰,它终于在1931年9月18日发动了侵略中国东北的九一八事变。

九一八事变发生后，蒋介石以为第二次世界大战从此爆发了。他在事变发生后的第四天即9月22日，曾写下这样的日记："日人侵略实行，世界之二次大战于是开始矣。"[37]按照蒋介石的许诺，此时，他应该毫不犹豫地率领全国军民奋起抗日和"死中求生"了。但是，蒋介石没有这样做，而是在事变发生后的一两个月内，不断地号召国人忍耐再忍耐，继续学习越王勾践的"卧薪尝胆"。他告诉国人说："越王勾践，从前踞促一隅，终以十年生聚十年教养的苦心，雪了覆国的奇耻。"[38]这就是他"卧薪尝胆"的结果。现在日本帝国主义侵略中国，中华民族危机万分。在这种情况下，我们就应该向越王勾践学习。因为"如果没有越王勾践卧薪尝胆，忍辱负重之志，何能得独立自强之道？"[39]其实，这时的蒋介石有一个很不切合实际的幻想，就是把解决九一八事变的希望完全寄托在国际联盟上，以为国际联盟会按照所谓世界公理来惩治已经侵占中国东北的日本。所以，最害怕因国民的过激行为而影响国际联盟对问题正常解决的蒋介石，一再强调说："此刻必须上下一致，先以公理对强权，以和平对野蛮……暂取逆来顺受态度，以等国际公理之判决。"[40]"我们现在固要尽力避免战事，且在未至战争的时候，仍要镇静持重，无暴其气。"要"保持很明白的理智，不作无意识的行动，不中敌人的狡计，这就是我们立国的基本，也就是御侮的基本"。[41]

蒋介石要求全体国民忍耐再忍耐，学习古代越王勾践"卧薪尝胆"的结果是什么呢？国际联盟是不是按照蒋介石所幻想的那样惩治了日本？没有。到了1932年1月，国联才组成以英国李顿爵士为首的调查团，美、法、意派员参加，中、日两国派员协助。4月，李顿调查团才来到中国，再费时7个月后，才于10月2日发表一个歪曲事实真相的《国联调查报告书》。报告书不仅极力侮辱中国，把中国人抵制日货说成中日冲突的主要原因，还诬蔑苏联、袒护日本、牺牲中国，如把"苏联输入的共产主义的传布"说成东北危机的"基本因素之一"，把日本的侵略说成是为了消灭东北的"赤色危险"，还倡议国际帝国主义合作来消灭中国革命，并提出国际共管的名义来瓜分中国东北的强盗方案。这就是蒋介石要求中国人民"卧薪尝胆"等来的苦果。

第三节 "不抵抗"论

　　1931年九一八事变发生前夕，日本帝国主义一方面在国内大造侵略中国的舆论，另一方面其驻扎在中国东北的关东军则紧锣密鼓地进行军事演习，为侵略中国东北的"闪电行动"作准备。与此同时，为了给侵略制造借口，日本关东军在东北极力挑起事端。先是制造"万宝山事件"，利用侨居在长春西北万宝山的朝鲜人和当地农民因开渠引水纠纷发生的冲突，杀害中国农民和挑拨中朝关系。接着又利用日本参谋本部军官中村和随员3人冒充农业专家组织非法潜入大兴安岭地区进行间谍活动，被中国东北屯垦军抓获处死的所谓"中村事件"，煽动侵华，甚至公开叫嚣要利用"中村事件"的机会诉诸武力，"一举解决各项悬案"。日本帝国主义的暴行和战争叫嚣，日本关东军在东北发动侵略战争大有一触即发之势。在这种情况下，忍无可忍的中国人民愤怒了。北平、天津、上海、南京等城市的人民行动起来，不仅纷纷要求国民党政府对日经济绝交，并将对日交涉中表现软弱、退让的外交部长王正廷和驻日公使汪荣宝撤职。这时，正坐镇江西南昌指挥"围剿"中央红军的蒋介石着急了，他尤其担心的是：在一线面对日军的张学良东北军，会在忍无可忍的情况下奋起抵抗。因此，蒋介石一方面致电南京国民政府要对人民的排日运动采取防制的态度，另一方面则连电张学良，告诉他现在还不是对日作战的时机，无论日本军队此后如何寻衅；"我方应予不抵抗，力避冲突"。要张学良万万不能"逞一时之愤，置国家民族于不顾"。张学良将蒋介石的电文转饬东北军各级长官遵照执行。1931年9月18日晚，精心准备就绪的日本关东军终于向沈阳北大营中国东北军驻地发起进攻，爆发了九一八事变。

对日方针和政策：不抵抗论

　　由于九一八事变发生和不断传来报告，坐镇江西南昌"围剿"中央红军的蒋介石，于9月20日回到南京直接处理一切。蒋一方面认为此时解决日本侵略中国东北的事件"唯有诉诸公理",要求将此事"先行提出国际联盟与签约非战公约诸国";另一方面,则强调政府"此时务必劝告民众——严守秩序,服从政府,遵守纪律,勿作轨外之妄动。 此刻暂且含忍,决非屈服"。[1]另外,蒋介石还指示张学良说:"沈阳日军行动,可作为地方事件,望力避冲突,以免事态扩大,一切对日交涉,听候中央处理可也。"[2]在蒋介石的不断操作下,他的"不抵抗"主张很快就成为了国民党及其政府的对日方针和政策,并得到具体的贯彻执行。 所以,南京政府于23日发表了告全国国民书,其中指出:"政府现时既以此次案件诉之于国联行政会,以待公理之解决,故已严格命令全国部队,对日避免冲突,对于国民亦一致告诫,务必维持严肃镇静之态度。"[3]据冯玉祥回忆,蒋介石在指示东北军不准抵抗日军侵略的同时,还在南京召开国民党的中央全会。 在这次全会上,蒋介石和他的亲信大唱"抗日三天亡国论"。 蒋介石说:"枪不如人,炮不如人,教育训练不如人,机器不如人,工厂不如人,拿什么和日本打仗呢? 若抵抗日本,顶多三天就亡国了。"[4]

因此,东北的丢失,既是蒋介石"卧薪尝胆"论等来的苦果,也是蒋介石"不抵抗"论酿成的苦果。 东北丢失后,蒋介石又多次采取强硬手段将中国的抗日军事活动压下去了。 1932年,蒋介石破坏了国民党第19路军在上海的抗战。 虽然蒋介石企图掩盖其破坏上海一二八抗战的具体细节,但众所周知的是:蒋介石操纵国民政府与日本签订了丧权辱国的《上海停战协定》。 当时,《时事新报》曾一针见血地批评这个协定是个"祸国误国"的协定,指责签订这个协定的国民党政府是"罪魁"。[5]其实,在国民政府的后面,是身任军事委员会委员长兼参谋总长的蒋介石在起决定作用。 1933年,蒋介石再度破坏了察哈尔民众抗日同盟军的抗战。 是年5月,冯玉祥、方振武、吉鸿昌等举起抗日大旗,在张家口组织察尔民众抗日同盟军,抗日队伍一度发展到10余万人,通过血战把日伪军完全赶出了察哈尔。 7月,正当同盟军在张家口成立收复东北4省计划委员会,准备进一步收复失地时,蒋介石立即调动15万人的重兵彻底破坏了同盟军的抗日。 11月,国民党设法将吉鸿昌逮捕并处死。

"日本人要你几时死,就可以几时死"

当时,国内大多数人对蒋介石的"不抵抗"言行表示坚决反对。 蒋介石不得不对自己的"不抵抗"政策和方针从各个方面进行阐述和解释。为什么中国不能抵抗日本的侵略呢？按照蒋介石的解释，这主要是因为日本特别强大，中国不能抵抗；因为中日关系是亲密的"提携"关系，中国应该寻求和平解决与日本冲突的办法，而不应该抵抗；日本侵略的主要目标不在中国，中国无需抵抗。他的这些言论，又大致构成了他的"不抵抗"论。

蒋介石关于日本十分强大，中国根本不能抵抗日本的侵略观点，在当时被人们称之为"恐日"论。蒋介石的"恐日"论是在九一八事变后不久就提出来了的。在全国人民抗日情绪十分激昂的情况下，蒋介石把孙中山的某些言论当作挡箭牌来散布"恐日"论，称十分强大的日本可以在十天之内就灭亡整个中国。蒋介石的"恐日"论散布出来后，立即遭到一些人的谴责。于是，蒋介石再次强调他的这个"恐日"论是正确的。1934年7月，他在一次演讲中详细地述说了他的这一观点。蒋介石说他在1932年日本发动侵略上海的一·二八事变时，曾发表过一篇文章，告诉中国一般国民："如果我们中国没有得到时机，贸然和日本开战，日本可在十天之内，完全占领我们中国一切重要地区，就可以灭亡我们中国"。"后来一般反动派，说这话是我讲的，就说我是怕日本人，不敢同日本人宣战"。[6] 蒋介石说这个话是孙中山讲过的。本来，蒋介石完全知道孙中山说这话之目的在于"苦心警诫一般国民的"，但他却根据自己的需要予以充分发挥，干脆制造一个日本可在三天之内灭亡中国的"恐日"论。他仍然以"研究"孙中山的话为理由说：

我们要研究总理何以说日本十天之内可以灭亡我们中国呢？因为我们中国没有现代作战的条件，不够和现代军队作战，如果不待时而动，贸然作战，只有败亡而已。不仅十天之内，三天之内，他就可以把我们中国所有沿江、沿海的地方都占领起来；无论那一个地方，西边不仅是到重庆，而且可以到成都；南边不仅到广东，而且可以到梧州、邕宁。[7]

他进一步分析说：

不仅日本的潜势力早已准备充足，而且他的兵舰早已遍布各地，不仅沿江、沿海的地方可以随时占领，无论哪一个地方都可以占领；也不仅是东四省已正式被占领，就是我们的华北，事实上也早已在他控制之下，凡是我们华北所有的铁路线和所有交通便利、形势险要的地方，他都早有军事上的布置，随时都可以占领的。比方讲,现在胶济路的情形,他虽然表面上没有派兵占领的,但是沿胶济路所有的日本工人、商人,全是他们的退伍军队;天津、汉口等重要商埠,以及察哈尔、张家口各处,所有的日本人全是他没有穿军服的官兵。所以依现在的情形看来,他只要发一个号令,真是只要三天之内,就完全可以把我们中国要害之区都占领下来,灭亡我们中国。[8]

蒋介石还进一步补充说:

我们中国的重要地方,虽然他没有派遣穿军服的军队来正式占领,然而事实上,他已经不断的增派便衣队,在那里一步一步的准备了。不仅是在北平、天津、济南、广州、汉口、上海有租界的地方,或通商口岸,公然为他军事策源地,完全给他没有穿军服的军队,无形占领;须知,凡是他兵舰所到的,领事馆所在的地方,也统统被他无形的占领了。无论什么地方,统统有随时可以正式占领的准备。[9]

如果就中国方面而言,蒋介石强调,由于中国没有准备,因此根本不能与日本作战,也就是说不能抵抗日本。 蒋介石认为,在上述日本已全面控制中国的形势下,如果中国贸然和日本打仗,只不过是"把自己的国家徒然断送",不过是"疯子和傻子"而已。 那么,中国是否可以在作了些准备之后再来抵抗日本呢? 蒋介石认为这也不行,因为日本不允许中国有国防。 这是因为不仅是我们现在临时添武器,整顿国防,已来不及,不能和他抵抗;就是从现在起,大家同心一致,专在这一方面来努力三十年,还是不够;到那时候,说我们想靠物质的力量,可以战胜日本,那还是做梦。 何况现在日本人,决不许我们有一个机会可以准备国防,也不允许我们有一个时期来制造武器。 另外,如果退一步来说,即使日本让中国准备,情况会怎样呢? 中国是不是就能够抵抗日本的侵略? 蒋介石认为这还是不行。 因为即使退一步说,就是日本让我们中国尽力量来准备国防,但是我们中国的人力和财力,那能赶得上呢? 比方讲,我们国家的边疆要修要塞,海岸有海岸的要塞,所用的24生地的大炮一门至少就要400万元,炮弹还不算在内。 即此一项来说,我们中国的财力和人力,哪里能办得到呢? 何况事实上,日本人又绝对不允许我们中国有一点国防建设。 如果我们中国有哪一个地方要准备,要整顿,日本的兵舰就开到哪一个地方来威胁、骚扰,使我们根本无法着手。 总之,无论日本允不允许中国做国防上的准备，中国都没有可能来抵抗日本的侵略。

有人说，如果中国把两广做为根据地，是可以抵抗日本的。蒋介石对这一观点作了批评。他认为日本有空军，其飞机可以不分东南西北的四处飞行，因此中国并不存在所谓根据地。他说："最近我听得有人说，广东、广西这个地方，才是复兴民族的根据地。他们以为日本在华北，在长江可以随时侵略，但是绝不能打到西南的腹地来。这真是所谓皮相之谈。"这是因为他们不知道日本除海军外，近年来对于空军的建设是怎样的扩大，更不知道他们是要并吞中国的整个东北和西南。为了证明自己的观点正确，蒋介石又不厌其烦地给持这种观点的人分析日本的军事准备情况。他指出，日本作为中国的敌人，从它的准备情形尤其是就军事上来看，可以说无论哪一个方面，它都准备齐全了。它的陆军，至今已发展到330万人，海军已发展到120万吨位，空军去年还只有1500架，但到现在已发展到3000架了。除军事上的准备之外，日本对于战事上的其他一切准备，无论是经济上、政治上、社会上，哪一项都已准备好了。中国又是怎样的一个情况呢？蒋介石也分析了中国的情况。他认为，如果回头来看中国的情况，看看中国是不是已经具备了抵抗日本侵略的条件，他"可以很简单、很沉痛"的答复一句话，就是"一点也没有"。不仅是在物质上和实力上没有具备这种抵抗侵略的条件，"就是在我们思想上、精神上也没有统一"。

总之，蒋介石认为，如果照军事的观点来看，我们中国现在真是没有立国的资格，不配称为现代国家，当然也就抵抗不了日本，当然也就要给敌人来压迫、欺侮。蒋介石由此进一步总结说："现在我们整国家的生命，民族的生命，可以说都在日本人的掌握之中，没有方法可以自由活动一点。"同样地，"现在我们中国的军队，无论你在那一个地方，无不是在日本掌握之中，日本人要你几时死，就可以几时死"。[10]

以上就是蒋介石"恐日"论的主要观点。诚然，日本要侵略中国是蓄谋很久了，而且它在军事上以及其他方面也做好了相当的准备和还在继续准备。蒋介石所说的情况并不是一点根据都没有，但仔细分析起来，蒋介石是把中国放在任日本摆弄的被动位置来观察中日双方的。这好比两人对弈，只让一方走子，不能动子的另一方一开局就败局已成定势了。中国在丢失东北以后，日本固然还想发动大规模的侵略，想把整个中国都吃掉，中国境内多处都有日本方面明的和暗的侵略活动以及直接与间接为其侵略服务的活动，但总的来讲，日本主要活动的地区和主要势力是集中在华北。就日本驻军来说，在七七事变前，日本在华北的驻军仅有 5000 人左右，势力并不是很大的。国民党在与日本签订了《塘沽协定》和《何梅协定》之后，华北还留有宋哲元第 29 军驻扎，其兵力将近 10 万。如果这支部队能认真备战且又能得到国民党中央大力支持的话，那么，日本是不敢贸然发动全面侵华战争的。当然，如果日本硬要发动这种战争，它还可以从东北调关东军南下活动，也可以从朝鲜和本土调军支援。若是在这种情况下，中国的军事力量是不是就不能抵抗了呢？绝对不是。关于这一点，蒋介石自己也是很清楚的。有时他根据自己的政治需要说了一些与他的"恐日"论相矛盾的话。他说：

>   日本自从九一八侵占东三省，中经淞沪及长城诸口两次抗战以后，死的共二千七百六十八人，伤的共七千又五十二人，合计将近一万；他前后所用的军费，共计三亿九千八百万元。至于我们中国方面的情形怎样呢？在淞沪之战，八十七师和八十八师死伤的人数最多，但合计起来也不到五千。去年在长城一带作战，死伤的人数虽无精确统计，但相信真正在阵地上死亡的，其总数也没有超过一万人。我们由两次抗战的实例，可以知道，我们死伤一个半人至二个人，日本一定要死一个人。但是，我们有四万万同胞，他最多只有六千万人口，我们还拼不过他吗？何况土地、物产、历史、文化，和其他种种条件，我们都要胜过他。[11]

显然，蒋介石的上述言论就足以证明他自己提出的"恐日"论是错误的，或者说他根本就不能自圆其说。事实上，如果中国政府能真正地坚决抵抗日本侵略，并且能够把全国各方面的抗日积极性调动起来，实行全民族的全民抗战的话，日本是绝对不可能在几天内灭亡中国，也不可能在几个月内灭亡中国的，后来全面抗战能够持久和最终取得胜利的事实就有力地证明了这一点。如果说，蒋介石从日本强大方面强调中国要认真对付日本的侵略这个角度，来谈孙中山对全体国民提出的日本可在 10 天内灭亡中国的警告，那么，这就不是"恐日"的论调了，而是把抵抗日本的侵略建立在谨慎的基础之上，这是一种可取的积极态度。但是，蒋介石以日本强大来威吓国人，硬说日本在 3 天内便要灭亡中国，中国绝不能抵抗日本的侵略，这就是十分错误的观点了。

> 一度认为：日本对中国"压迫得越厉害，
> 我们中国革命就成功得越快当"

蒋介石还认为，中日两国应该互相"提携"，中国应当以和平的方法解决中日两国的冲突，绝不能以武力抵抗日本的侵略。这实际上就是蒋介石的中日"提携"论。在蒋介石心目中，一直一厢情愿地认为中日之间的关系是互相"提携"的关系。即使在日本加紧侵略步伐和中国国内抗日情绪不断高涨的情况下，他依然宣传他的中日"提携"论，一再说明中日之间不应是侵略和抵抗的关系。也就是说，他要通过一条和平的途径来解决中日冲突，中国不要以抵抗来对付日本的侵略。因此，从根本上讲，所谓中日"提携"论也就成为了"不抵抗"论的一个重要内容。

寻求中日"提携"，本来就是蒋介石自建立南京政府起到全面抗战爆发这一段时期内一个经常追求的目标，中日"提携"论也是蒋介石不断宣传和孜孜以求的一个观点。1927年8月，蒋介石为促成南京国民政府与汪精卫武汉政府的合作即宁汉合作，造成国民党内的统一，同意辞去国民革命军总司令一职。其实，蒋介石知道国民革命军总司令非他莫属，下野不过是权宜之计。更重要的是，他的辞职还另有他图，一是继续追求宋美龄，完成这桩他一直梦寐以求的与宋氏家族具有政治联姻意义的婚事；二是专程去日本，寻求日本与国民党南京政府的友好关系，进而争取日本对他即将进行的北伐战争的支持。同年10月，以"举世所弃之下野武人"身份求婚，终于打动了宋美龄芳心的蒋介石，在张群、陈群的陪同下，偕宋美龄由上海乘日本轮船"上海丸"去日本。临行前还发表了"此行与政治无关，惟在获宋氏家族对美龄女士婚事之同意"的对外谈话。但蒋介石一到日本，在拜晤宋太夫人，得允与宋美龄的婚约后，立即为实现中国与日本的亲善和携手合作之事频频活动。

蒋介石在访日期间受到日本方面的热情接待，他发表宣言说："中正此来，时日尚浅，深感贵国国民对我中华民族之观念，皆已注重于平等待遇之精神，实与中正深切之印象。""中正深信贵国国民希望我中华民族之解放与独立，必较他国国民尤为真实"。同时，蒋介石还指出，日本方面有不少人士在许多年前就提倡中日两国应该亲善，只是因为"未得其道，故至今尚难实现"，这是十分可惜的。那么，目前中日亲善之道是什么呢？蒋介石认为，一是在于日本帮助蒋介石扫除其他军阀势力，以排除中日亲善道路上的障碍。 蒋介石说:"中正尝以为欲期中日亲善之实现,必先扫除两国亲善之障碍。 障碍为何,厥为中国国民所共弃之军阀也。"二是这种亲善应该建立在日本提出的所谓"共存共荣"基础之上。 蒋介石迎合日本的所谓"共存共荣"的侵略理论说:"吾人甚望我两国国民在共同努力于东亚和平责任之上迅速完成中国国民革命,确立两国亲善意之基础,则贵国人士所盛倡共存共荣之理论,必可表现于事实,是则中日幸甚,东亚幸甚。"[12]由于蒋介石有备而来,所以,在与日本首相田中义一谈话时,他还能把中日亲善的观点具体化为三点。 他说:"余之意有三:第一,中日必须精诚合作,以真正平等为基点,方能共存共荣;此则胥视日本以后对华政策之改善,不可再以腐败军阀为对像"。 "第二,中国国民革命军,以后必将继续北伐,完成其革命统一之使命。 希望日本政府不加干涉,且有以助之"。 "第三,日本对中国之政策,必须放弃武力,而以经济合作为张本"。 这三点之中,关键是只要日本能支持蒋介石,那么,蒋介石在成功后就必与日本亲善和经济提携。 当时,日本志在保持和扩大其在中国的既得利益尤其是它在东北的势力范围,即在日本卵翼下的东北军阀张作霖所控制之地,是绝不容他人来染指,当然更不允许蒋介石消灭掉张作霖进而占领其地盘了。 现在,蒋介石公开表示要继续北伐,这不是明摆着要触犯日本在东北的利益吗? 所以,日本绝对不会同意。 但是,出于一时的礼貌,田中义一不是正面拒绝,而是侧面提出意见,要蒋介石不要着急北伐,目前只需统一长江流域便可以了。 当时,田中义一这样回答蒋介石说:"阁下盍不以南京为目标,统一长江为宗旨,何以急急北伐为?"可是,一心想建立一个统一全国的政权的蒋介石,一听田中义一这样回答,一着急,心里话脱口而出,他说他并不满足于统一长江流域,而是"志在统一中国"。 田中义一听蒋介石有这个志向,立刻感到很不高兴,再也顾不得礼貌,"突然为之变色"。[13]

蒋介石的一厢情愿与日本的传统侵华政策有差距,当然得不到日本的认可,但是,蒋介石为统一中国的北伐之志的确不变。 1927年11月,蒋介石从日本回国,12月与宋美龄结婚。 1928年1月又恢复国民革命军总司令之职,继而统军北伐。 为了阻止蒋介石北伐和统一中国,日本果然于5月制造了济南事件。 蒋介石对此曾一度气恼,认为"日本帝国主义者,在济南横阻我们北伐,残杀我们同胞,霸占我们的土地,这是中华民族最耻辱的一个纪念日!"[14]然而,当蒋介石完成北伐并大体上统一中国后,他竟然得出这样一个经验,即日本侵略济南这一事件促成了他的统一。 他说:

这种惨案,对于我们中国人究竟是好还是不好呢？我相信最后对于我们革命事业是有助益的,而不是坏了,或许在我们革命过程中,还是我们国家转败为胜,转弱为强的一个枢纽。为什么？因为如果日本人不是对我们横暴侮辱,侵略不法至此,我们国民或许仍在睡梦之中,不会这样激发警觉起来,即使当时国民革命军能克服北京,但东北易帜,中国统一恐怕还不能这样快速……我们今日中国的统一,革命的成功可以说一大半力量,还是借助于他们日本军阀的侵略来促成的。(15)

蒋介石甚至还认为,日本对中国"压迫得越厉害,我们中国的革命就成功得越快当,这是我们可以自信的"。(16)在如此不顾民族权益地权衡利弊之后,蒋介石觉得日本的侵略促成了他的统一,他不由得说出了上述感激日本的话。

所以,当蒋介石建立国民党南京政府后,尽管日本侵略中国的野心没有变,蒋介石亲日的主张依旧,不仅自己没有半点要排日的思想,也不准有爱国热情的民众有排日的言行。蒋介石回忆当时的情况说："在民国十六年以后的国民党","吾人从国民党历史及其人物之分析而观,实在看不出有排日成份之存在"。因为"余敢言国民政府如果放任人民排日,两国关系益见紧张,固不待言；而日本在经济上之损失,必将不可计数"。(17)也就是说,蒋介石不仅自己不排日,而且还不让国人排日,他主张中日亲善和提携,是为了中日两国关系不紧张,是为了不让日本的经济受损失。可是,蒋介石的"好意"并未得到好报,日本反倒觉得蒋介石软弱可欺,一举发动了九一八事变,不费一枪一弹地攫得了整个东北,继而又在上海挑起战火,还想从中国再割去一块肥肉。

由于蒋介石对日本发动九一八事变采取"不抵抗"政策,致使中国东北沦陷。蒋介石因此而一时处于不利的地位,不得不再度于1931年12月15日下野。然而,蒋介石即使下了野,也十分关心中国与日本的关系。正当日军在上海制造借口寻衅之际,蒋介石生怕因他不在南京而导致中日绝交,于是又几经周旋后在各种因素的促合下,其中主要是蒋介石依然无形地控制着国民党军队这一因素的作用下,他又再度复出了。在复出前,蒋介石曾把自己害怕中日绝交的心里话说了出来："余不入京,则政府必贸然与日本绝交,绝无通盘计划,妄逞一时血气,孤注一掷,国必灭亡。故余不顾一切,决计入京了。"(18)蒋介石入南京后,他所面临的是中日双方在上海处于战争胶着状态。 虽然他自己实在不愿再战,但迫于举国一致要求抵抗的呼声,他对于第19路军的抗日又不得不援助。 因为他当时和冯玉祥、阎锡山、张学良都是军事委员,如果不顺应当时全国军民抗日意志援助上海抗战的话,军权大柄就可能会旁落他人之手。 因此,蒋介石一边高唱抗日的调子,一边派了自己掌握的最精锐之第5军第87师和第88师参战。 结果,上海战事刚一结束,蒋介石便又捞到了国民政府军事委员长兼参谋长之职,从形式上到实际上再次把掌着军权,这就意味着他在与日议和方面也有裁定权了。 到5月5日,《淞沪停战协定》也就依着蒋介石的不抵抗方针且顺应日本的侵略要求应运而生了。 这个停战协定除规定中国军队不能进驻上海只能留驻在苏州、昆山一带外,还有中国取缔抗日、这次在上海坚决抗日的第19路军换防和中国不得在浦东及苏州河南岸驻兵的3项谅解。 这是蒋介石第二次下野后复出所完成的中日不"绝交"的一个重要工作,从而为他力谋中日"提携"创造了环境。

"东北沦丧了,东北军队反而得以完全统一于中央"
——九一八价值观

日本通过发动九一八事变占领中国东北,这是中国的一个巨大损失。 因为东北的丧失,使中国丢掉了巨大的人力、财力等资源。 近百万平方公里的土地和3000万同胞惨遭日本帝国主义的践踏与蹂躏;2万万4千亩的耕地、2万万亩未曾开垦的膏壤沃野、6万万亩的林场,地下蕴藏的80万万吨金属与非金属的矿藏等关系国计民生的最重要的资源都归日本所占有。 蒋介石也知道这一损失重大,认为东北丰富的资源与雄厚的人力"与我们国家民族的生命,实在是息息相关,真是得之则存,失之则亡"。 但是,蒋介石同时还认为,如果把他兼并地方势力统一中国与丢失东北这两件事比较起来,前者是重要的。 因为在蒋介石看来,日本发动九一八事变吞并东北这件事,有利于他兼并地方势力,至少是促使东北地方实力被迫归于蒋介石的指挥和领导之下。 蒋介石说:"事实上,东北在九一八以前,仅名义上归属于国民政府,而军权、政权、财权俨然独立,至少可以说非革命势力范围以内之地。 不过从前是有名无实",九一八后是"并丧其名"。 "但表面上虽属沦亡,实际自东北被占以后,东北军队反得因而完全统一于中央,东北人民亦彻底认识民族主义的意义,精神上更密切归属于统一的中国之下"。[19] 所以,尽管东北沦丧给日本了,但蒋介石仍力求与日本谋和;尽管后来日本又于1933年在长城各口挑起战事,蒋介石也不得不被迫应战,但他作为国民党最高军事统帅,不是调集主要兵力北上抗日,而是调集重兵"围剿"中国工农红军,甚至对要求北上抗日的高级将领说:"如再侈言北上抗日者,即以抗命论罪。"实际上,在应付日军侵略长城各口方面,蒋介石是力求与日谋和妥协。北平政务整理委员会委员长黄郛等人奉蒋介石之命与日周旋,中日双方终于在5月31日签订了实际上默认日军侵占东北三省和热河省的"合法"性,并承认冀东为"非武装区"的《塘沽协定》。在这一使中国丧权辱国的协定签字之前,蒋介石曾致电黄郛说:"至于协定一节,总须避免文字形式,以免将来引以为例,其端由吾人而开也。"这说明蒋介石虽力图与日谋和妥协,但还是怕留下把柄遭国人谴责。同时,为了不放弃与日妥协退让之企图,蒋介石设想订个口头协定来掩饰一下。当协定签订之后,蒋介石又一次认为排除了中日提携方面的障碍,从而大大地松了一口气,他深感"协定成立,停战政策得告一段落,人民暂可安息"。[20]他也可以安心致力于中日之间的"提携"了。于是,人们又不断地听到蒋介石散布的有关中日"提携"的言论。

中日"提携",可以消弭世界大战

蒋介石以他中日"提携"的论调,来压抑国内要求抵抗日本侵略的强烈呼声。他不断地对国民宣传其中日两国应当互相"提携"的观点,并声称他所控制的国民党,对中日"提携"的重要性向来是清楚的。照他的话讲,就是:"在中国言,能理解东亚存亡关键,能理解日本,并能理解中、日应平等提携,而不应该交恶以两败的,国民党向来的理论是比较清楚的。"[21]这种理论是什么呢?这种理论蒋介石确实是最清楚的。

蒋介石之所以强调中日两国应当相互"提携",是因为他认为中日两国的地理、民族等相近,两国相互"提携"有利于两国的经济发展和民族生存。关于这一点,蒋介石详细阐述说:

> 中日两国地理、民族相近,风俗、习性亦略相似,只看两国国民通婚者家庭关系的美满,以及中、日普通商民间,相与来往之亲切融洽,可见本为兄弟,无不可合作之理。日本维新时代自强自立的好处,给予中国觉醒的国民以不少的鼓励;日本在学术、文化、产业、经济各方面优越的成就,中国方面并不否认为先进;中国今在复兴建国时期,需要经济、文化之提携正感迫切,而且日本刻苦勤俭的习性,又适为中国所易与合作;日本之所缺乏,在中国或见为过剩;反之,日

本之所能供给,或适为中国之所需要;所以在经济上言,两国如真能以平等互利相提携,两国民族生存发展上之问题,便可以完全解决。[22]

　　蒋介石之所以强调中日两国应当相互"提携",还因为他认为从国际关系上看,中日两国间的相互"提携"可以消弭世界大战的战机。蒋介石强调指出,如果从世界大势来看,如果中国从远大的将来着想,"中日两国便应该相互提携,而没有交恶到底的理由"。根据自己的这一看法,蒋介石又来为政府的"不抵抗"方针和政策辩护,声称之所以政府不抵抗日本的侵略,这主要是因为中国国民党的当局,能够从全国安危出发,能够从大处着想,这是"堂堂正正有忠于国家利害的打算"。这实际上也是说,凡是主张抵抗日本者,都是不"忠于国家利害"了。为什么抵抗日本帝国主义的侵略就是不"忠于国家利害"了呢?这是因为蒋介石认为中日两国之间只有相互"提携",才可以解决好两国之间存在的问题,进而才能消弭世界大战的战机。蒋介石在阐述这一问题时,表示他以为目前中国,只有尽力消弭战机,才是唯一可采之路。而欲消弭战机,至少须将足为引起战争原因之一的中日问题,求得一个解决。中日问题解决了,世界局势将为之一变,俄、美与日本间之战争或可以不发生;即使还有俄、日或美、日战争,在中国也可以有清清楚楚的立场,自由应付,而不受丝毫牵制。同时,蒋介石还认为,中国之所以没有被帝国主义瓜分,主要是得力于日本,即所谓"如果东亚没有日本,中国早已被人瓜分或共管了"。所以中国绝不能抵抗日本,而要与之谋和,按蒋介石的话说就是中国要从"国家永久利害上着想,或是因应现在国际局势着想","断乎不应听任中、日僵局无期延长下去,而不谋解决之道"。他甚至还说更不能被"许多国民,激于当前的仇恨,颇有愿与日本偕亡的气概"所左右。[23]

　　蒋介石又根据上述自己的认识,进一步得出日本不是中国的敌人这一结论。他说他敢说,一般有理解的中国人,都知道日本终究不能做我们的敌人,我们中国亦究竟须有与日本携手之必要。"这就是世界大势和中日两国的过去、现在与将来(如果不是同归于尽的话)彻底打算的结论"。

　　蒋介石的这种"提携"论,是明显地针对国内要求抵抗日本侵略的人们的。他以"提携"论为标准来批评、指责国内要求抵制日货和武装抗日的民族义愤,严厉批评这是错误与虚骄的表现,并认为自"九一八事变发生以后,中国军民对于日本情形之判断,谬误不止一端"。如当时一般见解,以为中国兵力虽不如人,而抵货运动即可以代用之武器,所以对日万不能妥协,只要抵货运动支持一年半载,日本国内必大起经济及政治上之骚扰,虽欲不放弃东北而不可待。 蒋介石批评提倡抵制日货的这些人，是根本不知中国欲自固抵货运动的阵线，必将费甚大之力量，受很深的痛苦，因此，这样做"是一种很大的错误"。 蒋介石还针对主张用落后的武器坚决抵抗日本侵略的观点，也提出了十分严厉的批评。 指责这些人在九一八事变发生时不仅对于日本的情况不知道，就是中国自己自身的力量也不知道，这就是既不知彼，也不知己。 这些人对于中国自身的力量，不是夸张过大，就是信赖过甚，只判断敌人的缺点，无暇反思，亦无意承认自己的弱点。 尤其是一般人民则更是激于义愤，甚至自信短刀可以制飞机，单靠无近代装备的陆军，可以参加现代的战争。 因而"高呼宣战，力促出兵"。 蒋介石指责这不过是"虚骄的呼喊，暴露自身外强中干的弱点"。

对日外交提出"四不原则"

那么，在中日关系方面，中国应该怎样对待日本才算是对的呢？ 蒋介石又是怎样思考并提出了哪些东西呢？

蒋介石自己总结了一个对日的外交原则，这就是"不绝交，不宣战，不讲和，不订约"。 蒋介石表面上声称这是"无法之法"，而只有用这种办法才能与日本"相周旋"。 但是，他真正实行的则是地道的"不抵抗"方针，或者说是力谋与日本"提携"，他从心底里认为只有这个"提携"论，才能为中日双方"打开僵局"。[24]

蒋介石的这个"提携"论，集中阐述在1934年10月以徐道邻名义发表的《敌乎？ 友乎？》一文中。 他当时不用真名发表，原因固然很多，蒋介石自己认为是"惟以当时政治关系"，"乃托徐道邻君印行"。 其实，如果仔细分析起来，蒋介石害怕他的"提携"论遭到国人谴责，也应该是其中的一个主要原因。 自这以后，蒋介石仍旧宣传他的"提携"论，并为中日"提携"而不懈地努力。 正当蒋介石第五次"围剿"中国工农红军的高潮之际，日本斋藤内阁由于"帝国人造绢丝株式会社"出现股票低价出售的官商勾结事件而倒台。 海军大将冈田启介于1934年7月8日组阁执政，广田弘毅则留任外相。 当时，日本国内正流传着1935年和1936年将发生危机的说法。 而日本所担心的危机之一，就是认为中国为了要使日本卷入国际战争，将于1935年和1936年不惜与日本一战。 实际上，在蒋介石看来，日本的这种担心是多余的。 为了使日本不要在这一问题上担心，蒋介石特意于1934年11月27日在南京接受日本新闻记者的采访，公开否定了这种看法，表示即使中国国民有这种看法,他也不会与日本一战。他承认中国一部分之国民,不免有此思想。但是,作为明了世界形势与东亚大局的人,即暗指蒋介石自己和国民党,"绝不愿世界有战争之危机",而主张作为东西兄弟之邦的中日两国,"应以道义相交"。此时,虽然侵占了东三省的日本又进而把侵略的触角伸到了华北,但蒋介石却仍然与日本称兄道弟,显得一团和气。广田外相也乘机施放和平烟幕,掩盖日军在华北步步升级的侵略活动。1935年6月22日,他在议会演说时讲:"中国政局,近年显得稍稍平静,日本基于关怀东亚和平,认为是非常可喜的状况。两国之间的悬案可以逐渐解决;中国国民党也逐渐有了解日本真意的倾向。希望今后能越发促进这个倾向"。3日以后,广田又说:"在本人担任外相内,绝不会发生战争"。蒋介石不仅自己有意无意地受了日本的这种欺骗,而且还在中国大肆赞赏广田散布的言论,他说:

此次日本广田外相在其议会发表对我中国之演词,吾人认为亦具诚意;我国朝野对此当有深切之谅解。中国人民因迭受刺激,发生一部分反日运动,政府曾不断予以合理的弈止。中国过去反日之情感,与日本对华优越之态度,皆应共同改正,亦为敦友睦邻之道。我全国同胞亦当以堂堂正正之态度与理智、道义之指示,抑制一时冲动及反日行动,以示信义;余信日本亦能以信义相应也。[25]

这时,蒋介石认为,要实行中日两国的"提携"是完全有可能的。只要中日两国政府互相披沥满腔的诚意,本着和平的方法和正当的步调,以解决一切纠纷,把互相猜疑的心理,互相排除、互相妨害的言论和行动逐日削减,那么中日"提携"希望的实现决非难事。如果中日两国人民不拘泥于一时的利害,一得的感情,而本着诚意和正义,以努力确立两国间永久的和平,则两国的根本问题,必能得到合理的解决。就蒋介石本人来说,他对中日两国实行"提携"已抱着极大的决心,表示无论如何,为了谋东亚的和平,即便遇着多少障碍,也得将其突破,"而断乎努力于中日两国的提携"。蒋介石的努力是相当惊人的,他甚至表示可在一些根本原则问题上作相当的妥协与让步。他一方面说"中国是一个完全自主独立的国家,我们领土和行政的根本原则,绝无放弃的可能";另一方面则透露说:"在东亚和平的大理想之下,考虑日本的利益,有的作相当的妥协让步,不一定不可能"。[26]果然,为满足日本"华北政权特殊化"之要求,蒋介石国民党政府于1935年12月决定在北平成立"冀察政务委员会"。这个以日本关东军代表土肥原担任顾问的"冀察政务委员会",完全按照日本的意图来行使政治、经济甚至外交权力,使冀察脱离南京政府的管辖,它实际上是一个没有公开挂"自治"招牌的"自治"机构。

对日外交的妥协、恐惧、侥幸心态

虽然蒋介石适应日本侵华之需要承认华北"自治"了,但欲壑难填的日本仍然不满足,它加紧用武力全面侵华的一切准备。中华民族危机到了最紧要的关头。可是,蒋介石依旧一方面应付与日本的摩擦,另一方面却继续做着中日"提携"的美梦。到1936年5月,蒋介石还说:"我们中国在国际间救亡图存惟一的要道,也就是我们大家所应抱定的努力的方针",这个方针是什么呢?"一言以蔽之,就是要以'信义和平'为主旨。"[27]同年10月9日,蒋介石在接见日使川樾时,他一再表示中日两国间解决问题的前景一定看好,即完全有可能按"提携"的方向发展。他说:

川樾大使之精神与态度,其诚恳坦白,实足钦佩。盖完全本于去年经彼国会议中所发表之方针,即不威胁,不侵略之原则,力谋调整国交之实现是也。以今日川樾大使表现之精神,推而言之,则中、日两国问题,皆可不采外交正当途径以外之方式,而依外交之常轨,以平等基础,解决一切困难,一扫过去纠纷与黯淡之阴霾。盖人类本富于感情,惟有精诚可感召一切。余在去年春间由京入川之时,所发表对日之感想,即以为如一方果能以精诚相示,则彼方必有以精诚相应之一日。深信余之抱负与期望,不难贯彻始终也。[28]

总之,蒋介石在建立南京国民政府后,几乎一直在谋求中日之间的所谓"提携"。虽然在蒋介石的不断努力中,以完全吃掉中国为既定目标的日本总是不领蒋介石的情,并不给他以面子,但是,蒋介石对中日"提携"仍然是孜孜以求,努力不懈。到1931年九一八事变发生后,蒋介石抱着"不抵抗方针"处理中日间的冲突,以妥协退让曾换得了表面上一时的"和平"。于是,他又竭尽全力从理论上宣传并坚决推行中日两国间的"提携"工作。在全国军民抗日情绪逐渐高涨的形势下,蒋介石一反国人要求坚决抗日的调子,不断散布所谓中日"提携"的观点,批评各种要求抗日的正义主张,乃至压抑各种抗日的行动。事实表明,蒋介石的中日"提携"论,就是一种变相的"不抵抗"论,它起着拱卫"不抵抗"方针的恶劣作用。

除"恐日"论和"提携"论之外,蒋介石还提出了一个"苟安"论。其基本观点就是认为日本侵略的主要目标不在中国,中国即使不抵抗也能苟安图存。其基本内容概括起来,就是说明日本不会侵略中国,中国不必为抵抗日本而操心,中国即使不抵抗日本也不会亡国。虽然蒋介石在其"恐日"论中一再强调日本可在3天之内灭亡中国,中国不得抵抗,但在阐述"苟安"论时,他又从另外一个方面说明虽然日本可以很快地灭亡中国,但它的主要军事目标不在中国,也就是说,日本在侵占中国东北之后,它的主要军事目标是对准美英苏3国。关于这一点,蒋介石有一个十分详细的阐述。他说:

我们更要说一说现在日本军事准备的目标是在那里……现在我们东四省,已经被日本侵占去了。他向大陆侵略的第一步目的达到之后,必要更进一步,来侵略我们全国,所以他军事的准备,也比过去更加积极,更加雄厚。但是他现在一切军事的准备,其目标是不是对我们中国呢?我可以说,我们中国没有在日本人眼里。所以日本的军事准备不是对我们中国,他没有拿我们中国的军人,中国的国家、军队,放在眼里,中国不配做他军事上的目标。他天天虽然在察哈尔东部扰乱,天天派汉奸在华北各地活动,极力威胁、侵略我们中国,但是他军事上的真正目标,不是在我们中国。为什么呢?因为以他现在的武力,要想侵占中国,早已不成问题,但是他虽把全中国占领了,如果太平洋问题没有解决,全中国是占领不了的,所以他早已认定,非把与太平洋有关系的几个强有力的国家统统征服之后,不能达到独吞中国,独霸东亚的目的。所以他现在陆军的目标是苏联,海军的目标是英、美。日本为要吞并我们中国,而须先征服俄罗斯,吃下美国,击破英国,才可以达到他的目的,这是他早已决定的国策。[29]

同时,蒋介石还认为,如果从战略角度上讲,由于目前日本多面临敌,这种局势也不利于他在灭亡其他三国之前先灭亡中国。具体原因是什么呢?蒋介石对此也作了详细的阐述。他说:日本的"敌人不止中国一国,最大的敌人还在旁边,我们中国在他正面,美国在他后面,苏俄在他侧面。我们哪一个都知道,军事并不是专打正面,仅仅打正面不够,非将后面、侧面一齐准备妥当,备置完备,徒打正面是不能作战的。我们中国是他所要打的正面,但是他主张的军事力量如果用在正面,一定失败。所以我们看得很清楚,美国在他后方,俄国在他右侧面,英国在他左侧面——南洋,最大最强大的敌人在他的侧背,他有什么办法可以拿全力来征服我们中国?"蒋介石向国民党军队灌输这些道理，目的就是要军队只管放心好了。因此他称："我们中国军人要明白了这个国际大势，就可以很大胆，很安心。"(30)

为了进一步说明日本不会侵略中国这一问题，蒋介石又从中国是各国"共同殖民地"的角度，来证明日本"必先征服世界，然后才能征服中国"。他强调，现在的问题，不是简单的中日问题，而是整个的东亚问题，也就是所谓太平洋问题。日本人所争的是整个太平洋的霸权。不过，现在的中国，是世界各国的公共殖民地。因此，日本现在要将中国来做他一个国家所独有的殖民地，就先要同世界各国来决战，如果日本不能同世界各国来决战，他就掌握不了东亚霸权，也就解决不了太平洋问题；这样，他就不能在东亚做盟主，也就不能吞并我们中国。或者说，因为中国是世界各国的共同殖民地的缘故，所以日本要独吞中国，就要先征服世界；日本一天不能征服世界，也就一天不能灭亡中国，独霸东亚。所以，蒋介石很自信地"断定日本必不能吞并中国"。(31)

总之，虽然蒋介石认为日本十分强大而且有灭亡中国的野心，但是，他同时认为在世界错综复杂的格局下，日本绝对不会来灭亡中国至少首先不是要灭亡中国。在这种环境里，蒋介石当然地认为中国不应该抵抗日本。在这里，蒋介石却只字不提中国应该乘世界大战爆发之机"死里求生"了，非但不提，反而自相矛盾地提出中国应该不让即将爆发的世界战争在东方爆发，或者至少推迟在东方爆发时间。本来，1931年九一八事变发生后，蒋介石一时断定世界大战由此爆发了，但结果仍只是中日之间的冲突，国际上的反响并不太大。几年后，1934年时，蒋介石又开始宣传世界大战将于1936年爆发。虽然这是当时"世人之预料"的观点，蒋介石却十分地相信。他再次以此为借口，要国人不要一心想抵抗日本。他告诉国人说，不抵抗日本是为了保存力量，以利于将来参加世界大战。因为那时我们中国如果没有自保的力量，便纯粹要成为"人为刀俎，我为鱼肉"的局面，"结果一定要亡国！"同时，中国之所以不能抵抗日本，也是为了使世界大战不在东方爆发或推迟爆发。因为无论从国际的环境还是从我们中国本身的情况来讲，最好是不让世界战争在东方爆发，即使必定要在东方爆发，最好是能够让其迟一天爆发，世界战争能够迟一天爆发，"中国就多一分幸福"。所以，在这个意义上，蒋介石坚决反对中国抵抗日本，认为"我们弱的国家，在这样险恶复杂的国际环境中，绝不好存一点幸灾乐祸，投机取巧的心思"，而要本着民族固有的"信义和平"之"德性"，"诚诚实实"地"自主自强"。(32)

其实，蒋介石不主张抵抗日本。他强调日本不会灭亡中国以及中国绝不能因中日冲突而在东方挑起世界战争的这些观点，都主要是为了证明中国在蒋介石自己主观设想的上述形势下，只要不抵抗日本，就一定可以苟安。蒋介石在九一八事变发生后，求苟安的思想是很严重的，他之所以指挥其军队拼命地"围剿"中国工农红军，除了要消灭政敌这一主要目的之外，另一个目的就是要在消灭中国共产党及其领导的中国工农红军后，与日本保持"提携"关系，以维持一个苟安的局面。因此，他在"剿共"前线曾公开地向其部队宣称，如"不能肃清匪患"，"国家也绝不会有苟安存在的余地"。[33]这也就是说，除了中国共产党要破坏国民党的反动政治统治秩序外，在蒋介石心目中，帝国主义的侵略方面是不足虑的，是可以苟安的。如果说这还不能很明显地看出蒋介石的苟安思想，那么，在全面抗战发生后的1938年7月，蒋介石所说的一段反省言论中，则是足以看出蒋介石的确存在过苟安图存之想法的。他说："如果我们今天还不下'拼民族的生命，来争取民族的生存'的决心，还要蹈从前苟安心理来鼓励侵略疯狂的覆辙，那么今昔异势，敌人的狠心毒计，也不比从前简单，我们岂但不能求得一时的苟安，就是三百年以后，也不能恢复我们民族的自由和独立自存。"[34]

这个"不抵抗"论，既充分反映了蒋介石对日本的害怕、妥协和侥幸的心理，也说明他在处理中日民族矛盾的问题上，似乎有意识地想真正寻求一个"和平"解决的办法。但是，这不过是蒋介石的一厢情愿和单相思。蒋介石越想用"和平"的方法解决，日本越是得寸进尺，终于在1937年7月7日发动了旨在侵占全中国的卢沟桥事变。

那么，蒋介石为何要挖空心思地制造和宣传"不抵抗"论，为什么不仅坚定不移地反对国民党政府把主要精力放在抵抗日本的侵略方面，而且还不遗余力地破坏部分国民党官兵已经自发组织起来的抗日军事行动呢？这主要是因为蒋介石把中国共产党当作最大的敌人，他下定决心要扑灭以武装斗争来反抗其独裁和反动统治的中国共产党及其领导的中国工农红军。为了达到这一目的，蒋介石在大肆宣传其"不抵抗"论的同时，还制造了另外一个"安内攘外"论，对全国军民的抗日言行进一步进行误导。

第四节 "安内攘外"论

按常理说，安定团结局面是一个国家政治、经济等诸方面向前发展的最根本的条件，因此，作为一个国家的最高统治者，应该十分重视国内的安定团结。如果一个国家没有安定团结，这个国家的各方面建设就不可能搞上去，这个国家也就不可能发展。当一个国家遇到外族侵略的时候，这种安定团结的局面就显得额外重要，也就是古语所说的"攘外必先安内"。因为只有举国一致地团结起来，才能有效地反抗外族侵略，才有可能取得反侵略战争的胜利。但是，针对蒋介石国民党政府来说，这个常理就不适用了。因为这个政府既不代表广大人民群众的根本利益，也不能领导全国军民坚决抵抗外族入侵。在这个意义上讲，如果国内越是安定团结，蒋介石国民党政府就越巩固，这个政府越巩固，则广大人民群众的根本利益永远得不到保障，则中华民族就不能有效地抵抗外族入侵。这也是一个已经被历史所证明了的常理。在这个意义上，反过来讲，只有蒋介石国民党政府改变其方针和政策，能够代表广大人民群众的根本利益，能够领导全国军民坚决抵抗外族入侵之后，全国的安定团结局面才有积极意义。

中国共产党与蒋介石领导的国民党之间几十年的恩恩怨怨，主要是由于中国共产党坚持主张代表广大人民群众的根本利益，而蒋介石国民党则坚决维护地方、资产阶级的根本利益所造成的。由于广大人民群众是中国人口中的绝大多数，仅此一点就可知谁是谁非，不言而喻了。

"安内攘外"理论和政策同时形成

蒋介石作为国民党的最高领袖，为了维护地主资产阶级的根本利益，他不可能不视代表广大人民群众的根本利益的中国共产党为死敌。无论国内阶级矛盾激烈还是中日民族矛盾激烈，无论阶级矛盾是主要矛盾还是民族矛盾上升为主要矛盾，蒋介石都紧紧盯住中国共产党不放，必欲置之死地而后快。因此，在日本帝国主义发动九一八事变前后，即使全国人民强烈要求国民党南京政府采取有效措施抵抗日本侵略，蒋介石也无动于衷。相反，他还提出了一个"安内攘外"的理论。他把中国共产党与日本帝国主义相提并论，一同视为民族的敌人,即诬称中国共产党是"民族最大之祸患"。强调只有先消灭中国共产党,当然也包括要剪除国民党内地方异己势力,进而安定国内,然后才能再进行抗日。

蒋介石的"安内攘外"论是与其"安内攘外"政策相辅相成的,确切地说,它是一个问题的两个方面,"安内攘外"即是蒋介石推行的一种政策,也是他阐述的一种理论和观点。因此,严格地说,"安内攘外"理论和政策是同时形成的。"安内攘外"作为蒋介石推行的一种政策,它以国民党的政策形式要求各级党政机关和军队无条件地贯彻执行;"安内攘外"作为蒋介石阐述的一种理论和观点,它以理论形态拱卫"安内攘外"政策,并说服国人真心拥护这个政策并落实于自己行动当中。

"安内攘外"作为一种政策或作为一种理论,正式形成于九一八事变发生之前。九一八事变发生前,蒋介石在国内面临两大难题,一是中国共产党领导的中国工农红军犹如星星之火,国民党军队越"围剿",红军越发展,到处呈燎原之势,成为阻碍他建立独裁政治的一个极大的障碍。二是国民党内的一些地方势力也对他的独裁统治不满,一有机会就要与蒋介石一争高低。其中最使蒋介石恼火的一件事,就是国民党元老胡汉民坚决反对他独揽国民党党政大权。1930年10月,中原大战结束后,蒋介石认为统一中国的局势已经形成,国民党内"叛党乱国之徒今后决无能再起"了。为了使自己在国民党内的统治地位更加巩固,蒋介石决定召开"国民会议",制定"训政时期约法",主张设置总统,并使国民政府的行政院、立法院、司法院、考试院和监察院置于总统之下。10月15日,蒋介石专门设宴款待胡汉民、蔡元培、孙科、戴季陶等人,就召开国民会议问题及自己的主张与他们进行了交谈,希望求得他们的同意。但是,当11月召开国民党三届四中会全讨论约法问题时,时任立法院院长的胡汉民与司法院院长王宠惠等主张"以党治国"、"以党治军",党权高于一切,以抵制蒋介石的独裁专制。尤其是胡汉民力持反对意见,并与国民党中央监察委员吴稚晖发生激烈的争论,从而使会议在这个问题上未能达成一致意见。会后,蒋介石与胡汉民等继续发生约法之争。蒋介石派吴稚晖劝说胡汉民"休养",但遭到拒绝。1931年2月24日,蒋介石召集胡汉民、戴季陶、张群、吴稚晖继续商谈制订约法问题。在商谈中,针对张群主张立法,胡汉民提出反驳意见,认为现在各项法律案还没有完备,就是有了一些,但因军权高于一切,无从发挥其效用。所以他不主张马上有约法和宪法。双方争论激烈,各不相让。蒋介石对胡汉民怀恨在心,但不好马上发作,在表示"只好照胡先生的话去做,不要约法"之后,大家不欢而散。28日,蒋介石以宴请为名,将坚决反对制订训政约法的胡汉民诱至官邸扣留，继而将其囚禁于南京郊区汤山。事后称胡汉民"引咎辞职"，免去胡汉民国民政府委员、立法院院长职务，改选林森为立法院院长。蒋介石囚禁胡汉民之举，引起了两广地方实力派的牵头反蒋。他们于1931年5月28日组成了广州国民政府，公开打出了反蒋旗帜。其主要代表有汪精卫、许崇智、唐生智、李宗仁、黄旭初等。他们不仅要求蒋介石释放胡汉民，并且视蒋介石为敌。他们还提出"背党祸国，罪状昭著"的蒋介石"一日不去，党国一日不安"，要求蒋介石在48小时以内引退，"勿以一身为党国梗"。7月，广州"非常会议"一面订期召开国民党第四次全国代表大会，一面声言要出师北伐。蒋介石一时被弄得焦头烂额。他说两广反对派"对于中正，诬之以拥兵自重，诋之为军人独裁，毁斥百端，有如毒矢雨集"。[1]

显然，就国内而言，由于蒋介石要搞专制独裁，不仅遭到中国共产党的坚决反对，也得不到国民党内部政治反对派的认可。与此同时，日本帝国主义对中国东北的侵略活动也越演越烈，战争乌云已经笼罩在沈阳上空。可以说，蒋介石已经完全处于内外交困的境地。

安内首要目标是"剿共"："赤匪一日未灭，则中正之责任一天未尽"

陷于内外交困的蒋介石，把消灭中国共产党和剪除国民党内的异己势力当作首要解决的问题，制定了"先安内后攘外"即"安内攘外"的政策或方针，发表了不少言论，以阐述和宣传其观点，进而逐渐形成了"安内攘外"论。蒋介石认为，在解决抵抗日本帝国主义的侵略与消灭中国共产党、剪除国民党内异己势力这两个问题上，应该先解决后一个问题，再解决前一个问题。这是什么原因呢？蒋介石详细阐述其理由说："惟攘外应先安内，去腐乃能防蠹。""如无粤中叛变，则朝鲜惨案，必无由而生，法权收回问题亦早已解决，不平等条约，取消自无疑义。故不先消灭赤匪，恢复民族之元气，则不能御侮；不先削平粤逆，完成国家之统一，则不能攘外"。因此，蒋介石要求全体国民在这"生死存亡之际，自应以卧薪尝胆之精神，做安内攘外之奋斗"。不过，在消灭中国共产党和剪除国民党内异己势力的"安内"方面，虽然蒋介石认为这两者都造成了"国家之不统一，与地方秩序之不安定"，要把"戒除内战，保障统一"和"剿灭赤匪，安定社会"当作"安内"的重要任务来完成，即所谓"内对赤匪与叛徒之变乱，则以有组织之努力，共同扑灭之"，但是，他最注重的是消灭中国共产党。在蒋介石的心目中，中国共产党是他建立独裁政治道路上的一个最主要的障碍。因此，蒋介石诬称中国共产党是"万恶之赤匪",是"民族最大之祸患",表示自己"已矢最大之决心,誓集全国之心力"来"剿共"。[2] 还表示"赤匪一日未灭,则中正之责任一日未尽,叛乱一日未平,即中正之职务一日未了"。他还以"一息尚存,此志不渝""自矢"。与此同时,蒋介石还发表文告,要求"全国同胞一致安内攘外"。[3] 蒋介石的"安内攘外"政策及其理论提出后,绝不可能不引起日本的注目,它对日本发动九一八事变所起的一定促进作用似乎是可以推知的。

九一八事变发生时,蒋介石在南昌不断地接到来自南京的十万火急的电报。当时,蒋介石对于日本在他一心"安内"尤其是在大规模"围剿"中国工农红军的时候,发动对中国东北的侵略,感到无比愤怒。他在日记中这样写到:"倭寇果乘粤逆叛变,内部分裂之时,而来侵略我东(三)省矣!余惟有鞠躬尽瘁,死而后已,拼一身报我总理!报我先烈!报我民族!"蒋也知道日本的侵略野心很大,认为:"日寇野心既一爆发,必难再收,东亚从此将无宁日矣!"[4] 但是,愤怒归愤怒,立志于"安内"的蒋介石,就是不肯改变他业已形成的对日"不抵抗"方针。

蒋介石对日本的妥协退让以及日本不断扩大侵略,激起了全国人民要求一致对外的强烈呼声。在这种情况下,蒋介石对两广反对派采取和平争取的方式,他托李石曾、张继、吴铁城于19日致电广州党政要人,请求取消其反对行动,"一致救国"。南京政府、国民党中央执委于20日又电请粤方共赴国难。广州反对派于次日电复南京,愿意在适当条件下"息争御侮"。[5] 其主要条件就是蒋介石下野。结果,蒋介石被迫于1931年12月15日通电下野。广东方面遂撤销国民政府,另成立中国国民党"西南执行部"和"西南政务委员会"为暂时党政最高机构。国民党内部在形式上又复归于统一。蒋介石下野后,南京国民政府一时形成权力真空。上海十九路军奋起抗战,蒋介石的"安内攘外"政策一时未能实施。1932年2月6日蒋介石担任国民党中央军事委员会委员长,再度复出了。这时,他又把"安内攘外"当作国民党的一贯方针或政策强制推行。他规定"中央一贯的方针,就是安内攘外四个字"。[6] 当时,尽管全国广大军民要求抗日的呼声不断高涨,但蒋介石却"不顾一切责难,决定了攘外必先安内的政策,坐镇江西,尽力剿匪"。他还把军官轮流召集起来进行训导,要求他们一定要贯彻他的这个"安内攘外"的政策或方针。他说:"我近来所提出的一个口号,作为全国军民和军人共同努力的目标,就是'安内攘外'。"即使到了1935年中国共产党发表了《八一宣言》即《为抗日救国告全体同胞书》,号召中国各党派团体和全国军民一致抗日,特别要求停止内战,实行全国总动员,组织全中国统一的国防政府和统一的抗日联军以战胜日本帝国主义的时候,蒋介石仍然置若罔闻,并坚定地"咬紧了牙根,贯彻了'安内攘外'的政策"。(7)

蒋介石的"安内攘外"论,主要包括两层含义,一层是"安内",一层是"攘外"。就"安内"方面讲,蒋介石着重阐述了为什么要用武力镇压中国共产党及其领导的中国工农红军、镇压国民党内部的一切异己派的理由。

为什么要用武力镇压中国共产党及其领导的中国工农红军呢?简单地说,因为蒋介石认为,中国共产党对他独裁政权的威胁最大,是他的"心腹之患",所以,蒋介石把"剿共"当作自己的中心工作,将其主要兵力用于消灭中国共产党方面。但是,为了使全国民众理解和接受"安内攘外"政策,蒋介石倒因为果,硬说是中国共产党以少数的军队牵制了国民党大量的军队,影响了国民党军队的抗日。试图从这个角度来说服国民相信"安内攘外"政策是正确的。所以,有时,蒋介石引出了古人所言过的"攘外必先安内"这一话题,来谈他"安内"就是要用武力镇压中国共产党及其领导的中国工农红军的思想。蒋介石说他对于自己"有很多的军队去围剿"中国共产党的革命根据地,"每每不生效力,不能如期完成清剿的任务"而感到十分地担忧。因为他从这里看到中国共产党的兵力虽少,但其能量相当大。所以,他认定"这心腹之患不除,其结果势必亡国"。(8)有时,蒋介石还把日本侵略中国的原因归咎于中国共产党的身上,声言只有消灭了中国共产党,"攘外"才能有把握。他说:"日寇敢来侵略我们的土地,甚至公然要求来灭亡我们整个国家,这是因为我们国内有土匪扰乱,不能统一。""日本的侵略,就是土匪所招致的"。因此,蒋介石提出:"只要能够正本清源,先将这个心腹之患彻底消除,那末外面的皮肤小病,一定不成问题。""剿共""就是要来治疗心腹之患,只要剿匪成功,攘外就有把握"。此外,蒋介石还从战略上来说明"安内"重于"攘外",或前者是后者的前提条件。他说:"再就我们主观的战略来看,现在我们国内没有安定统一,并且有土匪拼命的捣乱,若是在这种情形下,来谋攘外,那我们就是处于腹背受敌,内外夹攻的境地了。""若是遭到腹背受敌,内外夹攻,前后方都告危急,那是没有不失败的"。因此"我们就客观的情形与主观的战略看来,今日救国的途经,只有照着古人'攘外必先安内'这句话来力行"。也就是说"安内是攘外的前提"。(9)

同时,蒋介石不仅把"安内"看成是"攘外"的前提,还当作是对国民党军队抗日能力的一种检验。按照他的观点,就是国民党必须有能力"剿共",才能言抗日;也只有具有"安内"的能力,才能具有攘外的能力。他说:"要抗日就先要剿匪,能剿匪就一定能抗日"。又说:"你想匪都剿不了,那里还能抗日,这不是自欺欺人之谈吗?"还说:"连赤匪都不能平定,遑论抵抗外侮。"所以,在这个意义上,蒋介石把能否"剿共","看作中华民族有没有坚强的能力之试金石",看作是"御侮的基础"。[10]对此,蒋介石也很自信,认为只要他消灭了中国共产党,那么"攘外"是外没有问题的。1932年底,蒋介石说:

  共产党做了我们的对像,差不多已有八、九年了!在这八、九年中,我曾摆脱许多政治上的事情,专研究赤匪的真相,想出种种办法,搜罗他们组织内容及其精神所在的地方。后来拿各种报告和消息,整个的给他们统计起来,才晓得他们的组织内容,才晓得赤匪的厉害,我们是不及他们的。因此我们格外相信,如果赤匪给我们消灭之后,我们对外更是没有问题。[11]

  可见,蒋介石所谓的"安内",主要就是针对中国共产党而言的。他在1933年曾决定用3年时间专心致志地"剿共"。是年10月,他说:"我们计划三年的剿匪工作,一定要能于半年之内打破其主力,捣毁其巢穴,初步计划,能告一段落",这"是最要紧的"工作。只有消灭了中国共产党,国内也就可以安定了。他说:"我以为赤匪的祸乱能够消灭,我们国内就可以安定",这就是"剿赤匪即所以安内"的道理。蒋介石"安内"所要达到的主要目的是什么呢?主要目的之一就是必须要把中国共产党斩草除根地消灭干净。到了1936年5月,日本帝国主义已经在中国华北磨刀霍霍,中华民族到了严重的危机关头,但蒋介石仍然死死地盯住中国共产党及其领导的红军不放。他认为在国民党军队的不断"追剿"下,虽然中国共产党领导的红军已经所剩无几了,但决不能就此罢休,一定要"斩草除根"。他坚决主张:"我们现在要达到'安内'的任务",就是"首先要根本肃清""赤匪"。他特别强调"除大股残匪正由大军追剿外,现在还有零星散匪没有完全肃清",他严厉要求其部下官兵对此切不可丝毫忽略,"总须彻底清除,斩草除根,勿使有一个土匪存于本区之内,须知如存一个匪类,即可逐渐蔓延,为后来之大患。'星星之火,足以燎原',过去江西的匪患,可为殷鉴"。[12]

安内另一目标是统一:"在我一个人意志之下统一起来"

  为什么对于国民党内的异己实力派,也要用武力进行镇压呢?这主要是因为蒋介石也把国民党内的统一看成是"攘外"的一个条件。蒋介石非常清楚,国民党内的异己势力,他们对蒋个人至高无上的政治、军事地位颇感不满,是蒋实施独裁政治的一个主要障碍。为了清除这一障碍,蒋介石从"攘外"的角度找借口。告诉全体国民党员和全体国民，不是他蒋介石不想立即"攘外"即抵抗日本帝国主义的侵略，而是因为国民党内不统一，严重地影响了"攘外"。蒋介石说："我们要想攘外，必能安内，要求安内，必须看到我们内部最大的不安，是在什么地方。"其中之一，"就是我们内部的政见不一致"。对于两反反对派，蒋介石这样批评说："本党由三全大会以后，支离破碎，使国民革命的生机，几乎断绝，连已经统一了的局面，都不能保全"。这是因为"本党……不但没有团结的精神，并且不尊重纪律"。因此，蒋介石要求把"团结内部"作为国民党的"重大的使命"之一。为什么要团结国民党内部呢？蒋介石进一步地说："国难当前，我们研究还是解决对外要紧呢？还是解决对内要紧？我们要对外不屈服，不妥协，惟有对内讲求团结的方法"。因为如果对内不肯退让，那就对外不能进展，而且对外与对内的效果，完全成一反比例。只要能够团结，无论敌国外患，怎么样严重，断不能与我们革命精神相抵抗。所以最要紧的，是在打开一条出路，使国民党能够确实团结，进而可以运用团结的力量，去扫除一切的外患。所以，蒋介石也强调"兄弟阋墙，外御其侮"这一句几千年来的成语，是最精当不易的教训，而在今日，尤其觉得有深切的意义。

对于国民党内部的政治反对派，凡是不能被"团结"的，蒋介石也是以"安内"的名义去镇压或采取其他手段使之屈服的。他有时称这些不听他指挥而独自抗日的将领是"本党内部反侧之徒"。到1935年5月，冯玉祥、吉鸿昌、方振武等在张家口组织察哈尔抗日同盟军进行抗日活动，违背了蒋介石的"不抵抗"方针。对此，蒋介石就是采取镇压方法来"安内"的。1936年6月，两广实力派"以抗日名目反蒋"，蒋介石打着"安内"旗号表示要予以镇压。他说："就革命的方略来说，正唯有外敌的压迫，中央更不得不免彻底肃清内乱，否则一般汉奸匪徒，更要挟寇自重，国家更无安定复兴之期。当此外患严重的时候，如果有挟寇自重的汉奸匪徒，中央更应该不顾一切，彻底澄清，以竟安内之全功，而固攘外之根本。"[13]总之，凡是国民党内部不以他的意志为转移的举止，蒋介石都认为是内部不安定，他要以这个"安内"论为依据并采取相应的强硬措施，以达到国民党内部之团结，而且必须是团结在他的周围。

在"安内"问题上，就国民党内部的统一来说，蒋介石最为关心的是国民党军队的绝对统一。因此，蒋介石强调"安内"的一个关键，还在于国民党军队必须绝对服从他指挥。蒋介石虽然是国民党内实际的党政军最高领袖和统帅，但是，就国民党内一般大的军事将领来说，他们并不一定时时处处都听从他的指挥。针对这种现象，蒋介石经常从"剿共"数次失败和东北沦陷于日本手中的事实,来极力地指责其国民党军队,大骂其无能,没有尽到"保国卫民"之责。他说:"在这种内忧外患交迫而来的情形之下,我们国家养兵二百五十万以上,而不能尽保国卫民之责,这是何等耻辱!"其实,在这里,国民党军队没有尽到"保国卫民"的责任,毫无疑问应该首先批评蒋介石,因为事实上是蒋介石自己不主张抵抗日本帝国主义的侵略,是他自己强制推行反共反人民的"围剿"中国工农红军的国内战争的。

蒋介石批评国民党军队没有尽到"保国卫民"之责是另有用意的。这个用意就是以"保国卫民"来强调军队绝对统一的重要性,进而强调国民党军队必须听从国民党中央的指挥,也即听从他个人的指挥,因为国民党中央与蒋介石个人在很大程度上基本上是等同的。同样,蒋介石也是从"攘外"的角度,来阐述军队必须绝对统一这个问题的,蒋介石在分析为什么中国有如此庞大的军队也不能"攘外",尤其是不能抵御日本帝国主义的侵略时,指出这主要是由于全国的军队不听中央的指挥、不团结和不统一所造成的。因为全国的军队不能听中央的指挥,所以中央政府事实上毫无力量,是空的躯壳,有等于无。蒋介石还进一步分析说:"现在我们国家有许多的兵,其所以还不能救国,并不是军队不能救国,而完全是我们的军队没有道理,没有统一,没有组织,尤其是没有团结的缘故。"蒋介石告诉部下,在上海抗战和长城抗战中,虽然中国军队能抵抗一阵子,但这"还不是大规模作战",将来要"攘外"就要适应大规模作战,这就必须要有一个条件和精神,即现代军队所必要的一切和现代军人不可缺的精神,只有做到这一点,"才可以来抵抗敌国"。这个条件和精神是什么呢?就是什么事都要"统一",事事能够统一的军队,才是一个整个的力量,才可以发挥最大的效能。只有在军事统一之下,才可以发挥我们各个人的能力。

这种统一,具体地讲,就是统一在蒋介石一个人的指挥之下。蒋介石特别强调:军队必须先做到统一尤其是做到指挥统一。目前造成了这种许多军队都不听他指挥的这种局面,是非常严重的,肯定要影响到对外作战,如果"讲得不好听的一点话,就是这种封建式的、私有的军队,要想对外作战得到胜利真不可能"。[14] 怎么办呢? 蒋介石说:"我当统帅,要使全国军队……在我一个人意志之下统一起来,全体部下的力量,在我一个人指挥之下统一起来!""这就是我们革命军人救国最要紧的一个要件",这'统一意志'、'集中力量'两句话,便是我们现在御侮图强方法中最要紧的一个原则"。"今后我们中国要抵抗倭寇,就是统一,统一之后,力量才能集中,集中之后,一分力量才可以发生十分的效用"。[15] 这实际上是说,要"攘外",必先统一军队,统一军队是"攘外"的根本条件。

蒋介石想藉"攘外"来促成军队的绝对统一,而国民党地方实力派对这种统一提出相反的意见,他们认为必须先抗日,在抗日的旗帜之下方能求得军令和政令的统一。 1936年两广发生的"六一事变"就是旨在反对蒋介石的上述统一之法,他们要求统一必须以抗日为前提。 对此,蒋介石当然是不会同意的,所以,蒋介石指责他们说:"现在两广几位负军事责任的同志,有一个口号说'在抗日的旗帜下,方能统一军令'。""说是要先打了外国,然后方能统一。 这个口号和这种说法,他们自己当然以为很有理由,那里晓得事实上是大错特错"。 这是因为就中国目前来说,"军令政令统一,是对外抗争的根本条件。 军令政令不统一,绝对不能对外。 两广几位军事当局,因为不懂这个道理……所以做了很多错误的举措,造出现在这个乱子"。[16]因此,蒋介石认为,由于军令不统一,军队不能统一地归他指挥,所以国内不能安定,也就不能"攘外"。 可知,他把军队的统一实际上是当作"安内"的主要目的之一来对待的。

不容否认,一般地说,只有在国内团结和统一的基础上,才能很好地御侮,也就是说,"攘外必先安内"从本身的字面意义来看,是没有什么错误的。 但事实表明,蒋介石没有担当起真正的御侮责任,他不过是打着"御侮"、"攘外"的招牌,或者说是乘民族危难之机,力谋自己的独裁式的统一,所以,他所说的"攘外必先安内",事实上是突出地表现了他个人利益高于民族利益的极端权力欲。 其实,蒋介石"剿共"的目的,也不是像他自己所说的要先消灭共产党,然后再抗日。 他的目的是什么呢? 正如国民党军高级将领李宗仁所说的,蒋介石所提出的"攘外",并不是真正的抗日,而是迫于全国抗日民众运动高涨的形势,"有意敷衍日本",甚至"通令压制各地的抗日运动"。[17]也正如蒋介石的外国顾问端纳所说,蒋介石采取大规模的"剿共",是"欲将群众的注意力从抗日转到反共上来"。[18]正因为如此,蒋介石的"安内"论,即所谓必须先"安内"然后才能"攘外"的理论,有意给日益高涨的全国抗日民众运动以错误导向,客观上给日趋膨胀的日本帝国主义侵略野心以刺激或鼓舞,它是违背中华民族根本利益的,是绝对错误和极端反动的。 所以有人给蒋介石指出一条唯一正确的道路,要求蒋介石认识到"只有决心抗日,只有积极抗日,才是唯一的安内的办法"。[19]有的报刊认为,相对于国民党而言,"从民族观念的立场上说来,与其被外族征服,毋宁在同族中表示退让"。[20]即便拥护蒋介石反共立场的丁文江也批评蒋介石的"安内"是失策的,他还以换位思考法为蒋介石重新出一些点子。 他说:"假如我是蒋介石,我有三条办法:第一,我要立刻完成国民党内部的团结。""第二,我要立刻谋军事首领的合作"。 "第三,我要立刻与共产党商量休战，休战的唯一条件是在抗日期内彼此互不相攻击"。[21]这些主张虽不是完全正确，但却十分地中肯，在某种程度上打中了蒋介石"安内"的要害。然而，蒋介石依然我行我素地坚决推行其"安内"军事行动和其他相应的政治手段。

攘外即"攘日"："一息尚存,亦惟竭力抵抗"

蒋介石的"安内攘外"论，就其"攘外"方面讲，主要是"攘日"即抵抗日本帝国主义的侵略。虽然蒋介石在阐述其"不抵抗"论时，是把日本作为"提携"对像来考虑的，但是，他也明白，日本无止境的侵略，最终肯定要危及国民党的政权。所以，蒋介石的内心里不可能没有要抵抗日本侵略的打算。蒋介石的"不抵抗"是指暂时不抵抗，蒋介石的"攘外"也是将来的"攘外"，两者在逻辑顺序上没有冲突。但是，由于"不抵抗"和"攘外"的对象都是日本，作为"不抵抗"对象的日本，必须要说它好；作为"攘外"对象的日本，又必须说它坏。两者显然是矛盾的。蒋介石把两种矛盾的说法，分别置于两种不同的理论之中，都是为了自己此一时和彼一时的政治需要，或者，他根本就缺乏这种应付内外局面裕如的能力，表现在理论阐述上的自相矛盾和不能自圆其说。

当然，应该承认，蒋介石确实认为，日本在发动九一八事变后，已经成为了中国最凶恶的敌人，也就是"攘外"的最主要对象。因为蒋介石逐渐地感觉到日本发动九一八事变侵占中国东北事实，不仅使中国蒙受了"奇耻大辱"，而且还客观上已经打破了原来列强在中国的"均势"，并暴露了日本企图完全征服中国的野心。蒋介石说："自九一八以后，我们国家真正陷于岌岌危亡，朝不保夕的险境。"尤其是日本侵占了东北"我们这样大的一片国土，要被人家占去，几千万人民，要做人家的奴隶，我们正在感受这种巨创深痛，奇耻大辱"。对此，蒋介石也曾非常悲痛地表示要从日本手中设法收回东北。他说："我们现在看到东北和热河被人家占去，当然很悲痛，很愤激，当然要想法子收回。"[23]同时，蒋介石还能够从日本侵略中国东北这一事实，来分析帝国主义列强在中国侵略势力相互关系的变化，开始认识到中国已由原来在帝国主义列强均势下"苟活"转而受日本帝国主义独霸势力的压迫。蒋介石认为，由于日本发动九一八事变，企图独霸中国，这就打破了原来列强的"均势"。因为"自九一八事件发生，日本占领了我们东三省以后，我们国家的情形和整个世界大势，都起了最大的变化；尤其是就我们国家的地位而言，前后完全是判然两期。在九一八以前我们中国在列强均势之下，彼此利害冲突之中，还能保全领土"。自九一八日本占领我们东三省以后，我们中国过去所赖以苟全的列强均势已经打破，日本已开始独霸东亚"，也就是说，"中国的情形，事实上就是从列强均势之下的苟活局面，而转到日本独霸势力压迫的局面"。[24]因此，蒋介石要求全国军民不仅一定要记住日本侵略中国东北这一最大的耻辱，还要牢记日本帝国主义就是中国最大的敌人。蒋介石说："日本帝国主义者以强大的武力，侵略我们的国土，蹂躏我们国家，这真是我们国家最大的祸患，亦就是我们国民的最大耻辱。"因此，全国军民必须要"团结一致，戮力对外"。[25]尤其是要把日本视为"我们最大的一个敌人"。蒋介石还具体要求"全国的军人，个个要以做国家和民族的长城自许，个个人要负起国家民族的责任"。他甚至还表示他自己"当然是第一个要做国家的长城，当然早已抱定为国牺牲的决心，要来尽自己对于国家、民族所应尽的最大的责任"。[26]之所以蒋介石要求全国军民把日本帝国主义当作中国最大的一个敌人，其中一个主要原因，就是蒋介石对日本侵略中国的狂妄野心已有了一定认识。因为他已经觉察到日本有"狂妄之欲，且得陇望蜀，不征服我全中国必不休也"。所以，蒋介石能够在日记上留下这样的言论："一息尚存，亦惟竭力抵抗，巩固中原极小之根据地，甚或被逼得退至边区之一隅，亦必力图巩固，以为将来恢复之基。"[27]

总之，当九一八事变发生后，蒋介石的确是把日本当作中国最危险的敌人，而且表示要抵抗它的侵略，即要"攘外"。这就表明，蒋介石的"攘外"对象是十分鲜明的，就是指"攘"日，即抵抗日本帝国主义的侵略。

攘外之心与御侮之策

在这里，很自然的又出现了一个令人十分费解的问题，即蒋介石本来是不主张抵抗日本的，因为有一个"不抵抗"论，为什么在其"安内攘外"论里又主张抵抗日本的侵略呢？其实，这也是一个问题的两个方面。蒋介石坚决不主张抵抗日本的侵略，是因为他真心地希望日本不会侵略中国，不来干扰他消灭中国共产党，扫除他实施独裁政治道路上最大的障碍。然而，日本帝国主义侵略中国的既定政策，没有使蒋介石的梦想成真。日本帝国主义对中国步步紧逼和侵略不已咄咄逼人的的形势，使得蒋介石已经感到日本的侵略正严重威胁到国民党南京政府的存在；全国人民要求抵抗日本侵略的呼声，已经形成一股巨大的迫使蒋介石改变"不抵抗"方针的压力，这种压力对于还不敢彻底卖国的蒋介石来说，多少要激发出他的民族感情。在这种复合压力下，出于国民党政权存亡和中华民族存亡利害关系的考虑，蒋介石虽然不想放弃"不抵抗"论，但也很自然地要产生"攘日"论即抵抗日本帝国主义侵略的思想。这是并不奇怪的。

面对日本帝国主义发动九一八事变侵占中国东北三省，并暴露其要吞并整个中国的狂妄野心这些严酷的现实，蒋介石理所当然地要为自己的政治利益得失和南京国民政府的存亡着想，他不得不作最后之打算。1932年12月9日，蒋介石在他的日记中留下的一段话，很明显地说明了这一点。他说日本"彼之毒计，不惟不使中国内部有统一之日，而且必趁机打击政府，伤害领袖信用，使我堂堂中华永作彼之附庸而后止。余今剖视倭人心肝，了若观火，今日唯有牺牲一切，与之周旋，只求保全本党主义，维持政府威信，以期拯救民族于万一而已"。[28]

全国人民坚决要求抗日的强大压力，时常对蒋介石产生着一定的促进作用，致使蒋介石不可能不激发出一定程度的民族感情，也不得不从中华民族利益出发来考虑一些问题。实际上这在蒋介石的一些言论中，已经反映出来。九一八事变后不久，蒋介石在1931年12月召开的国民党第四次全国代表大会上说："在现在国难临头的时期，横暴的日本，时时刻刻来压我们，东三省的土地、主权和行政，几乎完全在日本军力蹂躏之下，最近天津又发生暴动，背后的指使，是很明显。这样使全国人民，天天在悲愤不安之中。一般国民责备本党，责备政府，我们自己，一加反省，应该有怎样的感想。"这表明，蒋介石对于全国民众要求政府抵抗日本帝国主义侵略的呼声，在一定的程度上是有所考虑的。到1935年1月召开国民党第五次全国代表大会时，蒋介石在主张"对各友邦为坦白诚挚之周旋"，要谋与日本和平相处的同时，也在考虑将会来自国内外的种种压力，其中包括希望全国人民能够对他的错误政策予以谅解。对此，蒋介石"自信必有内外相谅之一日"。[29]至后来日本侵略华北的活动频繁不已，华北大有发生大规模战争之局势时，蒋介石在自己想与日本谋和与国内人民要求抗日的强大压力之间，感到有点左右为难了，乃至想依靠上帝保佑过关。他在1936年10月1日的日记中这样写道："综合本月（九月）内外情势，倭寇之强迫，诚如报上所载'对外不能横逆，对内又岂易求谅民众？'处境之艰，立场之苦，并世国家绝无其匹者；余以为求之古今中外之历史亦无其例也。然余深信必能凭我天佑，冲破无上最后之难关也。"总的来说，蒋介石是在人民的压力下，在对日本谋求"提携"和坚决不主张抵抗的同时，他在思想上对日本总算保持了一定程度的警惕，没有完全丧失应有的民族感情。所以当他确定"安内攘外"政策时，他一方面把"剿共"放在首位，另一方面也没有忘记今后还要收复东北。当"安内攘外"政策决定后，他在心里还在推测全国人民将如何看待他的这一政策。

他说:"总之,剿除长江流域之赤匪,整理政治,为余之工作中心;如至不得已时,必亦先肃清赣匪以后,乃得牺牲个人以解决东北。——此余深思熟虑经千百回而决定之方针也,国人知我心否? 余亦不暇计焉!"[30]

既然蒋介石所主张的"攘外"就是"攘"日即抵抗日本帝国主义的侵略,那么,怎样才能抵抗日本帝国主义侵略呢? 在这个问题上,蒋介石在心里是有打算的,而且还提出了一些主张,认为只要中国有准备还是可以抵抗日本侵略的。 在此,蒋介石得出了与自己的"恐日"论完全相反的结论。 这反映了蒋介石思想体系中的矛盾性和非科学性的特点。 但并不能因此而否认也没有必要否认蒋介石提出的如何抵抗日本帝国主义侵略的主张。

东北沦陷后,蒋介石在一定的场合曾一度提出,只要中国有所准备,就可以抵抗日本的继续侵略。 他主要是从东北人民不屈服日本殖民统治的斗争当中得到启发,并总结长城抗战以及上海抗战的经验来提出这个观点的。 他认为,日本虽然已经占领了整个东北,但东北人民是绝不屈服的;在这种情况下,日本还想占领华北,就一定会准备不周。 这就有利于中国进行抵抗。 蒋介石说:"现在这东四省形式上虽已被他占领",但他相信日本在东北并没有稳固,不仅是一般人民心理不服,就是地方治安,社会秩序,也还不能维持。又说:"如果他现在东四省还没有安定下去,马上要来占领我们的内蒙,占领我们华北,他一定格外不能准备周到的;所以我们抵抗他一定格外容易,抵抗的方法也越多。"蒋介石还认为,只要中国有准备,抵抗日本是有把握的。因为长城抗战的胜利就证明了这一点。 他说:

现在日本来恫吓我们,他所恃的是什么? 惟一可恃的就是准备齐全的武力,而我们却一点没有准备。不仅是没有国防,就是连营防也没有,所以他们的坦克车、汽车、飞机,随时随地可以横行一切,他欺侮我们就是在这一点。如果我们稍微有一点准备,他就不敢横行不忌。[31]

蒋介石还从总结长城抗战和上海抗战的经验角度,进一步分析说:

我们不必说有一年半载的准备,如果真有一两个月的准备,日本也就不敢如此耀武扬威,横行一切了。过去他在东四省,因为他准备得特别齐全,我们毫无准备,所以很容易被他占去了;但是他侵略到华北,在我们长城附近一带作战的时候,我们稍有准备,就能和他抵抗了一个月,一个月之后,还是我们的战略退却。[32]

所以，蒋介石认为，如果中国能像一二八上海抗战"那样和他打仗，他格外没有办法"。蒋介石十分强调中国要有抗日的准备，认为有了这种准备就能抗日，并对此充满了自信，他说："现在并不是日本怎么强，怎么了不得，而是我们自己毫无准备。只要我们有准备，他一定不敢来侵略，如果再来侵略，一定要失败在我们手里。"[33] 蒋介石强调中国有准备就能抵抗日本，是有一定道理的。但在其思想中，这种主张占有的地位并不突出。蒋介石知道用这种方法可以"攘外"尤其是能够抵抗日本帝国主义的侵略，而且这的确是一种比较客观合理的有效方法，但他当时考虑得更多的则是如何不抵抗，而且十分坚定地把"安内"放在第一位，"攘外"放在第二位。所以，这种真正的"攘外"主张没有形成一个国策和方针，因而也就不可能得到贯彻和落实，虽然蒋介石曾自1935年起至1937年七七事变发生前，开始有意地在财经和军事诸方面作过一些抗日的准备，但成效都不大，尤其是在军事方面的准备几乎在后来的抗战中没有发挥上作用。

在"攘"日即抵抗日本帝国主义侵略方面，蒋介石不仅强调中国要有所准备，而且还认为中国必须要有长期抵抗日本的打算。在蒋介石看来，这种长期抵抗的方法主要有分二线阵地长期抵抗和建立并依托根据地进行长期抵抗。

1931年4月，在江西南昌坐镇指挥"围剿"中央红军的蒋介石，已经开始考虑如何抵抗日本侵略的问题，并提出了将来要分二线阵地长期抵抗日本侵略的主张。当时，蒋介石是这样说的：

现在对于××只有一个法子，就是作长期不断的抵抗！他把我们第一线部队打败之后，我们再有第二线的部队去补充，他把第一线的阵地突破以后，我们还有第二线阵地来抵抗他；这样一步复一步的兵力，一线复一线的阵地，不断的步步抵抗，时时不懈。这样的长期抵抗，越能持久，越是有利。若是能抵抗得一年二年，我预料国际上总有新的发展，敌人自己国内也一定有新的变化，这样我们的国家和民族才有死中求生的一线希望。[34]

在这种分二线阵地长期抵抗的兵力使用问题上，蒋介石还进一步指出："我们的抗×战略既属长期抵抗，在此时就无论是预备补充第一线作战，或是要预备第二线第三线的作战，我们都要有相当的部队从后方渐渐向前推进，增补，随时准备参加最前线作战！"[35] 蒋介石还作过这样非常详细的设想：

如果现在我们在长城一带抗×的军队一旦失败,第二线就要我们现在在河南、安徽、湖北的这些部队去继续抵抗;所以豫鄂皖三省的军政长官格外要知道这个情势,格外要注意我们任务之重要和我们自己前途之危险,格外不能不赶紧想法子整理军队来自救我们国家!如果现在还不能整理军队……那么这一次长城决战,如果失败下来,敌人就一直可以进犯黄河以南,直到长江为止。[36]

关于建立并依托根据地进行长期抵抗的主张,蒋介石自称是在1935年时就产生了的。他说他在1935年去四川等地考察时,就产生过想以四川以及西南、西北作为抗日根据地来抗日的打算。但这个问题的详细阐述则是在蒋介石后来抗战全面爆发后他的几次讲话中见到。全面抗战初期,国民党政府首都南京失陷后,被迫迁都至武汉,后来武汉也守不住了,再度考虑由武汉向何处迁都时,蒋介石在和高级将领及幕僚的讨论过程中,他说四川是建立抗日根据地的最好地方,并说他原来因"剿共"到过四川,并有过这方面的考虑。按蒋介石的话说就是:"前因剿共到四川,觉得那儿是最好的地方:四境都有险可守;而且人口众多,物产丰富,可为我们争取最后胜利的抗日根据地"。[37]至1942年,蒋介石又说:

自从民国二十四年江西军事告一段落以后,我才到西南各省来考察,其后又到西北及华北各省巡视。我将西南西北情势,通盘考察,整个研究之后,得了一个大发现,觉得我们有了西南、西北这个广大的土地、民众为根据,抗战已有把握,所以抗战的计划,从此就能决定了。因此可以说,我上次到西北来考察的结果,就是决定了我国抗战的大计。[38]

当然,蒋介石的上述说法并不能完全证明他当时就确实"决定了"抗战的大计,因为在全面抗战爆发前的现实中,蒋介石是坚决地执行着"安内攘外"的政策和方针,他实际上是把"安内"放在首位,"攘外"置于第二位的。另外,在蒋介石的思想中,"不抵抗"论也是占主要地位的。然而,也不能因此而完全否认蒋介石在将来如何抗日的问题上就没有一点考虑,因为他的"攘外"思想虽然是次要的,但他毕竟有一定的程度上要准备抵抗日本侵略的思想,而且还在相当的场合作过一定的宣传。

蒋介石的上述"攘外"论,在较大的程度上阐述了中国将如何抵抗日本侵略的观点。这些观点的公开阐述,使蒋介石在言论方面弥补了自己在事实中不主张抗日的恶劣形象,或许这正是他的一个政治用意。同时,应当看到,在全国民众强烈要求抗日之舆论形成的巨大压力下，不敢彻底卖国的蒋介石，其心灵里应有的民族主义或民族感情多少受到了刺激和触动，出于保卫民族的考虑，当然也出于保卫国民党政权和自己至高无上地位的考虑，蒋介石具有一定的将来要抵抗日本侵略的设想，是自然的。蒋介石在阐述"攘外"时提出的一些具体的"攘"日观点，大体上构成了蒋介石的抗日思想之基础，尽管这种思想基础是主客观相互作用的结果，而且客观作用是主要的。正是有了这种思想基础，才有起决定作用的内因，再加上其他客观因素的作用和影响，才会导致蒋介石能在抗战前做一些有限的抗日准备工作，才会导致蒋介石在抗战全面爆发后不久制定或同意持久抗日的战略方针，才会导致蒋介石最终能够领导国民党军队抗日直到胜利，才会导致蒋介石在全面抗战中处理中日民族矛盾和国共两党关系时基本上把握住了度与量的分寸，即坚持了抗日的大方向，没有彻底破坏或分裂抗日民族统一战线，更没有像汪精卫那样叛国投敌。然而，"安内攘外"论误导国民赞成南京国民政府先"安内"后"攘外"的政策，承认"安内"是第一位的，颠倒民族利益和国民党蒋介石集团利益之间的关系，拥护国民党军队"围剿"中国共产党领导的中国工农红军及其革命根据地的军事行动。显然，"安内攘外"论与"安内攘外"政策一样，同是阻碍中国军民抗日的绊脚石。

对日政策的变化——不轻言牺牲

那么，蒋介石的"安内攘外"政策或"安内攘外"论究竟是何时发生变化的，也就是说这个政策或理论是什么时候才基本结束的呢？一般认为，蒋介石在1935年11月国民党第五次全国代表大会上的演说词中谈到"和平未到完全绝望时期，绝不放弃和平，牺牲未到最后关头，也绝不轻言牺牲"这些话，这就是"国民政府对日政策发生若干变化"的一个主要标志，或者说，"这些内容，又反映了国民党、南京政府同日本帝国主义之间的矛盾加深以及中日关系的一些新动向"。[39]

但是，如果对蒋介石在国民党第五次全国代表大会上的"不轻言牺牲"论加以考察，就会发现这种"不轻言牺牲"论，早在1931年九一八事变后不久就提出来了，而且还经常加以宣传。1931年9月19日，即九一八事变后的第二天，蒋介石在党政干部会议上就提出要将事件诉诸国联，如果国联无法解决，那么，中国"忍耐至于相当程度，乃出以自卫之最后之行动"。至23日，蒋介石又详细地阐述了这一观点。他说："如果国际信义条约一律无效,和平绝望,到忍耐无可忍耐,且不应忍耐之最后地步,则中央已有最后之决心与最后之准备,届时必领导全体国民,宁为玉碎,以四万万人之力量,保卫我民族生存与国家人格。"但蒋介石一再强调的是国民必须"忍痛含愤,暂取逆来顺受态度,以待国际之判断"。[40]同年10月12日,蒋介石对这一观点又加以发挥说:"我们现在固要尽力避免战争,且在未至战争的时候,仍要镇静持重,无暴其气。"还说:"今日我们固甚愿以和平的方式,来保全非战公约的尊严,虽日本侵占我们领土,我们仍不对他宣战,是为了要维持公理,为公法公约而竭力忍耐,但到万不得已时,公法与公约都不能维持的时候,也决不惜任何牺牲,以尽我拥护国际公法维持非战公约的责任。非战固是神圣,但为维持公法公约而战,无论牺牲怎样重大,也是有价值的。"[41]到1932年12月9日,蒋介石在日记中说,尽管日本"今日得满洲,明日占平津,得寸进尺,欲壑难填",但他认为"然非至最后关头,及确有把握可以得到相当价值,且可必保存党国之时,则不作无益之牺牲。故在今日谋国急务,非健全内政,先巩固基本地区及巩固其基本军队不可,是故不到最后时期,绝不放弃基本之谋,以顾其他"。蒋介石的这些言论和他在国民党第五次全国代表大会上"不轻言牺牲"论的观点,措辞都基本一致。蒋介石在国民党"五大"上是这样说的:"和平未到最后绝望时期,绝不放弃和平;牺牲未到最后关头,亦绝不轻言牺牲,以个人之牺牲事小,国家之牺牲事大;个人之生命有限,民族之生命无穷故也。果能和平有和平之限度,牺牲有牺牲之决心,以抱定最后牺牲之决心,而为和平最大之努力,期达奠定国家,复兴民族之目的,深信此必为本党救国建国唯一之方针也。"[42]九一八事变后不久提出的"不轻言牺牲"论与国民党第五次代表大会上的"不轻言牺牲"论,两者相比较,都是表示蒋介石一方面有所谓"牺牲之决心"即抵抗日本侵略的决心,而另一方面他却又绝不敢轻易地把这种抵抗付诸实施,所以才美其名曰"不轻言牺牲"。

  国民党第五次全国代表大会之后,国民党改组了行政院,蒋介石又把他的"不轻言牺牲"的思想贯彻到了行政院。这正如蒋廷黻后来回忆当时有关情形所说:"星期日我们和委员长共进晚餐共商宣布政策事宜。那时,人们最注意的是对日和战问题。经过讨论后获得结论:我们必须要光荣的和平。大家以为不可轻言战争,应该继续为和平努力。"[43]至于和平的最后关头问题,曾有人在1936年7月召开的国民党五届二中全会上提出了一个"目前抗日救亡最低限度之方案"。蒋介石解释了这个所谓"最低限度",他说:

"中央所抱最低限度，就是保持领土、主权的完整。 任何国家来侵扰我们领土主权，我们绝对不能容忍"；"假如有人强迫我们欲订承认伪国等损害领土、主权的时候，就是我们最后牺牲的时候"。[44] 很显然，蒋介石的这些话，仍然与九一八事变后不久及其后来所说的"不轻言牺牲"论没有根本的区别，或者说在内容上是基本相似的。

特别应该注意的是，实际上，在国民党第五次全国代表大会以后的半年时间内，蒋介石还在为争取"和平"而努力，他坚信和平未到绝望时期。 他说："这半年来，外交的形势，大家相信并未到和平绝望时期，与其说和平绝望，反不如说是这半年来较之以前的形势，还有一线希望。 我敢说最近外交途径，并未到最后关头。"当时，两广又公开地打出了抗日的旗帜，蒋介石则以"不轻言牺牲"指责他们说："我们是不是在此和平未到绝望之路，而自己偏要来走绝路呢？ 国家可以不致灭亡的时候，而偏要使他灭亡呢？ 我们是不是为了一时的意气，或希望个人的荣名，随随便便孤注一致（掷），把国家、民族的前途，完全去葬送呢？"[45] 显然，很难说蒋介石的"不轻言牺牲"之言论，就标志着国民政府在对日政策和方针方面发生了变化。 如果说以这个言论作为对日政策和方针变化的标志的话，那么，就无法对九一八事变后不久蒋介石的"不轻言牺牲"论及其对日妥协的主张作出正确的解释，因为这个"不轻言牺牲"的言论，在那时就不知宣传过多少次了。 若是从"安内"方面讲，蒋介石在国民党第五次全国代表大会以后，仍然十分地强调"安内"。因为蒋介石到了 1936 年 5 月还在要求部下必须"斩草除根"地消灭中国共产党及其武装力量。 后不久，面对两广反对派的抗日反蒋之举，蒋介石也表示"中央更应该不顾一切，彻底澄清，以竟安内之全功"。

很清楚，这个"不轻言牺牲"论，是蒋介石自九一八事变以来的一个重要思想，可以将它归类于"不抵抗"论之列，但它又具有一定的特殊性。 因为它可以使国民得出模凌两可的理解，尤其使国民在中日关系问题上找不到国民政府的明确答案，而蒋介石却还可以根据自己的需要作随意的解释。 所以，严格地说，这个"不轻言牺牲"论在国民党第五次全国代表大会召开时，已经基本上成为了国民党的对日外交政策和方针，它从形式上取代了十分不得人心的"安内攘外"政策和方针，但从本质上说，它不过是后者的继续和发展，所不同的是它更具有欺骗性。

当日本发动全面侵华战争后，蒋介石才在民族危机达到了极点和各种因素特别是全国广大民众的强烈要求下，彻底抛弃了"安内攘外"政策和方针，并领导了全国的抗战。必须指出的是，蒋介石是被迫而不是主动的，这正如他在 1937 年 10 月 31 日的日记中所承认的："此次抗战，实被迫而应战"，"如我再不战，则国民精神亦必日趋消沉，民族生机毁灭无余矣！"中华民族在生死存亡的关键时刻，体现出了强大的民族凝聚力，谁障碍民族的生存，谁就会被抛弃，蒋介石若不抗战，国民党内取而代之者必将应运而生。

第四章 政治观解读

第一节 "以党治国"论

政治思想是人们关于阶级、国家、政治组织、政治生活和政治关系等方面的观点和理论的总和，因此，蒋介石的政治观所包括的内容是十分广泛的。但是，由于蒋介石统治中国长达 22 年之久，积累了丰富的古今中外剥削阶级的政治经验，尤其深谙专制独裁和个人崇拜之道，因此，他的政治观更加突出体现其以特殊的领袖个人独裁的政党政治的形式来维护地主、资产阶级的狭隘利益，坚持和强化对劳动人民的剥削和压迫的特点，其核心内容就是坚持国民党一党专制和领袖个人独裁，其基本观点就是"以党治国"论和"信仰领袖"论。那么，蒋介石的"以党治国"论和"信仰领袖"论的具体内容及其对现代中国政治的影响又是怎样的呢？

"以党治国"本来是孙中山的一个政治思想，蒋介石不过是把孙中山的"以党治国"思想拿过来加以发挥后，形成了自己的政治观。因此，蒋介石的"以党治国"论与孙中山的"以党治国"思想是有一定的联系的。但是，蒋介石的"以党治国"论不是孙中山"以党治国"论简单的重复，而是而且更重要的是具有自己的的特点。那么，蒋介石的"以党治国"论与孙中山的"以党治国"论比较起来具有哪些特点呢？为了弄清蒋介石的"以党治国"论的特点，就很有必要了解孙中山的"以党治国"思想有哪些基本的观点。

孙中山认为"以党治国"是"向宪政过渡的一个特殊方法"

孙中山的"以党治国"思想是和他的民权主义联在一起的。他一般是在阐述民权主义时或联系民权主义来阐述其"以党治国"的观点。孙中山的民权主义经历了旧民权主义和新民权主义两个发展时期。在旧民权主义时期，孙中山的民权主义思想中已经具有极鲜明的"以党治国"的主张。孙中山认为，民权必须有政党作保障，只有政党才能保住民权主义的共和制。他说："今日讲到民权，更不能不要政党。无政党则政治日形退步，将呈江河之下之观，恐不能保守共和制度，将渐变而为专制。"孙中山针对中国历史情况，认为中国作为世界文明古国,政治上却日益退步,其主要原因,就是因为政治上的逐渐退步。用他的话说就是:"我中华民国历史上数千年称为文明古国,所以政治日形退步者,固无政党以维持之。"同时,孙中山把眼光放射到西方各资产阶级民主共和国,认识到了政党在这些国家中维持共和制的进步作用。他说:"民主之国有政党,则能保持民权自由,治一致而无乱","若无政党,则民权不能发达,不能维持国家,亦不能谋人民之幸福,民受其害,国受其害,是故无政党之国,国家有腐败、民权有失败之患"。由此,孙中山联想到中国,认为在中国也必须向西方学习,和西方一样由政党来维持民国。只有这样,才能巩固中华民国的基础。这就是当时孙中山常说的:"今日之能维持中华民国,惟政党。""政党之基础巩固,则中华民国之基础自然巩固"。应当说,孙中山非常重视人民在中华民国中的地位和作用,坚持认为中华民国要以人民为本位。但是,孙中山更重视政党的作用,视政党为人民的凭藉。他说:"中华民国以人民为本位,而人民之凭藉则在党。"[1] 孙中山对这些观点的不断阐述和宣传,就逐渐地形成了他的"以党治国"政治思想。正如孙中山后来自己所常说的:"文素树以党治国主义,故视党为极重要"。"本总理向来主张以党治国"。有时孙中山把"以党治国"称之为"政党政治"。[2] 那么,在旧民主主义革命时期,孙中山的"以党治国"思想有哪些具体内容呢?总的来说,在旧民主主义革命时期,孙中山的"以党治国"的政治思想,其基本内容就是既主张多党轮流执政、强调政党必须代表人民的心理,同时反对搞无限期的"以党治国"。

在旧民主主义时期的孙中山,曾坚持主张多党轮流执政,也就是所谓"政府的指导权也总是从此一党到彼一党的"。在孙中山的眼里,政权绝不能由一个政党独自掌握,否则,势必导致专制政体。所以,孙中山认为,在一个国家,必须实行由两个以上的政党,通过竞争来轮流执政。在阐述这一问题时,孙中山强调指出,"要知文明各国不能仅有一政党,若仅有一政党,仍是专制政体,政治不能有进步。吾国帝皇亦有圣明之主,而吾国政治无进步者,独裁之弊也。故欲免此弊,政党之必有两党或数党互相监督,互相托助,而后政治方有进步。为什么要实行多党轮流执政呢?这主要是因为"一国之政治,必赖有党争,始有进步"。[3] 基于这种认识,孙中山强调国民党在取得革命成功之后,在建设国家方面,政治上也要实行多党轮流执政。他说:

本党将来担任政治事业,实行本党党纲,其他之在野党,则处于监督地位。假使本党实施之党纲,不为人民所信任,则地位必致更迭。而本党在野,亦当尽监督之责任,此政党之用意也。互相更迭,互相监督,而后始有进步,而党争者,绝好之事也。(4)

在旧民主主义时期的孙中山,还特别强调政党必须代表人民的心理。孙中山说:"政党者,所以巩固国家,即所以代表人民心理,能使国家巩固,社会安宁,始能达政党之用意。国民因之而希望于政党者亦大。故为政党,对于一般国民有许多义务,均应相(担)当而尽心为之。"当时,孙中山认为,在中国由政党组织政府的形式,是"以内阁制度为佳"也就是即所谓"政党内阁"制。他是这样设想的:在"组织内阁选举时,在位之一党少数则失败,在野之一党多数则居之。但是党之可以得多数者,莫不由人民之心理主义所赞同"。孙中山认为只有这样,政党才能代表民意。他说:"是则政党内阁,可以代表民意"。这样一来,国家则为民意所成,胎(灼)然若见矣。盖政党在野之时候,若见在位之政党行为不合,可以指明出来,使人民咸知孰善孰恶,凭公理公意,彼此更换,使多数人所主张之一党组织内阁。因此,孙中山强调,如果做到了这一点,就能够达到一方面使"政党可以代表民意";另一方面又能使"人民苟有见地,则由政党发表其意见于政府,政府不行,可以推倒之"。(5)

在旧民主主义时期的孙中山,虽然旗帜鲜明地主张搞"以党治国",但是,在孙中山的思想中,"以党治国"不是无限期的。他把"以党治国"看成是向"宪政"过渡的一个特殊方法。孙中山设想在这个过渡时期,由政党训练人民行使政权,这个时期称之为"训政"时期。当时,孙中山将自己领导的革命从政治建设方面一共分三个时期,即军政时期、训政时期和宪政时期。所谓军政时期,就是国民党以暴力夺得政权的时期。在这个时期,国民党要"以积极武力,扫除一切障碍,而奠定民国基础"。所谓"训政"时期,是继"军政"时期结束之后施行的"约法之治"时期,也就是训练人民行使政权时期。按照孙中山的规定,革命政府在此时期要"照约法行其训政之权"。什么叫"训政"呢?为了不使人们引起误解,孙中山详细指出:"'训政'二字,我须解释。本来政治是在人民,我们怎么好包揽去做呢?"国民党之所以使用这种办法,确切地说,是"事实上不得不然":

试看民国已经成立了九年,一般人民还是不懂共和的真趣,所以迫得我们再来革命。现在我们不单是用革命去扫除那恶劣政治,还要用革命的手段去建设,所以叫做"训政"。这"训政"好像就是帝制时代用的名词,但是与帝制实在绝不相同。须知共和国,皇帝就是人民,以五千年来被压作奴隶的人民,一旦抬他作起皇帝,显然是不会作的。所以我们革命党人应该来教训他,如伊尹训太甲样。我这个"训"字,就是从"伊训"上"训"字用来的。(6)

为什么必须训练人民才能使其行使政权呢? 孙中山认为这主要是长期以来封建君主专制制度造成的。因为在封建君主专制政治制度下,广大人民群众从来没有享受过半点政治权利,不知道怎样行使政权,所以,国民党在革命成功后,要使人民群众行使政权,就得训练人民如何行使政权。因此,孙中山说:"又须知现在人民有一种专制积威造下来的奴隶性,实在不易改变。虽然勉强拉他来做主人翁,他到底觉得不舒服。""一般人民还不晓得自己去站那主人的地位。我们现在没有办法,只好用强迫的手段,迫着他来做主人,教他练习练习,这就是我用'训政'的意思"。(7)

孙中山在这里所说的"训政",是以国民党来"训政",具体地说,就是由国民党来训练人民学会行使政权,用孙中山的话形象地说,就是让人民来当国家的主人和皇帝。他说:"夫中华民国者,人民之国也。君政时代则大权独揽于一人,今则主权属于国民之全体,是四万万人民即今之皇帝也。""是故民国之主人者,实等于初生之婴儿耳,革命党者即产此婴儿之母也。既产之矣,即当保养之,教育之,方尽革命之责也。此革命之方略所以有训政时期者,为保养、教养此主人成年而后还之政也"。这是说,革命政党在把政权交给人民之前,要像母亲教婴儿成长一样训练人民行使政权,使之成长到能行政权时便把政权还给人民。在如何使人民行使政权方面,孙中山曾设想通过地方自治,主要是县自治的方法,使人民学会行使政权,即人民可"自选其县官,而成完全之自治团体"。在孙中山看来,这一"训政"时期不能太长,他初步定为6年。"训政"时期之后,便是孙中山设想的"宪政"时期。孙中山说:"俟全国平定之后六年,各县已达完全自治者,皆得选举代表一人,组织国民大会,以制定五权宪法。""宪法制定,总统、议员举出后,革命政府当归政于民选之总统,而训政时期于以告终"。孙中山把"训政"时期和向"宪政"过渡时期规定为"革命时期",在这个"革命时期,其政权必须由革命政党即国民党来掌握。他说:"自革命军起义之日至宪法颁布之时，名曰革命时期；在此时期之内，一切军政，悉归本党完全负责。"到了"宪政"时期开始后，就不是由国民党来执掌政权了，这时，孙中山主张实行"权能分开"，人民有权，政府有能。由人民通过国民大会执掌"政权"，即"国民有选举之权，有复决之权，有创制之权，有罢官之权"。由人民选举出来的官员组成政府执行"治权"即司法权、立法权、行政权、考试权和监察权。政府有"能"，人民有"权"指挥政府。从此中华民国成为"四万万人民共治之国家"，"始可谓之行民治"。[8]一旦"权能分开"正式实施，国民党的"党治"当然也就结束了。

随着世界历史的进步，孙中山的民权主义也顺应历史进步潮流的而向前发展。在苏俄十月社会主义革命的影响和中国共产党的帮助下，孙中山实行了国共两党的合作，使自己的民权主义也赋有了更新的时代含义。当然，孙中山的"以党治国"主张，在中国进入新民主主义时期后，是沿着一个螺旋式的前进轨迹发展的。在五四运动以后的一段时期，孙中山又充实或丰富了原来的"以党治国"主张，其中主要提出了"以党治国"尤其是由国民党"一党治国"的重要观点。关于"以党治国"，孙中山是指以他的三民主义来治国，并不是以全部国民党党员来做官治国。孙中山说："所谓以党治国，并不是要党员都做官，然后中国才可以治；是要本党的主义实行，全国人都遵守本党的主义，中国然后才可以治。简言之，以党治国并不是用本党的党员治国，是用本党的主义治国。"[9]

实际上，孙中山这种以他的三民主义来治国的主张，就是指以国民党一党来治国。孙中山为什么要主张以国民党一党来治国呢？这是一个比较复杂的问题。但是，如果从根本上说来，这主要是孙中山向苏联学习的一个结果，或者说是孙中山向苏联学习过程中得到的一个结论。孙中山在新民主主义时期，把目光更多地注意到苏联这个新型的社会主义国家。具体到政治制度而言，孙中山敏锐地观察到了苏联这个苏维埃共和国的许多优点，得出了"法美共和国皆旧式的，今日惟俄国为新式的"之可贵的结论。他表示了要向苏俄学习的思想倾向，他说："吾人今日当造成一最新式的共和国。"究竟苏维埃共和国新式在何处呢？在这一点上，孙中山的认识有过反复，他也曾认为"俄国完全以党治国"，但在更多的情况下，或者说孙中山对苏联政体的主导认识，是确信它是"人民独裁"的政体，是工农苏维埃政权，即政权是掌握在工农兵手中。比较起来，这种政体要比西方资产阶级共和国的代议政体先进。他说："近来外国人所希望的代议政体，以为就是人类和国家长治久安之计，那是不足信的。近来俄国新发生的一种政体，这种政体不是代议政体，是'人民独裁'的政体"。"这种人民独裁的政体，当然比较代议政体改良得多"。孙中山进一步解释这种"人民独裁"政体说："俄国现时政府，又叫做农工兵政府，是由于农、工、兵三界人民派代表所组织而成的"，"叫做苏维埃共和国"。[10]

与此同时，孙中山还对共产党在苏维埃政权中的领导作用有相当深刻的认识，认为这种"独裁政治"就是"以党治国"，实际上是"一党治国"。1924年1月国民党第一次全国代表大会召开的第一天，孙中山在对组织国民政府案进行说明时就阐述了这一观点。他说，就学习苏俄而言：

现尚有一事可为我们模范，即俄国完全以党治国，比英、美、法之政党，握权更进一步；我们现在并无国可治，只可说以党建国，待国建好，再去治他。当俄国革命时，用独裁政治，诸事一切不顾，只求革命成功。……可见俄之革命……其能成功，即因其将党放在国上。我以为今日是一大纪念日，应重新组织，把党放在国上。但此说初听似甚骇人听闻，其实现在我们何尝有国？应该先造出一个党来。以后再去爱之。[11]

既然俄国也是"以党治国"，英、美、法等国也是"以党治国"，孙中山为何要学习俄国呢？因为孙中山认为以英、美、法等国的"以党治国"并不像俄国那样让人民掌握政权。孙中山至少是在1921年3月就有了这种认识的。当时，他说："最近兄弟有一个感想，彼英、美政治虽如此发达，却是政权不在普通人民手里。究竟在什么人手里呢？老实说，就是在知识阶级手里，这就叫政党政治。"因此，比较起来，孙中山还是认为俄国的"以党治国"好，"此后欲以党治国，应效法俄人"。由于俄国事实上是通过无产阶级实行对国家政权的绝对领导，因为当时苏联无产阶级是通过自己的政党即布尔什维克党来实行对国家政权的绝对领导的，所以，孙中山也实际上赞成或主张"一党治国"的。不过，孙中山所主张的"一党治国"不是苏联实行的无产阶级政党的一党治国，而是孙中山领导下的各革命阶级联合的政党国民党的一党治国。也就是国民党第一次全国代表大会宣言所明确规定的："至于既取得政权树立政府之时，……更应以党为掌握政权之枢。"[12]

然而，孙中山的思想经过反复和深化后，到了他北上时期，其"以党治国"的主张基本上已经淡化，尤其是他不大再提倡要经过一个所谓的以党训政的时期之后,才把政权交给人民,而是把要求立即召开的国民会议作为最响亮的政治主张之一。这时的孙中山认为:"如果想用人民的数目做基础,直接举出代表来组织国民会议,一时办不到。所以我们国民党提倡的国民会议,主张用全国有组织的团体来做基础,这是很容易办得到的。"[13]因此,孙中山要求由"全国已经有组织的团体",如"现代实业团体、商会、教育会、大学、各省学生联合会、工、商、农会等"团体之机关派出代表召开国民大会,"即以全国的确确实实的各部门职业团体为基础的国民大会,以该会议为中心执行政权","如果召开了国民大会,并由之产生政权,定出根本大法,则全国一切均将归于统一。那时的国民政府即成为掌握全国统一权力的政府"。"以国民会议建设新国家"。[14]这是孙中山民权主义的一个巨大的进步。后来,毛泽东也看到了这一变化,认为这是孙中山能根据革命形势的发展,改变了自己原来的政治主张,他说:"军政、训政、宪政三个时期的划分,原是孙中山先生说的。但孙先生在逝世前的《北伐宣言》里,就没有讲三个时期了,那里讲到中国要立即召开国民会议。可见孙先生的主张,在他自己,早就依据情势,有了变动。"[15]

应当承认,孙中山上述"以党治国"的主张,是建立在他对人民行使政权的能力不相信的基础之上的。但是,更应当看到,孙中山这种"以党治国"的目的,是真心为了使人民能掌握政权;而且他所规定的"训政"时期是有限定的,时间也不是太长。所以,孙中山的"以党治国",作为从西方引进的一种现代政治制度,显然要比中国封建君主专制政治制度进步得多。如果用这种政治制度来取代中国的封建君主专制制度,将无疑是中国政治制度的一大改革和划时代的进步。

当然,孙中山在世时,他所领导的革命并没有取得彻底的成功。在国家政权的实践上,他建立的政权仍属革命性质的政权,也就是他所规定的"军政"时期的政权。孙中山所处的时代,要求孙中山完成的主要任务是联合各革命阶级反对帝国主义和反对封建军阀。历史证明,孙中山在力图完成这一时代任务方面是做得很出色的。这主要表现在孙中山经过多次失败之后,认识到了联合各革命阶级的极端重要性,实现了国共两党的合作,使得这个革命政权实际上不具有一党专制的性质。这表明,革命的需要使得孙中山政治制度的实践与其理想发生一定程度的偏差。因为国共两党第一次合作后所建立的各革命阶级联合专政的政权,理论意义上是孙中山的"以党治国",但实践意义上却又不是国民党的"一党治国"。政治制度的实践客观上又反过来促进孙中山重新认识自己"一党治国"的理想,促使孙中山认识到召开"国民会议"的重要性。 如果按照实践——认识——再实践——再认识的规律来认识孙中山思想主流的发展,可知孙中山在领导国民党夺得全国政权之后必将直接实行宪政,由人民行使国家政权,而跳过所谓"以党治国"的"训政"时期,这应该是没有疑问的。

蒋介石在阐释"党员与政府的关系"时,重提"以党治国"

那么,蒋介石的"以党治国"论是如何形成的呢? 蒋介石是受孙中山的民权主义和"以党治国"思想的一定影响才逐步形成自己的"以党治国"论。

自国民党召开第一次全国代表大会到国民革命军北伐前夕,蒋介石对孙中山"以党治国"的思想没有什么认识。 这时,蒋介石对孙中山人民主权的思想有一定的认识,他对民权主义谈论得最多的,主要是孙中山关于人民主权的思想。 还在黄埔军校时期,蒋介石就能够较正确地理解和宣传孙中山的"权能分开"说,他对孙中山提出的在革命成功后应该让人民行使政权之主张的认识和体会很深。 在国民党第一次全国代表大会之后不久,孙中山曾专门演讲过民权主义,其中特别阐述了自己的"权能分开"说。 很快,蒋介石也能正确地宣传孙中山"权能分开"说了。 他说:

总理在他这次的民权主义演讲里面……他是始终以权与能二个的分别来做政治基础的,他说我们坐火车的人,随你是一个什么人都会坐的。不过开车的,就要有专门的智识了。至于坐火车的人,只要有一张车票就可以坐车,这坐车就是"权"。但如果没有司机,车就不能行走,坐车的人虽有坐车的权也是不行的。所以就要司机负开车的责任。这开车的人,就是"能"。这开车人的职务,就是要为坐车的人来用,然后这坐车人的权,才行得下去。所以有能的人,应该要为有权的人来用,才可以实行他坐车人的权。[16]

可是,现在为何广大的人民没有权呢? 蒋介石认为,这是因为被现时的北洋军阀政府剥夺了。 他说:

现在我们中国的人民,样样事都没有权的,道理在什么地方呢? 这并不是他没有权,实在是司机有能的政府,不肯开车,弄得他就是有坐车的权,也不能行。所以中国人民,不能行使政权,并不是程度不够,实在被司机的政府剥削完了。这完全是政府不好的缘故。[17]

由于蒋介石从孙中山的"权能分开"说中认识到政府不好而导致人民没有权,因而他在教育黄埔军校学生时,一再要求他们即使以牺牲自己生命的代价,也要为人民争这种权,然后把这种权交给人民,自己则变成人民的公仆,为民所用。蒋介石说:"我们有能的人,正要牺牲自己,去为大多数人民争回他们的权利,可使得他们来实行民权。"实行民权之后,"我们做军人、作党员的,就是人民的公仆了,我们就要为人民所用了"。[18] 这时人民能具体地行使"创制权、复决权、罢免权、选举权"。蒋介石告诉军校学生说:

现在我们在这里办军官学校训练军队,就是所以保障民权的。现在我们中国的民权,可谓完全被特殊阶级剥夺了。即以选举权而论,就要有财产的,有什么资格的,才有选举权,这是何等的不平等。如果我们将来能为大多数人民而奋斗,取得这自由平等的民权,那末我们就牺牲了,也是很有价值的。[19]

到孙中山逝世一年多以后,蒋介石当上了国民革命军总司令,领导北伐。此时,蒋介石便开始宣传孙中山的"以党治国"的观点。据有关资料可知,蒋介石或许是在1926年8月14日首次提出"以党治国"的问题。当时,蒋介石是从要求一般国民党员领导一般群众拥护革命政府来谈这一问题的。他在着重阐述"党员与政府的关系"时,强调国民党的效力,必须由国民党员共同一致,具有团结精神,方能充分表现出来。"在群众方面,对政府也是如此。我们的政府是由党产生出来的,党是政府的一个灵魂,政府完全要党来指导,要党员来拥护、辅助,才能施行我们的政纲,发挥我们党的效力,所以我们的党与政府是相连的,不能分开的!"因此,现在的政府,就是国民党的政府,也就是我们自己的政府,只有通过国民党来命令政府,指挥政府,政府才能发生效力,才能按照国民党的主义和政策去实行。蒋介石认为,这就是孙中山所主张的"以党治国"。他进一步解释说:

从前有许多党员,他以为党既立在监督政府的地位,党员对于政府就可以反对,却不知"以党治国"这句话,不是说我们党员统统做官,统统到政府里去治国,而是要拿党来做中心,根据党的主义、政纲、政策,决定了的政治方案,交给政府去实行；党不是直接施政的，是透过政府做发号施令的机关，所以党对政府有辅导扶助之必要，我们能辅助政府，党才发生效力！党与政府要很密切地配合团结起来，分工合作，党才可以达到治国的目的。[20]

基于这种认识，蒋介石特别强调政府同国民党是革命政权的表里两面，是密切联系而不可分开的。因而要求"必须政府完全听党的命令，照党的政纲做去，党员却不可掣政府的肘"。[21]这表明，北伐战争一开始，蒋介石就已经开始考虑如何"以党治国"了。

南京政权建立后不到一个月，即1927年5月，蒋介石就在他发表的《谨告全国国民党同志书》中，明确宣布"以党治国，为本党坚决主张"。[22]以后，蒋介石还经常根据自己的需要，来阐述其"以党治国"论，并将它贯彻于国民党的政治制度建设之中。

那么，蒋介石的"以党治国"论的基本主张是什么呢？根据蒋介石的言论，他的"以党治国"论的基本主张，就是特别强调国民党的一党专制和国民党的一党"训政"。

蒋介石是打着孙中山"以党治国"的旗号来特别强调和推行国民党一党专制的。本来，孙中山"以党治国"的思想，有一个由主张多党治国发展到一党治国再发展到召开国民会议这样一个复杂的发展过程。其中的思想主流呈螺旋式进步，符合时代发展的需要。然而，蒋介石并没有从中吸收积极和进步的主张，而是根据自己的政治需要，撇开孙中山建立各革命阶级联合专政的革命政权的实践，孤立地吸收孙中山"一党治国"的主张，把孙中山"以党治国"发展成为国民党一党专制。实际上，这种以国民党一党专制主张，就是蒋介石个人的"以党治国"的思想。但是，蒋介石仍然把他个人的这种思想挂上孙中山"以党治国"理论的招牌。他先是自称"悉以三民主义为依归，全国政治之设施，悉从本党之指导，励行总理以党治国之主张，俾中国能得系统之建设"[23]。继而特别强调他所主张的"'以党治国'就是以中国国民党治国，就是以三民主义治国"。

以党治国——一党专制——以党训政

如前所述，孙中山的"以党治国"思想，不仅仅是以国民党治国，还含有包括国民党在内的多党治国。在孙中山的"以党治国"理论中，也主张各党派政治竞争，要求各党派根据自己的主义来吸引国民以造成自己的政治优势。但是，蒋介石的"以党治国"主张就没有吸收孙中山的这种思想。蒋介石不允许在他的主义之外有其他任何主义存在，更不允许在国民党之外还有其他党派存在。他规定全国只能有一个主义，这就是他的主义即蒋记三民主义；全国定只能有一个党，这就是国民党。也就是蒋介石所说的："现在革命要真正的成功，要三民主义真正的实现，我们只有承认中国国民党为领导中国革命唯一的革命党，不能让第二个主义，如共产主义无政府主义出来，也不能让第三第四个主义和国家主义派出来捣乱，来攻击革命的国民党，消灭国民革命军。"[24] 在谈到全国只能有一个主义存在时，蒋介石认为就目前已经存在的一些党派来说，他们都有自己的主义，如现在共产党有共产主义，无政府党有无政府主义，还有国家资本主义派的国家主义，各种各样，到了现在这个时候统统发生出来了。这是一种不好的现象，这将影响国民党奋斗的结果。因为现代各种主义非常复杂，非常发达的时候，如果我们不信仰一个主义，根据一个主义来奋斗，那么，我们这奋斗的结果，一定就不能成功！不仅是没有效果，而且各种毛病都要发生出来。在谈到全国只能有一个国民党存在时，蒋介石认为多种党派并存的局面是不行的，这对国民党来说有危险，它将一定导致国民党的失败。这是已经被历史所证明了的。蒋介石以民国元年为例说：

现在像民国元年那时候一个样了。在民国元年的时候，有所谓共和党，有所谓进步党……各种的政党派别都起来了！起来之后，是怎样一个结果呢？就是真正的革命党——从前成功中国革命的同盟会，被他们推翻了，而产生一个做皇帝的袁世凯。所以现在国家没有巩固，三民主义没有实现以前，如果允许各种主义，各种党派，在国里面活动，我们真正革命党——国民党就一定要失败！[25]

其实，辛亥革命的失败即上面蒋介石所讲的同盟会的被"推翻"，并不是因为所谓"各种的政党派别都起来了"的缘故，也就是说，不是或主要不是因为政党政治的缘故。在民国初年的一段时期，虽然政党派别出现了很多，但事实上没有形成真正的政党政治的局面。如在第一届国会选举时期，林林总总的党派均没有展开政治竞争，没有哪一个党派根据人民的愿望来发布政纲或演讲以争取选民，目击者梁启超的笔下记载说，当时，他"未闻有一党发表政纲建帜以卜人民之祈向，又未闻有一选区下来开政党演说会，此普天下立宪国所无之现象,普天下政党所未睹之前例也"。[26]孙中山领导的国民党之所以失败,原因是复杂的,绝不是像蒋介石所说的因为多种党派并存局面所造成的,这不过是充分反映蒋介石不准多种党派并在的一种强烈的心理愿望。 事实上,蒋介石非常害怕其他党派与国民党竞争,根本不允许其他党派存在,更不用说允许它们来轮流实行"党治"了。

蒋介石不敢让其他党派来与国民党竞争,并不是因为其他党派真正的要消灭国民党,至少在在孙中山领导国民革命的国共两党合作时期,就证明国共两党是完全可以很好地合作,并且取得了很大的成绩。 蒋介石在当时也曾承认了国共合作的正确性及其取得的伟大成绩。 1925年11月西山会议派出现后,蒋介石曾以国民党"左"派的面目批判西山会议派说:"共产党之加入本党,为总理所特许,第一次全国代表大会所议决。 果使两种主义根本不能相容,以总理之明,与第一次全国代表之忠于本党,宁肯贸然决定,以贻本党之危险?"他又说:"容纳共产党,此总理于本党改组以前,几经郑重考虑,而后毅然决定者。 自改组迄今两年,成绩俱在。"不管蒋介石出于何种动机,这些言论是符合实情的。 然而,到了北伐战争后期,蒋介石逐渐地暴露其仇视中国共产党的真面目,直至发动四一二反革命政变,建立国民党南京政府,公开把原来属于国民党的朋友和合作者的中国共产党,视为国民党的"敌人"与"国家民族的敌人",[27]一脚踢开,进而谋求国民党的一党治国和一党专政。 因此,蒋介石曾公开地说:"我们以党治国,不但以党的主义、政纲来训练,对于有政治觉性的人,定下了共同认定的步骤,而且于国民制裁之外,更加一层党里的制裁。"[28]还说:"如果有人反对本党以党专政的政策,这个人就没有革命的经验阅历,不懂得以党专政是什么道理。 民国元年为什么共和党和进步党各种各样的党能够出来? 就是我们没有规定以党专政,所以随便什么革命党都出来了。"因此,"我们在革命时代,不能不以党专政",[29]"建立真正党治之政府",[30]由中国国民党来"行使政权"。[31]总之,蒋介石"以党治国"论的核心内容就是国民党一党专制。

那么,怎样才能实行国民党的一党专制呢? 在世界潮流以民主政治为中心的时代,在孙中山的民主共和思想已经深入人心的现代中国,公开宣布要搞国民党的一党专制是既逆世界历史潮流,又违背中国广大民众的心愿。 蒋介石也许知道,只讲国民党一党专制将要自取失败。 至少在这个问题上他从袁世凯的失败中吸取了教训,总结了经验,且认识到袁世凯作了时代的牺牲者。 在总结袁世凯失败原因时,蒋介石这样说:

袁世凯总也算是一个很聪明的人,但是他的聪明违背了道义,他一达到了相当的力量,便要实现他的野心来做皇帝,毕竟皇帝没有做成,自己反而因此忧愧而死。这固然是由于不识时势之故。他没有检查当时的潮流,全国国民都已偏向共和,厌恶专制;大势已去,他却还倒行逆施,结果当然是自取灭亡,作了时代的牺牲者。[32]

既然袁世凯破坏资产阶级的民主政治,当了时代的牺牲者,蒋介石当然不想会重蹈覆辙。为了使自己的"一党专制"理论能被国人所接受,蒋介石把孙中山晚年因思想进步而基本抛弃了的"训政"理论重新捡起来充分地发挥,并明确地告诉国民说,他的"一党专制"就是以党"训政",最终还是要归政于民的。于是,蒋介石的国民党一党专制就以国民党一党"训政"的形式出现。

蒋介石十分强调"训政"的重要性,认为"训政"阶段是孙中山规定的必须经过的一个革命时期,必须经过,绝不能逾越。这主要是因为依照孙中山《建国大纲》的规定,军政时期之后,继之以训政时期;还因为训政是达到全民政治必经的阶段,非此即不能树立民权的基础,否则将来的宪法必徒为白纸黑字的具文。蒋介石一再强调,孙中山一生在政治上的奋斗目的,是要实现三民主义,而归政于民。但是,如果不经过训练的人民,是绝不能主政的。因此,孙中山在生前"勉励我们知识阶级与革命同志,要作民众的保姆,要以公仆的地位,实行师保的责任"。要像"伊尹训太甲"和"周公训成王"那样,"先把人民训练成熟,然后再还政于民"。那么,谁是伊尹和周公呢?国民党就是伊尹和周公,民众就是太甲和成王。所以,"我们要视民众为国家的主体,我们的主人;我们要教他、训他、保育他,最后还政于他,等待他们都成立了,民主政治也实现了"。正因为如此,所以孙中山才"以为必须人民能誓行革命主义,完毕革命义务,才可以授予民权的初步;又以为人民必须经过四权行使的训练,才可以充分的使用民权"。总之,说来说去,蒋介石就是硬行规定孙中山"遗留下来的革命既定程序","是不可以违反的"。[33]

蒋介石设想在"训政"时期训练人民如何行使选举权、罢免权、创制权和复决权。蒋介石也承认,人民应该有直接民权即这四种政权。这是因为如果人民要是不能够使用四权,那么,国民党的民权主义便不能够实现了。"我们革命也不能够完成一个真正的民国了,那是绝对不可以的"。[34]但是,蒋介石强调，没有经过训练的人民就不会行使这四种政权，其原因就是中国人民没有行使这四种政权的能力。蒋介石认为这种情况的出现，主要是由于中国几千年封建专制政治的压迫和近10几年来封建军阀窃权所造成的。因为在封建专制政治和封建军阀的统治下，人民已经从根本上丧失了行使民权的能力。在这种情况下，就是政府勉强叫人民行使政权，人民还不知道怎样的行使。其结果难免要受他人的利用，或是根本放弃。所以，蒋介石提出，如果在没有告诉人民懂得民权的意义及其运用之法的情况下，便要人民来选举官吏，要人民创制法律，复决法律，那根本上做不到的。如果这样做了，蒋介石最担心会被政府的反对派所利用，尤其是会被共产党所利用。这就是蒋介石所说的："即使勉强的做到，也必定像民国元年时候一样，倒给反动派反革命者所利用。在现在这时候，或者就被共产党来利用，那就糟了"。所以，"我们要给人民以四权，当然要经过相当的训练，使知道民权是应享的权利，和怎样的使用；而且这个训练的期限，起码要五年六年，绝不是三月二月工夫就可以训练成功的"。因此，蒋介石主张在军政时期完了之后，接着就是训政时期。在整个"训政"时期，主要是"对于人民之政治知识、能力，政府当训导之；以行使其选举权，行使其罢免权，行使其创制权，行使其复决权"。[35]

蒋介石还设想在"训政"时期要做的具体工作，主要是进行地方自治、对人民进行遵纪守法和抵制共产党影响的训练。

蒋介石十分重视"训政"时期的地方自治工作。他认为，训政时期是建国第二时期，在这个时期的主要工作，就是要开始实行地方自治法，训练人民行使四权。但是，"四权行使的范围，以地方自治的成绩如何为条件"。因此，他强调国民党建国的工作，必须"以地方自治为根本"。蒋介石还具体规定：地方自治的工作主要是调查户口，丈量土地，办理警卫，修筑道路四个方面。他要求地方政府对这四方面的工作，"尤应加倍努力，尽量完成"。如果这四个方面的工作做得不好，则"训政"时期就不能结束，也就是说不准实施"宪政"。因此，蒋介石把地方自治实施的好坏，作为能否结束"训政"、实施"宪政"的一个基本标准。他说，"盖宪政开始时期之到达，依于省县自治建设之成绩之如何"，也只有在地方自治事业一一举办后，人民的四种政权才能使用，"方得归于具体之事实，而不流于空虚"。[36]

蒋介石特别重视在"训政"时期训练人民遵纪守法。1931年5月5日至17日，在国民党操作下召开所谓"国民会议"，准备制定约法，实施"训政"。在这次会议上，蒋介石明确地规定"训政"就是要训练人民遵守法纪。他要求这次国民会议制定约法，以资人民共同遵守。也就是他所说的："中正之所以主张由国民会议制定约法，以资共守也。"但是，由于中国人民长期以来犹如一盘散沙，从来没有遵纪守法方面的习惯，因此，在这个方面也必须对人民进行训练。同时，他又认为，唯颁法为一事，行法又为一事，我国从来守法遵法之习惯，较为缺乏，民主与自由之自由，常被误解，致受一盘散沙之讥，以贻国家危难之祸，是则法治精神之培养，又为训政工作之要件。因此，要通过"训政"，使今后全国国民，以至政府官吏与军人，必须皆知守法为立国、立己、立人之要则，不可再蹈放纵恣肆之错误，以陷国家于凌乱不安。于是，蒋介石要求"在教育方面，亦应以严格的规律生活之培养，造成国民崇法守纪之精神"，只有这样，"民权主义乃得以充分实现，而宪政亦克早见其完成"。后来，蒋介石又一再强调说："我们更要训迪人民，尊重国家法令的绝对性。"[37]

为了强调在"训政"时期训练人民遵纪守法的重要性，蒋介石还根据自己的需要解释孙中山《民权初步》一书的基本精神和意义。本来，孙中山把训练人民行使政权当作"训政"时期的最根本任务和最终目的，并为此专门写了一本《民权初步》，以之作为训练人民行使四权的教育蓝本。他说："此书为教吾国人行使民权第一步方法也。倘此第一步能行，行之能稳，则逐步前进，民权之发达必有登峰造极之一日。"[38]然而，蒋介石却根据自己的需要来曲解孙中山的原意。他说孙中山的《民权初步》一书的基本精神和意义，并不是在于训练人民行使四权，而是在于训练人民守"礼"，即指训练人民遵守法纪。他说：孙中山"总理三民主义讲了几十年，何以不先著一本三民主义，而要最先著民权初步呢？就是看了中国人一点不懂团体生活的秩序，不懂礼节，所以要最先著这个民权初步，拿社会上一切礼的基本，来教导一般国民。民权初步包括了一切'礼'的精神，实在是最完善切用之'礼'的实习"。蒋介石要求国民"熟习并做到民权初步"之根本目的，就在于为了使国人"能够重礼，学礼，行礼"。其落脚点在"务使每一个国民无论何时何地都能和开会时一样的遵守秩序，服从纪律"。[39]

蒋介石还特别重视在"训政"时期训练人民抵制共产党的影响。蒋介石曾公开地说，他之所以主张要"千辛万苦的做训政工作"，就是因为他已经深刻地认识到"训政"还具有一种特殊的意义，这就是可以通过"训政"来训练民众如何辨别革命与反革命，从而使之得以充分的行使革命的民权，"不致被反动派利用"。 蒋介石还设想通过"训政",使人民模糊民主与专制的认识,这实际上是一个愚民"训政"。 不过,蒋介石是将这种愚民"训政"当作培养民主势力来阐述的。 他说:"因为我们所要培植的,是革命的民主势力,我们要用这种真正的民主势力,来巩固革命的政权。"与此同时,蒋介石诬称中国共产党所主张的民主是"虚伪"的民主,说他绝"不能放任虚伪的民主势力,来破坏革命的纪律,扰乱革命的秩序。"在南京政权建立不久,蒋介石就开始为自己不是新军阀进行辩解,认为自己之所以被国内许多人甚至包括国民党内的一些人视为"新军阀",这是由于中国共产党的宣传影响所致。因此,他十分重视训练人民如何抵制共产党的影响。 他说:"譬如'新军阀'这三个字,在民国十五年的时候,共产党就用这个名词来破坏本党革命武力。 而最近我们同志中间,也有受共产党宣传的影响,随声附和这一口号的。"蒋介石把人民不受共产党的影响,视为一种应有的政治能力,"训政"就是要培养人民具有这种政治能力。 他说,在"训政"时期,国民党中央要以"导师的资格,训练人民政治的能力","中央受全党的委托","凡是有消耗社会元气的行为,中央必以保姆的资格,加以束缚"。 他尤其提醒青年必须通过训练后能"时时刻刻提防着共产党的诱惑"。[40]

由于蒋介石极其重视"训政"的作用,所以在国民党南京政府建立不久,蒋介石就采取措施积极推行"训政"。 国民党的"训政"是从1928年8月8日召开的国民党第二届中央执行委员会第五次会议上正式宣布实施的,会上通过了所谓"训政时期颁布的法案"。 蒋介石在会上致词说:"从今天起,就是从五次全会开会之日起,我们要继续国民革命,开始去作训政时期的工作。"[41]次年3月,国民党三大通过了《训政纲领》,其中规定:"中华民国于训政时期,由中国国民党全国代表大会代表国民大会,领导国民行使政权","大会认为训政纲领,依据总理遗教,确定训政期间的政权付托于中国国民党之最高权力机关,以治权付托于国民政府,分别总揽执行,以造成中华民国之宪政基础,实为训政时代政权治权所由区分之不可移易的原则"。[42]依据这个纲领,中央执行委员会政治会议为实际权力中心,是实施训政的最高指导监督机关,对中央执行委员会负责。 凡国民党中央执监委员及国民政府委员,均为该会的当然委员。 其职权是讨论并决议建国纲领、立法原则、施政方针、军事大计;还决定国民政府委员、各院院长副院长、各院委员、各部部长、各委员会委员长、各省政府委员主席厅长、特别市市长、驻外大使特使以及特派官吏之人选等。 其决定事项,径交国民政府执行。[43]

至1931年5月,蒋介石为使"训政""合法"化,在南京召开了一个所谓的"国民会议"。这是由国民党钦定的会议,"是各地方实际有力者——军阀、官僚、豪绅、地主、学阀、党棍等——的会议"。[44]其任务就是接受南京政府的政治报告。蒋介石在致开会词时表示:"中国的政体仍须根据相传的习惯与向例加以制定,而不能任意效法外国的政府制度。"他认为"鉴于过去宪政失败的经验,必须加紧民间的政治训练"。[45]于是,在这个会上通过了《训政时期约法》,把1928年10月国民党制定的《训政纲领》具体化和"法律"化。国民党一党专制的"训政"就这样铁定了。蒋介石"以党治国"的政治主张就以国民党"训政"的具体方式得到了贯彻。

如果和孙中山的"训政"主张比较起来,孙中山所主张的"训政"是有期限的,其期限是6年,而蒋介石所主张的"训政"则实际上是无限期的。表面上看来,蒋介石给"训政"规定了时间限制,一开始他也规定为6年,但后来一拖再拖,一直拖到1947年12月才因反共需要而宣布正式实施所谓的"宪政"。但是,众所周知,这时所谓的"宪政",实际上也不过是给国民党专制政府戴上了一顶"合法"的帽子。从蒋介石思想本意上讲,蒋介石是不想马上实施"宪政"和结束"训政"的,但是,由于有全国各种民主势力的强大压力,他才不得不经常向国民表示,他自己是极想结束"训政"和实施"宪政"的。1939年9月,蒋介石曾向国民表白说:"就中正个人来说,自从民国二十年举行国民会议,颁布训政时期约法以后,我没有一时一刻忘记如何使宪法早日实行","我急切盼望宪法早日制定颁布的意志,不待我自己说明",也一定是"全国同胞所深深了解的"。后来,蒋介石又一再说:"我个人盼望宪法成立,不是一年两年了,十年以来一贯的主张,就是盼望宪法能及早颁布实施。""中正……觉得我们自九一八国难以来,到今天还没有颁布宪法,实行宪政,是一件最大的遗憾。我对于结束训政,实施宪政,以完成建国大业的希望,在此三十年间,是没有一时一刻忘怀的"。[46]总之,只要一有机会,蒋介石就表白自己是不愿延长"训政"时间的。

但是,在蒋介石的心目中,"训政"则是没有什么期限的,或者说,他总是借一切机会来延长"训政"时期。九一八事变发生后,蒋介石在全国逐渐推行保甲制度,使"训政"时期的自治一度落空。所谓训练民众行使四权,实际上只是对民众进行组织训练,搞所谓管、教、养、卫。人民不但没有学到如何行使选举权、罢免权、创制权和复决权,反而被保甲制度控制得严严实实。为什么不让地方搞自治,进而使之早日进入"宪政"时期呢?蒋介石说其理由就是"自卫尤急于自治,乃改行保甲制度","先从组训民众入手,副以管教养卫必要措施,即为地方自治奠其初基"。[47]到抗战开始后不久,蒋介石在思想上又认为,现在应该重新开始"军政"时期,"训政"时期要推迟到抗战结束后才有可能再开始。1939年2月,蒋介石曾把国民党南京政府建立后至今还没有结束"训政"的原因扼要阐述如下:

国民政府成立以后,遵奉总理遗教,先求全国之统一,接着开始训政,原希望积极的促成宪政的实现,早达革命建国的目的。不幸统一未成,而障碍复起,经五六年之久,倾国家之人力、财力的一大半,用于军政时期之工作;喘息甫定,敌寇侵略,愈入愈深,政府为保障国家的主权,起而应战,苦战十九个月……就目前事实而论,不仅训政时期的工作受到阻碍,而军政时期应做的工作,且必须从头再做一遍。[48]

因此,蒋介石向人民交待说:"严格说来,我们目前还在军政时期之中。"要"待山河恢复,国内澄清以后,才谈得到训政,进而预备宪政"。[49]实际上,蒋介石是借抗战之机来延长"训政"时期。抗战不结束,"训政"也是不会结束的。

在全国各种民主势力强烈要求实施宪政的压力下,蒋介石不得不承认要实施宪政,但是,蒋介石承认实施的宪政不是真正意义上的宪政。根据他的解释或设想,在实施宪政后,有两个方面是要受到约束的。一个方面就是国民参政员不能批评政府;另一方面就是国民党还要做"训政"的工作。

关于实施宪政后国民参政员不能批评政府方面,蒋介石强调的是实施宪政不是在于法律条文,而是在于有宪治的精神。所谓宪治的精神,就是要国民参政员不能批评政府。蒋介石说:"我们中国在三国的时候,早已具有议政、参政的宪治规模;民国以来,更有约法宪法的颁布,和参众两院的设置。"但这都对国家没有产生什么益处,原因何在?蒋介石以北洋军阀为例解释说:"我们当时的议会,实在不能负很大的责任。"因此,现在的国民参政会中的参政员也就不能"蹈过去议会的旧习",也就是说"对政府的批评,务必出以积极而善意的态度";同时,对于民众那些"藉口自由、民主,而破坏国家法令、制度"的言行,"要一致发挥公正舆论的权威,而加以制止"。[50]这就是蒋介石所要求的"宪治的精神"。言下之意是要国民参政员应该和政府步调一致,进一步说就是要以政府的意志为转移,只有在这种情况下,实施宪政才有意义,而是否具有"宪法的条文和形式",则是无关紧要的了。

关于实施宪政后国民党还要继续做"训政"的工作方面,蒋介石是从强调国民党在宪政中的作用来强调这一问题的。为了应付各种民主势力要求实施宪政的强烈呼声,蒋介石甚至表现出一种比各种民主势力还要积极的姿态。他表示即使"训政"没有结束,也可以把宪政的工作拿到"训政"时期来作。就是说可以一面实施宪政,一面继续进行"训政"时期没有完成的工作。蒋介石说:"我个人的意见,以为促成宪政和实施训政,不但不相妨害,而且是相需相成。我以为训政工作,不仅在训政时期要积极进行,而宪政工作也不一定要训政工作完全结束之日才开始。"怎么办呢?蒋介石的意见就是"一方面要求实施宪政,一方面要在宪法颁布以后,继续进行训政未完的工作"。那么,如果在实施宪政后不久把"训政"时期没有做完的工作做完了之后,是不是国民党就撒手不管了呢?不是。蒋介石还认为,就是在"将来虽在宪法颁布以后,我们还是不能放弃训政的工作",国民党仍负责对国民训政。

在这里,蒋介石又打出孙中山的招牌说:"本党遵奉总理遗教,在训政时期对于保育民国的一片耿耿精诚,在还政于民之后,绝不是弃置而不顾。""我们实施宪政","绝不是轻易诿卸我们应负的责任。换言之,在实施宪政以后,本党的责任不但不因之减轻,而毋宁更为加重,所不同者",只是在实施宪政以后,"本党不居于训政的地位,而要尽扶翼的义务"。国民党应如何来"扶翼"呢?国民党第六次全国代表大会曾这样规定:"关于国民大会职权问题,以及其他与国民大会召集有关之各问题,交中央执行委员会,慎重研讨后酌定之。"[51]在这里,蒋介石所设想的宪政,事实上就是国民党一手包办一手遮天的宪政。在实施宪政时期,即使允许国民党以外的其他各党派存在,而且蒋介石表面上承认国民党与其他各党派处于所谓"同等的地位",但是,蒋介石所说的同等地位并不是平等的,他说:在实施宪政以后,虽然"我们要与各党处于同等的地位,但是我们本党还负有保卫三民主义,保障民国的特殊义务";还因为只有在所谓"革命建国的最高原则三民主义,不至动摇,和中华民国国民政府的法统不致紊乱的前提条件下",国民党才可决定由谁来"参加政府"。[52]

可见,蒋介石所主张的国民党一党"训政"是没有什么限制期的。它在具体时间上没有什么最后的期限,即使在万般无耐的情况下实施了宪政,国民党也绝不会放弃它的"训政"责任。1946年11月国民党单方面宣布召开所谓制宪国民大会,青年党、民社党派代表参加大会,追随国民党。大会通过了《中华民国宪法》，并决定第二年12月25日正式实施。1947年元旦，国民党南京政府公布了《中国民国宪法》，宣布进入所谓的宪政实施准备时期。1948年3月底至5月初，国民党南京政府召开了以选举总统、副总统为中心议题的所谓"行宪"国民大会。其实，在这个大会期间，继国民党中常会曾通过了由张群提出的《赋予总统以紧急处置权》的建议，国民大会相应通过了《动员勘乱时期临时条款》，规定总统在动员勘乱时期，为避免国家或人民遭遇紧急危难或应付财政经济上重大变故，得经行政院会议之决议为紧急处分，不受宪法第39条或43条所规定程度之限制，同时还规定由总统宣告或由立法院咨请总统宣告。于是，总统的权力就很大了，它可以借口"动员戡乱时期"没有结束，而随心所欲地行使"紧急处分"之权，独揽国家大权，并不受立法院的限制。显然，蒋介石仍在继续玩弄"还政于民"的骗局。因此，各民主党派人士纷纷指责蒋介石国民政府是独裁专制政府，是搞假行宪，认为由"国民大会"选出来的正、副总统"于法自然无效"。蔡廷锴代表中国国民党民主促进会表示，要"号召同志为加速推翻独裁统治而奋斗"。沈钧儒揭露国民政府无论在行宪前还是行宪后都是独裁政权。他说："在伪国大举行以前，南京政府是蒋介石的独裁政府，在伪国大举行以后，也依然是蒋介石独裁政权，说它换汤不换药都非事实，简直连汤也没有换过。""这样的伪国大，选出的所谓总统与副总统，除了便利蒋介石假行宪之名，继续其专制独裁统治外，绝不会有别的意义。"[53]很清楚，蒋介石不愿结束"训政"和要继续搞国民党一党专制的思想，尽管想用实施宪政的行为来掩饰，但却没有逃过民主党派和民主人士锐利的眼光。

　　以上就是蒋介石"以党治国"论的基本思想。蒋介石所谓的"以党治国"，就是国民党一党专制，其实现的途径就是所谓"训政"。国民党"训政"为个人独裁创造了条件。在国民党内，个人权力的大小实际上是以其拥有的武力大小来权衡的。在国民党内部的权力倾扎中，蒋介石因有自己培养出来的实力雄厚的黄埔嫡系部队为后盾，外加他又有高人一筹的政治手腕，所以他常立于不败之地，国民党的权力重心总是向他倾斜，使之实际上集党政军大权于一身。这样一来，国民党"训政"就无异于蒋介石"训政"，"以党治国"也就等于蒋介石治国。所谓"党治"，说到底还是以军队为后盾的"军治"或"人治"。在这样的条件下，蒋介石个人实行独裁则是再方便不过了。

第二节 "信仰领袖"论

在中国封建社会里,皇帝是作为封建地主阶级的最高代表来统治国家的一国之君。按照封建伦理道德,皇帝以下所有臣民都必须忠君,并且还要能够做到"君要臣死,臣不得不死"。但是,由于孙中山领导辛亥革命推翻了封建君主专制制度,建立了资产阶级民主共和国中华民国,封建皇帝在中国历史上已经不复存在了。之后,在民主共和制逐渐深入人心的情况下,虽然袁世凯和张勋违背民意,逆历史潮流而动,前者当了83天皇帝,后者导演过一场复辟帝制的丑剧,但都不过是螳臂挡车,自不量力。既然封建君主已经从中国历史上消失了,那么,封建社会那种"君臣"之间的伦理关系也就不再适用了。因为"君"这一被忠的对象实体没有了,"忠君"失去了实际意义。于是,形式上按西方现代国家政治制度建立起来的国民党南京政府,其最高统治者蒋介石与一般人民群众的关系,至少在形式上就不是封建社会里的一般臣民与国君的关系了。从理论意义上讲,在现代国家政治制度下,作为掌握国家机器的统治阶级本身,一般是由政党来领导的。而政党通常又是由最有威信、最有影响、最有经验、被选出担任最重要职务而被称为领袖的人们所组成的比较稳定的集团来主持的。显然,蒋介石作为国民党的最高领袖和南京国民政府的最高首脑,他与一般国民的关系,实际上就是现代意义上的政党领袖与一般人民群众的关系。这种关系是阶级的政治利益关系的直接反映,当然是一个最大的政治问题了。因此,蒋介石把"忠君"的封建伦理道德观改为忠于现代国家元首和政党领袖的现代政治观,提出一个所谓"信仰领袖"论,并希望全体国民、全体国民党党员和国民党掌握的军队都来信仰他这个领袖。

从忠君思想推衍出的忠于国家元首和政党领袖的现代政治观

根据蒋介石自己的回忆,他在28岁时即1915年在学习儒家经典《大学》

时,就已经自我领悟到儒家伦理道德中关于忠于天子的提法,现在看来绝不是"忠君的滥调"。他认为,虽然现在推翻了封建社会,但是,绝不可因此而否定封建伦理道德中关于忠于天子的提法,这是因为《大学》中所说的天子,并不是专指帝王,现在应该把封建社会忠于天子理解为忠于现代国家中统率群伦的元首或领袖。到了1934年,蒋介石在庐山训育军官团时,为了使听训的军官能够完全接受他的这一观点,曾联系自己的思想详细地阐述了为什么要把忠君理解为忠于现代国家元首和领袖的理由。他说:

我回想以前幼年的时候,先生叫我读大学、中庸,不知读过多少遍。我到十八岁的时候,在箭金学堂顾葆性先生要我再读一本大学,当我看到'天子'两个字,乃认为大学一本书,不过是讲皇帝,和如何统治天下那一套腐朽的空论,觉得很讨厌,便从此丢弃,不愿再读了。一直搁了十年,到二十八岁的时候,总理为我们讲明大学一书的价值,我重新又来看,才知道大学里所讲的天子,不一定是指皇帝而言,而大学的道理,更不是忠君的滥调。大家知道,无论专制国家、民主国家,都必须有一个元首或领袖,古代帝制国家称为帝王或天子,现在民主国家便称为总统或主席,名义虽然不同,而其代表国家的首领则一。所以大学所称的天子我们可以广义解作国家元首。任何政治制度的国家,都有统率群伦的元首或领袖,我们不能因为帝制推翻了,便否定一切文字,就以为都不足取……总之,本书所谓天子,绝不是专指帝王而言,我们还是把他解作国家元首或领袖为妥。[1]

那么,在中国,国民应该忠于的国家元首和领袖又是谁呢?在这个问题上,如果不把蒋介石关于这方面的言论综合起来分析,而只看蒋介石在某些场合说的话,就会使人迷惑不解。因为蒋介石在一些场合讲过许多非常谦恭的话,甚至能够令听者肃然起敬。他似乎想表白他并不想做领袖,当然也就更没有要别人忠于他的意思。他说:"中正自幼年起,对政治是不感兴趣的","不想做大官",还能做到"无论如何绝不耻下位"。他批评中国人不允他人做领袖的现状,指责"现在中国人大家只有争夺欲,没有创造欲,只要大家尊敬我,推重我,不许别人比我高,比我强,出我头地做领袖"。[2]有时,蒋介石甚至还提出要反对忠于个人,只能讲忠于国家和民族等团体。他说:"所谓忠,并不是讲忠于那一个人,而是忠于职责,忠于团体社会,忠于国家民族。"[3]

蒋介石果真如此谦虚、谦让,并且反对个人崇拜吗? 如果蒋介石真的是如此谦虚和谦让,并且还反对个人崇拜,那么,他所提出的"信仰领袖"论又是信仰哪个领袖呢?

其实,在忠于哪个领袖或信仰哪个领袖的问题上,蒋介石是很想让别人忠于他和信仰他这个领袖的。国民党南京政府建立之前的1927年2月21日,蒋介石就在一次演说中公开自称"我是一个国民革命的领袖"[4]。然而,在当时及其在南京政府建立后的一段时期内,国民党内大多数人尤其是地方实力派,却瞧不起蒋介石这个"国民革命的领袖"。当时,各种军事势力,不仅大有与蒋介石国民党中央分庭抗礼之势,而且都还有争当全国唯一的"国民革命的领袖"之欲望。蒋介石虽然控制了南京中央,但军事实力却有限,他手中仅掌握第1集团军。其他地区分别由地方实力派所把持,主要分布情况是:冯玉祥第2集团军控制以开封为中心的周围地区;阎锡山第3集团军在太原为中心的周围地带不容他人插足;李宗仁第4集团军左右着武汉为中心的一带地区。此外,还有以广州为中心的李济深第8路军,以沈阳为中心的张学良东北边防军,以及川、滇、黔、新疆等边远省份,也都为蒋介石所无法染指。由此形成的局面是:各地不仅以军治民,而且"以军治党"和"以军分党"。[5]于是,实际掌握国民党中央党权的蒋介石之"领袖"地位几乎被架空了。在这种情况下,蒋介石为了当名符其实的"领袖",才一时提出必须坚决反对崇拜"领袖",要以主义来指导行动。他怀着极为愤怒的心情斥责其他地方"领袖"说:

在国民军没有起来以前——就是五年前、十年前,倒还可以拿团体派别的名目,领袖的主义,来蛊弄他的部下,团结他的部下,推他来做领袖,他却拿领袖的本色、色彩来迷惑他的部下。但是在国民革命军起来之后,如果还想用从前的方法,拿个人的伎俩,以遂其领袖的欲望,拿着团体派别去迷惑他的部下,这完全是走绝路,一定是要完全失败。所以现在的军阀,再不能够存在,且无立足之地,就是为此。从此以后,中国国民党及其指挥的国民革命军出来之后,除了以党专政之外,若想拿个人的势力来做自己不可告人的勾当,那就完全是梦想的。[6]

与此同时,蒋介石还以北洋军阀失败为例劝告地方"领袖"的部下,希望他们切勿跟着自己的"领袖"一个人走。这是什么原因呢? 这是因为从前北洋军阀的领袖都是没有党的，最多他就是弄一个派，即使有一个派，却又没有主义，就只是认识一个领袖。当时所有北洋军阀就是只认识一个袁世凯。当袁世凯他一个人走了一条死路的时候，所有北洋军阀也就完全塌台了，"所有的部下也要跟着他的领袖自杀了！"因此，蒋介石强调说："故我们不可单纯认识一个领袖。领袖是一个人，领袖的思想是常常变动的。"既然不跟"领袖"走，那又跟谁走呢？蒋介石提出要跟主义走。当然，这里所说的主义已不再是孙中山的三民主义，而是蒋介石的三民主义。蒋介石还鼓励那些跟着地方实力派领袖的部下，要大胆起来反抗自己的"领袖"，并称这种行为是正确的，而不能视为叛逆。他说："我们只有一个主义，根据这个主义去行动，有那个违反主义的，他就是主义的我们（之）敌人，我们对于他个人，反抗他，并不是他的叛逆。"蒋介石告诫跟着地方实力派领袖走的军官，如果继续盲目服从"领袖"而心中没有党和主义，这是很危险的。他说："如果我们军人带了这些兵"，"只盲从一个领袖，而心中没有党，没有主义的，那就是他最大的一个危险了"。蒋要求地方"领袖"的部下官兵应该"是为的主义"，"绝不是做个人的工具，做个人的走狗"。[7]

如果抽象地从反对个人崇拜这一意义上来讲，蒋介石说的上述言论是耐人寻味的，不能说它没有一点正确性，但是，如果结合当时的背景，无须分析也能看出，蒋介石反对盲从其他"领袖"是真；而主张盲从所谓党的主义也是真。不过，这个党的主义是有所指的，它就是蒋介石的三民主义或者说就是蒋介石这个"国民革命的领袖"之化身。当然，由于时机不成熟，蒋介石还不敢公开提出应当崇拜他或信仰他这个"领袖"。

一个党·一个领袖·一个主义

无论蒋介石怎么劝说，晓以利害，地方实力派领袖并不买他的账。他们不仅要继续当地方的"领袖"，而且还要与蒋介石一争高低，也想当个中央的"领袖"。国民党内部终于首先因编遣问题无法解决而导致了争夺地盘和中央"领袖"蒋桂战争、蒋冯战争和蒋唐战争，最后导致更大的中原大战。结果是蒋介石赢得了全部胜利，最终由他形式上统一了全国。在这个时候，蒋介石觉得自己已经成了实际上的全国唯一的"领袖"，于是，他经常宣传这样一个观点：现在的中国正处在革命时期，在这个革命时期的国家，必须具有主义、领袖和群众。现在不仅主义和群众都有了，而且自九一八事变以来，中国已经形成了一个"事实上的领袖"。为了强调领袖在革命过程中的重要作用，蒋介石特别突出"领袖"在国家中的地位，提出"领袖"是处于革命期间的的国家一个不可缺少的十分重要的因素。他认为，在革命未成期间的国家，与通常已有强固而确定的组织的国家有所不同。"在通常已有固定组织的国家，谁都知道其要素为土地、人民与主权（或政府）"，而"我们在革命时期中的国家"，"其要素则为主义、领袖与群众"。蒋介石还认为，领袖、主义与群众三者之间的关系，是由一个领袖带领群众实现主义的关系。他说："我们革命一定要有一个领袖，才能集中革命的力量，推进革命工作，使革命主义能够尽早实现。"为了使军队也信仰领袖，蒋介石提出信仰领袖也是"革命军"的一个根本条件。他要求军人"对于革命领袖，要有坚确的信仰，务必始终如一的服从"。如果有了革命领袖而不真正信仰领袖和服从领袖，单是口说有领袖是不行的，因为口里说说与革命事业成功还是没有什么相干。因此，蒋介石在训导其军官时一再叮嘱他们说："你们要成功，必先要晓得领袖的重要，并且要真真实实认识领袖，信仰领袖，服从领袖。而且以后回到部队里，也要将这个道理切实教导一般部下。"(8)

蒋介石所主张要信仰的领袖到底是谁呢？这时，蒋介石不再遮遮掩掩，而是公开宣传：他就是全体国民党员和全体国民以及全军所要信仰的领袖。这时的蒋介石，不仅一直认为和经常公开宣传"自己绝不愧为革命军的统帅"和"领袖"，而且还反复要求他人必须信仰他这个领袖。

蒋介石经常以国民党的领袖身份教育国民党党员，滔滔不绝地训导他们不仅要信仰党的领袖，并且还要把自己的生命乃至自己整个家族的生命交给党、交给领袖。为什么一个国民党党员必须把生命交给党和党的领袖呢？蒋介石说：这是因为国民党是一个"革命团体"，它是以革命的认识与共同的信仰为基础，用严密的组织与铁的纪律，将所有的革命党员结为整个的一条生命。同时，还因为革命团体的一切，都要集中于领袖；党员的精神，党员的信仰，党员的权力以及党的责任，也要集中；党员所有的一切都要交给党，交给领袖。如果反过来说，则党的领袖对于党的一切，党员的一切，也要一肩负起来。所以在这个意义上说，"每个党员的精神和生命，完全是与领袖须臾不可分离的"。如果再进一步地说，则"全体革命党员的生命就是领袖的生命！每个革命党员的家族，就是领袖的家族！"那么一个国民党党员怎样才叫把自己的生命交给党和党的领袖呢？按照蒋介石的要求，就是要坚决做到在党的领袖面前"绝对不许有个人的自由，个人自私自利的行动"，只能

"诚心诚意的信仰服从,以领袖的精神为精神,以领袖的意志为意志"。同时,蒋介石还要求每一个国民党党员在绝对牺牲个人的自由、平等方面,应该从组织上一级服从一级,最终服从实际掌握党权的蒋介石。他曾很明确地表示说:如果一个国民党党员不听党的命令,不听党的领袖的指挥,那么,有党员就好像没有一样,这就是国民党从前不能成功的真正原因。"由此看来,一党单有党员,是不中用的,必须党员能牺牲他个人的自由"。在如何牺牲个人的自由、平等方面,蒋介石进一步说:"我们党员要牺牲个人的自由、平等,这句话怎么讲呢?就是党员要有服从性,不能有一点自由、平等,而且下级要服从上级,区分部服从区党部,区党部服从县党部,县党部服从省党部,省党部服从中央党部。"只有这样,才能使国民党的整个组织指挥自如的活动。蒋介石甚至还怒不可遏地表示:谁若"不能够有这个服从性的,就是党的败类!"[9]那么,这个被信仰的领袖是谁呢?这是蒋介石不得不回答的个问题。蒋介石也不回避这个问题,并毫不掩饰地说:"当然我做领袖",并且还信誓旦旦地表示自己一定"要首先以身作则"地"为国家,为民族负起革命的责任来"。[10]在全面抗战爆发后的抗日战争中,蒋介石非常强调的是"一个党"、"一个领袖"和"一个主义",但实际上他最为注重的还是"一个领袖",或者说三者之重心在于领袖。这就是他所说的:"要知道我们的主义只是一个,领袖只是一个,大家要团结于领袖领导之下,共同一致为三民主义奋斗。"[11]

蒋介石经常以国民党军队统帅的身份教育部队官兵,要求他们必须把信仰统帅和服从命令当作自己的第五种新的觉悟和精神。蒋介石曾十分明确地说:"我们现在所应有的第五种新的觉悟和精神,就是要绝对信仰统帅,服从命令。"那么,怎样才能做到信仰统帅和服从命令呢?"唯一的具体表现,就是服从统帅及其上官的命令"。要真正做到凡属上官的命令,尤其是最高统帅的命令,部下一接到手就应当"视为自己的命根一样,看得比什么东西都重要"。蒋介石要通过信仰统帅的途径达到使其部下"能绝对信仰统帅","万众一心,上下一致,如身使臂,如臂使指"之目的。[12]

对于全体国民来说,蒋介石也要求他们具有这种信仰领袖的"第五种新的觉悟和新的精神"。蒋介石认为,全体人民群众也"要有一个领袖,做全群信仰的中心",因为这是"发挥组织力量"的一个很重要的条件。因此,蒋介石提出,不仅要对群众进行体、智、德三个方面的教育,还要增加一个"群育",通过"群育"来培养他们"信仰领袖"的意识。蒋介石在解释

"群育"时说："'群'是什么？ 凡是多数人依某种共同意识而结合的都叫'群'。 所谓'群育'，则指改善多数人相处之道，亦即谋群的共同生活之改进，与集体意志的实现与发扬之谓"。 而"信仰领袖，遵守纪律，就是群育主旨"。 蒋明确要求全体党政工作人员必须理解他的"群育"主张，[13] 并且要在全国民众中予以贯彻执行。

为了使党政军各方面都能接受"信仰领袖"的观点，并且落实在一切行动中，蒋介石还把"信仰领袖"提到"复兴"中华民族的高度来加以强调。 他认为，一个受压迫民族要复兴首先就是要团结，只有团结才能自强，而要团结就必须"信仰领袖"。 因此，"信仰领袖"是复兴中华民族的唯一重要之保证。 无论哪一个被压迫民族，他们在反抗帝国主义的压迫，争取民族的自由、独立的斗争中，虽然在物质上讲，他们的军队既没有精良武器，又没有定期的训练，一切都不如帝国主义国家的军队，但是，只要他们能够真正团结自强，就一定可以取得最好的胜利，达到最后的目的。 蒋介石认为土耳其、苏联、美国就是靠以领袖来团结民族这种方法来实现民族复兴的。 他尤其强调美国总统华盛顿在美国民族复兴中的作用说："因为北美洲有了一个贤明的领袖华盛顿，领导全体民众，始终不懈的奋斗，所以血战了七年的结果，终于战胜英国的羁绊，成为独立自由的新邦。"蒋介石还由此进一步地引申出领袖在民族复兴中的具体作用，认为一个民族的复兴，必有其不可压迫的民族精神；而这种精神之所以能够发挥出伟大的力量，来达成他民族复兴的目的，又全在领导民族复兴运动的领袖和在领袖指挥之下的一般干部、一般将领，能忠义自矢，服从命令，拥护领袖。 由于中国也是一个被压迫的民族，同样遭到帝国主义的侵略，因此，蒋介石认为中国也需要一个这样的领袖，这主要是因为中华民族复兴的"最要的条件，就是指挥统一"。 在抗日战争还没有全面爆发之前，蒋介石就曾这样说："今后要能抵御外侮，复兴民族，端赖有贤明的统帅和优良的指挥官"即领袖。 蒋介石自认为这个指挥官或领袖就是他自己，甚至还声称只要给他60万军队，他就能够领导中华民族打败日本帝国主义。 他说，"我可以相信，如果有六十万以上真正革命军，能够绝对服从我的命令，指挥统一，我一定有高明的策略，可以打败这小小的倭寇。 老实讲，他们那一般骄妄愚蠢的军队，完全不在我的眼中，我一定有办法可以战胜他们。"[14] 在这里，可以清楚地看出，蒋介石实际上是在说明，他就是中国的华盛顿，只要信仰他这个领袖，中华民族即可复兴。

对军队提出"三信心"

有时，蒋介石是通过强调信仰主义来达到信仰领袖的目的。不过，他通常是打着信仰孙中山三民主义的招牌，来强调信仰他的蒋记三民主义。蒋介石常说孙中山的三民主义是唯一最适合于中国的，"我们要确定三民主义，是中国最适用的一个思想"；并要求每一个国民党党员，既然做了党员，就"一定要真实信仰党的主义——三民主义"。他还从整体上要求全体国民、全体国民党党员尤其是国民党掌握的军队，都必须"笃行"孙中山的三民主义和"一定要共同一致的忠于三民主义"，"为三民主义而奋斗牺牲"。[15]但是，在如何才能信仰孙中山三民主义的问题上，蒋介石却把信仰孙中山的三民主义改换成他的蒋记三民主义。在要求军队服从孙中山的三民主义时，蒋介石提出服从长官是第一步。其理由就是国民党是"革命军"，而革命军就应该服从三民主义和严守党纪和军纪，如果某个长官是服从了三民主义的长官，那么，这个长官所带的兵士就必须绝对服从这个长官。正是在这个意义上，蒋介石特别告诉其部队官兵说："服从信仰主义的长官，便是服从党和主义，而且为服从主义的第一步。"并要求他们这样理解：既然"我们的上官是服从党和主义的，他就是党和主义的代表；我们服从上官不是服从他本人，是服从主义，服从我们的人格，这样的服从，才有价值，有意义"。如果按照蒋介石提出的这种一步一步地逐级服从，那么，蒋介石作为上官的最上官，无疑是全体部队官兵最高最上绝对要服从的对象了。对于蒋介石来说，他是否服从孙中山的三民主义，事实上是没有人敢评头品足的，因为孙中山的三民主义的解释权完全掌握在他的手中，孙中山的三民主义实际上就是他的蒋记三民主义。因此，蒋介石甚至敢于公开表示，别人也可以监督他，看他是不是忠于孙中山的三民主义，如果他没有忠于孙中山的三民主义，当然也就不能服从他，甚至于"唾弃"和"仇视"他。蒋介石说："如果我要自私自利，不忠于主义，不忠于党国，那么无论那一个国民，那一个部下，都可以唾弃我，仇视我。"[16]然而，由于蒋介石经常以孙中山的"信徒"自居，加以他又执掌着党政军大权，因此，即便有人知道蒋介石并没有忠于孙中山的三民主义，但国民党内敢于公开"唾弃"和"仇视"蒋介石的又有几何呢？很显然，蒋介石要求全体国民、全体国民党党员以及国民党掌握的所有军队信仰的孙中山的三民主义，实际上就是信仰经蒋介石歪曲和儒化了的蒋记三民主义，从根本上讲也是信仰蒋介石本人。

为了使国民党掌握的所有部队都能绝对信仰全军最高统帅，蒋介石提出要用"三信心"当作军队的一条"无形的纪律"。蒋介石提出的"三信"，就是所谓"自信、信任、信仰"。蒋介石要求每一个军人必须具有这三种信心。有时，蒋介石把"自信"和"信任"，通称为"信仰"。他说："自信和信任，通常不叫信仰，其实也都是信仰；自信即对我们自己的信仰，信任即对我们部下的信仰。"但是，蒋介石对"信仰"和"自信"又有具体的解释。什么叫"信仰"呢？蒋介石所指的"信仰"，主要是对主义的信仰和对上官的信仰尤其是对全军统帅的信仰。什么叫自信呢？蒋介石所强调的"自信"，从根本上说，就是对主义的自信。他要求全体官兵"抱定这光明正大的自信"，要死心塌地的信奉主义并实行主义。[17]在这个"三信心"中，蒋介石也特别强调部下与上官之间的相互信仰与信任，即所谓"对于上官一定要信仰，对于部下一定要信任"。那么，作为最高统帅的蒋介石是如何信任部下的呢？他虽然没有具体地谈这个问题，但有时他清楚地表明了自己对部下官兵的"关心"态度。他说："就我自己来说，我认定你们各官长的生命，就是我的生命，你们的牺牲，就是我的牺牲。"他甚至动情地说："看你们的牺牲，实在比我自己的牺牲还要难过。我宁愿牺牲自己的生命，也不愿牺牲你们一个将士，因为我觉得你们的牺牲，绝不是你们各个人的身体和生命的牺牲，实在就是党和国家重大的损失！"那么，蒋介石是如何看待官兵的死呢？也就是说，他是怎样要官兵选择自己的生与死呢？在这个问题上，蒋介石从信仰领袖的角度，要求全体官兵都要"坚持一种信念"，树立所谓"革命的人生观"。当"我们应当死的时候，就毅然要死；若不应当死的时候，也就不应该冤枉的送死"，但是"一定要抱定牺牲的决心"。这就是蒋介石对部下官兵的信任。依他的言论，就是他信任"部下甘于为我效死"。显然，所谓"三信心"，事实上只有下官对上官的绝对信仰，而蒋介石重点强调的，则是下官对最高统帅的信仰与服从。因为蒋介石特别强调统帅是全军的首脑，各级长官是各该所部的首脑，各个官兵就是所属上官的耳目手足，而全军又是概属统帅的手足。耳目手足要由首脑来自由指挥，运用灵活，否则一个人就不能生活。所以，"士兵以及各级官长对于上官尤其是全军的最高统帅，一定要绝对的信仰、敬重"。[18]

蒋介石试图使全体国民和全体国民党党员及其掌握的军队，尤其是一些地方实力派领袖都能真心地只信仰他这个中央领袖，这绝非像封建社会的皇帝要求臣民对他效愚忠那样容易。因为封建社会里的皇帝自称是"天子",一直受封建伦理道德约束和规范的国民面对这个集神权于一身的皇帝,就不仅仅是个信仰与否的问题,而是必须按照封建儒家伦理道德的规定,做到"君要臣死,臣不得不死"。而生活在现代社会里的国民,由于受辛亥革命以来民主观念的影响,儒家伦理道德的说教对他们当然也就至少不大灵了。在这种情况下,虽然蒋介石还可以靠强制手段推行封建伦理道德的建设,把被打倒了的孔子再扶持起来,但他却不能像封建皇帝那样再自称是"受命于天"了。为了使全体国民、全体国民党党员尤其是国民党掌握的军队都能够真心地信仰自己,蒋介石在不断宣传"信仰领袖"论的同时,还想尽千方百计尽量地美化自己的领袖形象,使人们相信他不仅是孙中山的"信徒",而且他还有长期跟随孙中山左右的革命史,另外,他在青少年时代还受过严格的家庭教育,培养了勤劳刻苦的高尚品德。总之,他就是当今当之无愧唯一的领袖。

在宣传自己是孙中山的"信徒"方面,虽然蒋介石根据自己的需要歪曲和儒化了孙中山的三民主义,但他仍然一直把自己说成是孙中山三民主义的忠实奉行者,似乎只有他一个人才彻底地忠实执行孙中山的三民主义。一方面,蒋介石把孙中山的三民主义捧得高高的,称之为"中国的国魂"和"国民党的灵魂"、"民族的灵魂"等。他反复强调说:"我们中国的国魂是什么呢?就是总理的三民主义。""我们中国革命传统的精神,就是三民主义。三民主义,就是我们革命党传统的精神。这个主义,就是全军一致的最要紧的根基"。[19]有时,他称"三民主义就是我们中国国民党的灵魂",[20]和"我们国家、民族的灵魂"。"全国国民要真心信仰三民主义,要团结一致来奉行三民主义"。另一方面,蒋介石则极力吹捧自己就是孙中山三民主义的忠实信徒。他不仅称自己确实"服膺"孙中山的三民主义,说"中正毕生从事国民革命,服膺三民主义",而且视"三民主义为抗战建国最高指导原则"[21]。蒋介石还告诉人们,他之所以"服膺"孙中山的三民主义,有一个最主要的原因,这就是因为他早在十六七岁的时候,就在各种因素的影响下产生了坚决信仰孙中山三民主义的思想基础。他曾详细阐述说:

我个人思想的出发点在那里呢?便是我在少年的时候,就死了父亲,我是一个孤儿,受着我的母亲教养,中国的社会,最受欺侮的,就是孤儿寡母。当然我们母子被人欺负,是说不出的痛苦,但同时有些人却住的穿的吃的都很好,并且那些富家子弟,还是奢侈浪费,做种种不正当的举动的,因此就有许多的穷人弄得统统都求生不得,并且还要饱受土豪劣绅贪官污吏的掠夺和剥削,鱼肉凌虐,无所不至。这种情形,我当时看见了,就发生一种感想,为什么穷的人一定要受这种痛苦,为什么那些富家子弟倒是这样的奢侈逸乐,不事生产?这是我少年时候常常发生的一种疑问,也不晓得那是怎么一回事,总觉得穷人太苦,富人太阔,绝不是人生的正道,必须想方法去改良才好。后来到了十六七岁的时候,就晓得当时统治我们的皇帝,是少数满族,不是我们的汉族;而且是在一个人的专制之下,我们四万万同胞对于国事,竟没有过问的余地,甚至因少数官僚的昏庸,竟弄到割地赔款,丧权辱国,使我们的国家和民族,不能自由独立的生存,在当时就想中国是四万万人的中国,为什么要由爱新觉罗一家人来统治?中国人应该都可以过问中国的事,为什么一切的事都要受清政府皇帝的支配?这真是中国国民最大的耻辱!这就是促进我后来加入同盟会的动机和我个人的革命出发点所在,亦就是我坚决信仰总理创立的三民主义的由来。"[22]

那么,蒋介石真的在 17 岁以前就具有了信仰孙中山三民主义的思想基础了吗? 这是一个很简单的问题,因为只要把蒋介石在 17 岁以前的思想实际联系起来考查就会一目了然。

痛说革命史的背后

童年和少年时期的蒋介石,是一个很顽皮的孩子。 这就是蒋介石在《先妣王太夫人事略》中所说的:"中正幼年多病,且常危笃,及愈则又放嬉跳跃,凡水火刀棒之伤,遭害非一,以此倍增慈母之劳。 及六岁就学,顽劣益盛,而先妣训迪不倦,或夏楚频施,不稍姑息。"[23] 正因为蒋介石特别顽皮,所以当他第一次接受私塾启蒙教育时,其父蒋肇聪对他严加训斥,要求他"得一意读书",今后能够"有所成"。[24] 即使到了12岁远离家乡去读私塾,他仍然是"童年梦梦"。 1899年,12岁的蒋介石赴远离家乡溪口百里之遥的嵊县葛溪村,到姚宗元在溯源堂开设的私塾读《尚书》。 这时的蒋介石偶尔回家探母,每当他再次离家去念私塾时,"童年梦梦"依恋母亲之情无以言状,总要痛哭一场。蒋介石在《刊哀思录所感》中叙述当时的情况说:"曾忆中正十二之年,先妣命出外就傅,时中正依恋啼泣,至不堪言状,一如远离膝下,为人生惟一之痛苦。 当时童年梦梦,但觉寸心如割之不能忍,而不知慈母之心究做如何感想也。"[25] 这时,蒋母王太夫人做何感想呢? 王太夫人对这个十分顽皮的孩子所抱的希望甚渺，唯一的希望就是蒋介石能够继续保持祖上的脸面即不给祖先丢脸就可以了。因此，每当蒋介石离家再去念私塾时，王太夫人深怕他不为祖上争气，总是"垂泪而教之"："自汝父之殁，吾辛辛苦苦，使汝读书者，非欲攫显宦拥厚资也。所望为国自爱，以保先人之令名足也！"这些话几乎成了王太夫人教育蒋介石的口头禅，用蒋介石自己的话说，就是"平居燕语，亦屡以是相勉"。(26)

是不是当蒋介石到了17岁的时候，他的思想上发生了巨变，就有了接受孙中山三民主义的思想基础？答案显然是否定的。因为蒋介石17岁之时，正是1904年。是年，蒋介石到宁波县城箭金公学从师顾清廉，读周秦诸子、说文解字、曾文正集，以及学习孙子兵法。期间，顾清廉也给他讲述一些孙中山在国外从事革命活动的情况，但是，孙中山在这时还没有正式形成三民主义思想。如果要说在此之前蒋介石的思想有些成熟的话，成熟的还只是儒家思想，这主要是他受私塾老师和学校教师的教育所致，此外，还会因父母的教育多少产生一点要发愤学习日后能光宗耀祖的思想。当然，在青少年时期的蒋介石，其身上表现更多的则是未完全脱去的少年顽皮与不甘受人欺负的天性。可见，蒋介石美化自己信仰三民主义的思想基础之宣传，有很大的牵强附会和捕风捉影的因素。

在宣传自己长期跟随孙中山左右的革命经历方面，蒋介石也是经常夸大其词。当然，蒋介石跟随孙中山多年，而且做了一些革命工作，并且还有较大的贡献。这是无须否认的事实，但是，总的来讲，他的革命成绩并不像他自己所吹嘘的那样显赫。为了使别人相信自己曾非常努力地献身革命，蒋介石便把仅有的几件事实予以夸张，添油加醋地宣传，特别是把重点放在他对孙中山及其领导的革命的忠诚之上，表明自己如何地具有"杀身成仁"之精神。有时，蒋介石先是用孙中山的话来教育别人，称孙中山经常"教训我们，做革命军人必须有'不成功，便成仁'的决心"。接着，便说自己按照孙中山的教训做得如何如何地好。实际上，蒋介石认为做得最好也宣传得最多的也就只有那么几件事。

蒋介石认为，他于1913年参加孙中山重组的中华革命党，并受到了孙中山的接见，这是一生中很光荣的事，因而经常加以宣传。1913年9月，孙中山在领导反对袁世凯的"二次革命"失败后，为了挽救革命危机，在日本东京组织中华革命党。但是，在具体组织方法上，孙中山出于为国为民和拯救革命的一片真情，采取了旧式会党的落后组织手段，过于强调对他个人的服从，要求加入中华革命党者在宣誓时保证"附从孙先生再举革命",永守《中华革命党誓约》,"至死不渝,如有二心,甘受极刑"。黄兴等人,因不赞成这种做法而拒绝参加。然而,就在孙中山组织中华革命党不久,蒋介石于10月到达日本长崎,并宣誓加入了中华革命党,还经陈其美介绍第一次与孙中山会见。蒋介石认为,这是很荣幸的一件事,因此借题发挥,极力渲染和大力宣传。他说当时响应孙中山的号召在日本参加革命党组织的,只有极少数的干部,而在这极少数的干部中,真正能响应孙中山的三民主义,了解其革命真义的,尤其是能够做到始终如一的则更是不多了。虽然他当时还只有二十七八岁,在中华革命党里只是小字辈,但是他的觉悟却相当地高,他对于有的党员借各种理由向孙中山"要挟权利",有的党员向党部"诈索钱财,以供挥霍"等言论和行为,就"实在看不过去"。他还表示:"我既身为党员,若不能为领袖报复此仇,我就不是一个忠实的信徒。"[27]

蒋介石认为,1916年自己在参加攻打江苏江阴要塞战斗中,尽管差点被俘了,但由于自己能够坚持战斗到最后,这也是一件光荣的事,因而也经常加以宣传。是年4月的反袁斗争中,蒋介石差点被俘。蒋介石与杨虎领导一部军队,进攻江苏省江阴要塞的袁军,一度取得胜利,占领要塞5天,还发表了独立宣言。但是,后因袁军的反攻及内部分裂叛逃,斗争失败。蒋介石差点被俘,落得个仅与两名士兵一起撤退,最后只身逃回上海的下场。蒋介石认为,这也是自己身上很美丽的光环,因此,也大加宣传说:"民国五年,在江阴举事的时候,一般同我去的革命党员,到了最危险的关头,都纷纷逃跑了,只留我自己一个人在江阴炮台上。"[28]

蒋介石认为,自己跟随孙中山左右革命最荣耀、也最值得宣传的事,就是1922年6月,粤军将领陈炯明背叛孙中山、炮轰总统府后,自己应孙中山急召登永丰舰,随侍患难之中的孙中山。1922年5月,在广州任中华民国非常大总统的孙中山发动了讨伐北洋军阀的战争。然而,身兼陆军部长、粤军总司令及广东省长等职的陈炯明,却密通湖南军阀赵恒惕,反对孙中山入湘北伐。并于6月16日公然发动武装政变,密令广州粤军一部围攻总统府,还炮轰孙中山在观音山粤秀楼寓所。孙中山被迫避难到永丰舰上后,在舰上给在溪口的蒋介石发急电,要他"速来"。29日,蒋介石应孙中山之召来到永丰舰上,被孙中山授予海上指挥权,协助孙中山与陈炯明叛军作战。8月9日,孙中山听取蒋介石的建议,在蒋的护送下离粤返回上海。事后不久,蒋介石写了《孙大总统蒙难记》一本1万余字的小册子,记述孙中山同叛军陈炯明斗争的过程,孙中山亲自为该书作序。蒋介石由此提高了政治声誉。对于蒋介石来说,这是一件十分荣耀之事,因而他以此作为自己跟随孙中山"杀身成仁"的革命史大加宣传。有一次,他这样宣传说:

> 过去历次打仗,我和一般士兵在最前线,出生入死于枪林弹雨中,你们很多人一定看见过的,就是你们没有亲眼看见,也只要看我的历史,就可以知道我是有死的决心的。比方民国十一年陈炯明叛变的时候,我远从上海赴难到粤,和总理一起住在"永丰"一个孤舰上,被困于白鹅潭中,四面统统是敌人的炮位,敌人的军队,那时我们还有什么生路?总理与我们大家都以求得当时那个死所,为最快乐的事!(29)

其实,蒋介石既有跟随孙中山左右革命,在一定时期为孙中山领导的资产阶级民主革命做过一些贡献的一个方面,也有跟孙中山跟得不紧的一方面,至少是没有达到忠心耿耿的地步,也看不出他有要"成仁"的决心。有人把蒋介石在1918年到1922年6月陈炯明叛变的三年多时间里跟随孙中山左右的情况作过统计,结论是蒋介石擅自离开孙中山领导的革命竟达8次之多。此后,他仍多次脱队,直至正式担任黄埔军校校长之后,才算稳定下来。还有人从辛亥革命以后的10年间考察过蒋介石的历史,认为蒋介石在1911年以后的10年里,其大部分时间是"闲居上海","这期间便是蒋氏官书所称'韬养时期',除了偶尔去闽粤'革命'一下,便长期在上海滩过着'终日聚饮招宴,流连于灯红酒绿之中'的生活。最为辉煌的记录,便是他和虞洽卿、张静江、戴季陶及陈果夫等开设证券交易所的一段股票经纪人的发财日子"。"一九二二年间,蒋氏经营的'恒泰号'交易所破产,蒋氏负债走粤"。(30)从蒋介石给他人的通信中,还能够发现,他跟随孙中山革命的思想有时是不坚定的,甚至还因不能忍受听人差遣而牢骚满腹过,进而对革命失望,有过退出革命的念头。如蒋介石在一封信中说:"对我个人言之,则挥之使去,招之使来,此何等事,而谓吾能忍受耶?"他也坦诚地承认自己"畏难避怨,是或有之"。想来革命是"赧然而归",不想革命是"拂然而去"。(31)"常于积极进行之中,忽萌消极退隐之念"。(32)若是具体地讲,蒋介石在1923年前的一段日子,按他自己给人的通信说,是过得非常无聊的。他说:

弟本一贪逸恶劳之人,亦一娇养成性之人;所以对政治,只知其苦,而毫无丝毫之乐趣。即对军事,亦徒仗一时之兴趣,而无嗜癖可言。五六年前,懵懵懂懂,不知如何做人,故狂妄半生,觉无意趣。近来益感人生乏味,自思何以必欲为人,乃觉平生所经历,无一非痛感之事,读书之苦,固不必说,做事之难,亦不必言,即如人言弟为好色,殊不知此为无聊之甚者,至不得已之事。自思生长至今,已有三十有七年,而性情言行,初无异于童年……至今不惟疲玩难改,而轻浮暴戾,更甚于昔日。(33)

那么,蒋介石常被孙中山招去革命是完全出于自愿吗? 有时或许是自愿的,但有时却是迫于孙中山的命令。 1920年10月,蒋介石在粤军第2军许崇智部任总参谋长时,孙中山曾批评他时常"龃龉难合",希望他为了国民党党员肩上担当的责任,不要嫌官职不大,要"勉强牺牲所见降格,以求所以为党,非为个人也"。 但是,孙中山的批评无效,蒋介石还是于11月回到家乡奉化溪口,游山玩水,赋诗抒怀,还与前来规劝他回粤军复职的戴季陶大吵一架。 后来戴季陶还在信中指责他"杯酒失意,辄任性使气","足碍事业之成功"。 但蒋介石仍然不回粤军复职,而是到上海转了一圈后又回到溪口。 蒋介石为什么不愿复职呢? 他在1921年1月10日给张静江的一封信中很清楚地说了一个理由,就是他原来到粤军中去任职,不是自愿的,而是"实迫于孙先生之命","明知其此非我所能久居,其事非吾党所能挽救,而必欲强之使从,是亦至不幸之事。 悔疚在念"。(34)

蒋介石对于自己在革命过程中不大光彩的事只字不提,只提那些自认为辉辉煌煌的革命史,其目的是十分清楚的。 他是想向全体国民、全体国民党党员和国民党掌握的军队证明自己完全具有当国民党领袖的资格。 1935年8月,蒋介石在对峨嵋军训团演讲时,曾这样自问自答地说:"你们如果再问我'对于革命党和革命精神与纪律,从来没有违背过? 对于总理,对于革命党和对于自己的良心,有没有什么惭愧?'"蒋介石是怎么回答这个问题的呢? 他是这样回答的:

我再可以很坦白的,很忠实地回答你们:"我自十八岁追随总理,直到现在,敢说三十年如一日,从来不曾有一点苟且偷惰,见异思迁,以及畏难避祸,贪生怕死的情形。"我自从做了革命党员,生死早已置之度外,一切都决心为革命,为主义,为党国而牺牲。因为有此历史的基础,所以自信,绝不愧为革命军的统

帅,不愧为你们的领袖。"(35)

在这里,蒋介石是司马昭之心,路人皆知了。

在宣传自己青少年时代的成长史方面,蒋介石极力描述自己从小就受到家庭的严格教育,因而勤劳刻苦,品德高尚,进而才造就了他现在的"委员长"和"领袖"的地位。 蒋介石说他过去当过总司令,现在又当了委员长,这都是因为自己在青少年时代受到家庭"最严格的教育",也是自己从小刻苦努力做出来的。 或者干脆说,他"之所以有这样的能力,来担任救国救民的责任,完全是从小养成的"。(36)那么,国民肯定想进一步知道,你蒋介石又是怎样从小养成的呢? 关于这一点,蒋介石曾具体地阐述说:

我过去做总司令现在做委员长,都是由于青少年受过最严格的教育,从小刻苦努力做出来的! 我从前在家里,每天一定要扫地,洗地板,还要烧饭;吃饭的碗筷,也通通要自己洗涤……我从前就是在这样一种严格教育之下的一个小孩子,小学生! 就是由这样一个小孩子小学生出身,造成功今日的委员长,做革命领袖。(37)

蒋介石的青少年时期,有一段时间是在日本度过的,主要是在日本东京振武学校学习军事。 1909年冬于振武学校毕业之后,到日本北海道新泻县高田町陆军第13师团第13联队第5中队实习,为士官候补生二等兵,操涮军马。 关于这一段当兵的历史,蒋介石经常加以宣传的,是他在振武学校毕业后,进入联队当兵涮马的经历,认为如果没有这一段当兵的经历,就不会成就他今天的"大事业"。 蒋介石称他的这段当兵经历,"这绝不是我们国内一般青年所能想象得到的"。 当时,他在冰天雪地的季节能坚持洗冷水脸,早晚还要冒着寒冷去喂马和用草擦马身;平时吃饭是每餐只吃不满一碗的饭,外加三片腌萝卜,有时是一块咸鱼当菜,一星期才能吃到一点豆腐、青菜和肉片。 实际上,蒋介石是把自己在日本当兵的这一段经历视为自己当"领袖"的一个资格。 因此,在这个意义上他说:"如果我没有这一年当兵的经历,不受这样那样士兵的生活,我相信我或许不会有今天这样的革命事业。"(38)其实,蒋介石在日本振武学校学习期间,也有一段时期的日子过得并不艰苦,至少他常常能够和几个要好的同学出来,到附近的餐馆去打牙祭。 虽然吃的是一些当地人不爱吃的便宜的猪下水,但自认为日子过得还是很快活的。当然,这些绝不是一个"领袖"所具有的好品行。

蒋介石认为,正是由于从小在家庭受到最严格的教育,又有在日本当过兵受过刻苦的训练,因此,个人的品德也就得到了很好的修养,并且达到了一个相当高的境界。所以,蒋介石一谈到自己的德行修养,就"敢自信"地说:"像我这个人,不想发财,不想做大官,不贪懒,不怕死,奉公守法,尽力服务,就是尽责,就是可以称救国救民。"[39]或者毫不谦虚地说:"关于我个人,我可以和大家讲:我自己个人,无论对人对事,如果有半点自私自利不公平的地方,我当然就不会有今日。如果不是始终存心为党为国,就不等到今天就早已倒了,亦不会有今日。"[40]因此,在宣传个人的品德方面,蒋介石经常说他在幼年时期的一些事情大多忘掉了,唯一没有忘掉的就是"当我有了知识以后,我总是尽量帮助他人,绝不像其他的孩子,只知有己,不知助人,甚至于害人"。[41]

总之,蒋介石有意把自己在青少年时期自认为最美化的东西拿出来宣传,力图使国人对他产生一个十分美好的印象。蒋介石的这种宣传是有政治用意的。按蒋介石的话说,就是有一种明显的"暗示"。蒋介石曾经这样说:"宣传家同时就是煽动家,所以有时应该具备夸张事实的本领,予听者一种暗示"。蒋介石自己就是这样一种宣传家,他的上述美化自己的宣传,给人的一种"暗示"也是清楚不过的:就是要国人不仅知道而且还要相信蒋介石的领袖形象十分完美的,进而"要以服从领袖为天职"。[42]

儒家伦理道德与法西斯主义的怪胎

在现实生活中,几乎每个人都注意端正自己的品行或品德,进而能够得到社会的好评。品行或品德属于社会公德,其好坏的标准主要是由社会公认的。因此一个人品行或品德的好坏,绝不是由他自己判定的。一般说来,一个得到成功的人,有时会忘乎所以,总认为自己在各个方面都比他人好,在品德方面当然也是成功的。只有当他遇到挫折或严重失败的时候,他才会总结挫折或失败的教训,也才会有可能在自己的品德方面寻找原因。蒋介石也不例外。他是在寻找自己遭受挫折和失败的原因时,才发现自己作为一个"领袖"来说,在品德方面似乎少了几斤几两,至少不能以德服人。关于这一点,蒋介石尽管心中有数,但为了不损坏自己的"领袖"形象,他一般是不会轻易公开承认的,因而也很难找到这方面的言论。不过,在1929年国民党内部许多地方实力派群起反对蒋介石时，1933年因"剿共"数次失败而其军队又不大肯卖力时，1949年国民党在大陆统治的失败已成定局时，蒋介石还是分别吐出了真言。1929年，蒋介石说："旧军阀方炽，新军阀又起……中正德不足以感人，识不足以烛奸，战兢惕厉，日惧无所逃罪"。[43] 1933年4月，蒋介石又说：在"围剿"中国工农红军的战争中，"我们的军队何以会成这种情形？蒙受这样的耻辱？"这"都是我个人德不足以服众，诚不足以感人的缘故"。[44] 1949年10月，蒋介石还发出了这样的哀叹：国民党之所以惨败，"这是我个人德薄能鲜，领导无方"的结果。[45]

蒋介石不仅从言论上美化自己，希望全国上下都来信仰他这个领袖，而且他还有过要人制造九鼎预备他做皇帝之举。据冯玉祥说，在抗日战争时期，他在重庆一个造船厂见到了该厂给蒋介石造的九个铜鼎。每一个鼎高有2尺半，直径也有2尺，鼎上还雕刻着许多花纹。后来，还规定了一个日子，准备在中央训练团里献鼎。这件事忽然被美国的报纸登载出来："蒋介石叫人们给他献九鼎，这是预备做皇帝。"蒋介石一看见这段消息，十分气愤，他先把美国的新闻记者和美国的报纸大骂一顿，然后在训练团把朱家骅等人也假意骂了几句。冯玉祥这样回忆说：

朱家骅的喽罗当然也都在那里骂："不叫我们献九鼎，我们就会献了么？现在美国报纸骂你了，你就发起脾气来骂我们，你骂吧，我们都不干了。"就在那几天，许多人上辞呈。蒋介石一个个的找去对他们说："骂你们是给别人听的，我心中还是说你们做得好，做得对。"那些人们一个个的更撒起娇来了。就这样过了两、三个星期，才把这段事平妥下去。[46]

虽然不能就这一件事断定蒋介石敢冒天下之大不韪真的想当皇帝，但这件事至少足以说明，蒋介石要别人信仰他的欲望是相当强的，乃至希望别人把他当作皇帝来信仰。

蒋介石的"信仰领袖"论，是中国封建专制理论在中华民族危机极端严重的社会环境里的继续和发展。"忠君"和"信仰领袖"论是封建伦理道德发展的两个紧密的环节。所不同的是，蒋介石的"信仰领袖"论作为一种现代政治观，还是当时国际上正在流行的法西斯主义流毒中国的一个产物。从深层次上讲，"信仰领袖"论是中国儒家伦理道德与世界法西斯主义理论的结合体，是蒋介石用法西斯主义理论对儒家伦理道德加以充实和发展的怪胎，或者说,蒋介石是在中了法西斯主义很深的流毒之后才正式形成"信仰领袖"论的。 正因为如此,蒋介石在继续宣传其蒋记三民主义并以之作国民党的指导思想的同时,又表示法西斯主义也是救中国的一种理论。 他认为今日中国所需要的不是讨论未来中国将要实行何种理想的主义,而是眼下就能救中国的某种方法。 哪种方法才能够救中国呢? 具体到法西斯主义来说,它作为"一种对衰弱社会的刺激"能不能救中国? 蒋介石回答说:"可以。 法西斯主义是最适合的一种奇妙的药方,而且是能够救中国的唯一思想。"蒋介石之所以对法西斯主义如此青睐,主要是因为他对法西斯主义表现出了敏锐的理解悟性,一下子就抓住了其领袖独裁的实质。 他说:

法西斯主义的一个最重要的观点是绝对信任一个贤明和有能力的领袖,除了完全信任一个人外,这里没有其他领袖和主义。因此,在组织内,尽管有干部,立法委员和行政官员,但在他们中间却没有冲突;这里有的仅是对一个领袖的信任。领袖对一切事物有最终决定权……现在我们中国没有这样的一个领袖,我相信,除非每个人绝对信仰一个人,我们不能重建国家,也不能完成革命……因此,领袖将自然地成为一个伟大的人并具有一个革命者的精神,这样他就能成为所有党员仿效的典范。进一步说,每个党员必须奉献自己的一切,直接为了领袖和团体而行动,间接地服务于社会,民族和革命。[47]

正因为蒋介石看中了法西斯主义的领袖独裁的实质,所以他也要求每一个国民党党员接受法西斯主义,并成为一个真正的法西斯主义者。 怎样才算是一个真正的法西斯主义者呢? 蒋介石掌握了一个根本的标准,这就是把自己的"权利、生命、自由,和幸福完全委托给了团体,并且立誓忠于领袖"之后,"这样我们才能第一次真正地被称为法西斯主义者"。[48]

"武士道"是日本的法西斯主义理论,其特点是"忠君爱国"。 它也为蒋介石所欣赏和宣扬,并为其"信仰领袖"论服务。 蒋介石认为,日本这个国家之所以在明治维新时期能够从"尊王攘夷"入手,一下子转弱为强,完成了它的"维新"大业,继而更移转目标对外侵略,先后打败了中国和俄国,在短短不到40年的时间里,"居然就能雄飞东亚,到现在甚至要作唯一的盟主"。 这主要是因为日本拿"忠君爱国"四个字作为一切教育的主旨,陶铸国家的灵魂(大和魂)和军人的精神(武士道)。 在当时法西斯主义的侵略本质遭到全世界爱好和平的人们的强烈谴责下,作为已经吃够日本法西斯主义侵略苦头的中国人民来说，无疑是坚决反对法西斯主义的。因此，蒋介石在谈论法西斯主义这个话题时，有时不得不表示对于日本"对外侵略的一切行动，是我们绝对反对的"。但是，另一方面，蒋介石从根本上认为，日本利用法西斯主义"转贫为富，转弱为强的事业及精神"，是值得"我们研究和效法的"。要"效法"日本法西斯主义的什么东西呢？蒋介石根据自己的需要，大力提倡效法日本法西斯主义的"忠君"精神。他说："我们现在没有君，当然谈不到'忠君'"，那么又忠于谁呢？蒋介石说要忠于国民党及其政府，他主张"今后一切教育的主旨，就是'忠党爱国'，意思就是说，我们全国的国民，尤其是全国的军人，今后一定要忠于三民主义，忠于中华民国。"但这仍然是一种抽象的"忠"，蒋介石所具体要求的，是要国人忠于他自己。如他更确切地说："余既担负国家存亡之责，凡忠于民国的国民，此时皆应听中枢与领袖的命令。"[48]

蒋介石对法西斯主义的青睐，得到了德国法西斯主义头目希特勒的好感。意识形态的基本一致，导致希特勒于1937年在蒋介石50岁生日时给他发来一封贺电。据一记者报道："德国领袖与总理，亚多夫·希特勒，已致电蒋介石将军，对其五十寿诞，表示最诚挚之贺忱。"[49]希特勒表示赞赏的是蒋所推行的"新生活运动"，在希特勒看来，"新生活运动"诱使中国国民盲目践履蒋介石编织的儒家伦理道德，这就标志着德中两国在意识形态方面走向了同轨，他说：

德国国民深知中德两大民族过去皆曾经过内忧外患，艰难困苦之途程，有时国民心理不免感觉绝望。迨有伟大人物出现于政治舞台后，鼓励民众予以新希望，新意识新力量，使其重新获得"本身之自觉"，将从前陷于污辱哀愁之民族，一跃而跻乎自专自信之高峰。在累年艰苦中，两民族皆曾经历一种绝对谬论邪说，足使公众道德趋于毁灭，国民生活入于堕落之境！故在此阴郁空气，一旦有能者出，登高急呼，则各阶级民众，无不凝神静听，欢跃趋附，以其所贡献于民众心理与道德者，足使各该民族之文化、社会、种族、国家进入于新生命，并指示以克制小我，牺牲私利，为社会民族谋福利之光明坦途也。[50]

还应当看到，蒋介石的"信仰领袖"论是以封建伦理道德裹胁国人为前提的，也是以其所谓"革命的人生观"为辅助的。他希望国人既树立"革命的人生观"，也践履封建伦理道德，最终归结于信仰和服从领袖。它与法西斯主义的"克制小我,牺牲私利"以及崇拜领袖相比较,并没有多大的本质区别。 在这个意义上,"信仰领袖"论,就是一种法西斯主义的政治观,所以,希特勒为法西斯主义能在中国落脚而欢呼。

在蒋介石"信仰领袖"论的污染下,全国一度在抗战前后兴起了一股法西斯主义热浪,法西斯主义这个从外国引来的幽灵在中国上空久久地徘徊,后来只是随着抗日战争的不断发展和世界反法西斯主义运动的影响和作用,它才从中国逐渐地隐去,但渗透了法西斯主义精神实质的蒋介石"信仰领袖"论的高调,却一直唱到国民党政权在大陆垮台为止。

不可否认,现代人类社会,已经把竞争作为推动社会发展和进步的一个重要因素。 因此,任何一个国家,一个政党,乃至一个群众团体,为了加强竞争的实力,就必须加强团结。 要加强团结,首先就必须有一个团结的核心,这个核心就应该是一个领袖或者由一个以上的领袖组成的领袖群体。 其次就是一个国家内的国民,一个政党内的党员,乃至一个群众团体内的群众,都必须要有服从领袖的意识,主动地紧紧地团结在领袖的周围。 在现代民主制度下,服从领袖实际上已成为一种纪律和制度,这种服从是法定程序上的服从而决不是盲从。 同时,民主制度下的领袖,是依法选举产生的,而不是自封的;领袖的意志也只能是团体意志的抽象或代表,绝不是个人意志的独裁。 只有在这种情况下,服从领袖或信仰领袖才具有现代民主的意义。 依法民主选举国家和政党的领袖,实质上就是领袖对群众和政党团体意志的服从,先有了这种服从才会有群众对领袖的信仰与服从。 另外,依法民主选举出来的领袖还必须受从根本上体现群众集体意志的法律的监督,也就是说,领袖的一切言行必须限制在群众意志允许的范围内,否则,领袖就要受到法律的制裁。 因此,领袖与群众的关系,从根本上讲,始终是领袖服从群众,领袖按照群众的集体意志,代表群众的根本利益,领导群众创造社会财富和谋共同的福利。

当然,与和平时期相比,中国在抗日战争这一中华民族团结御侮的特殊历史时期,为了打败日本帝国主义这一中华民族的强大敌人,有必要更加强调群众对领袖的服从,以进一步加强中华民族的凝聚力。 但是,即使在这种情况下,也不能把群众服从领袖推向极端,走向领袖的个人独裁。 因为如果置全国民众于一个领袖的统治之下,也必然会导致影响或有碍抗战的顺利进行。 抗日战争是全民族的战争,是全国各党派和各民众团体一同参加的全民战争。 如果要充分发挥各阶级、各阶层的抗日积极性和优势,使民族战争真正成为全民的战争，那么，群众对领袖的服从必须建立在各党派、各团体的群众意志能充分发挥的基础之上，这个公认的领袖无论是谁都只能是全民族或者是各党派、各团体群众集中意志的执行者。否则，领袖个人的意志若凌驾于各党派和各团体群众意志之上，结果只能是领袖的军事独裁和政治专制。这显然是不利于抗战的。因此，无论在什么情况下，蒋介石的"信仰领袖"论把群众对领袖的服从单向化和绝对化，这实际上是一种非民主的封建性的盲从，从根本上是对现代民主政治的一种曲解和反动。

注释

第一章

第一节 (1)(3)(5)(14)(17)—(20)(22)(23)(26)(27)(29)—(32)(35)(35)张其昀编《先总统蒋公全集》第1284,2,790,1283,1284,115,161,4169,96,4137,534,581,582,3303,3305,611,862,52,3180,582,558,638,339,790,835,46,47,142,3231,114,617,1539,1548,136,884,151,557,181,189,557,582,1816,632,1284,115页,台湾中国文化大学出版部1984年10月版。

(2)(7)(21)(28)(33) 沈凤冈编:《蒋委员长全集》第1编第462,25,25,35,220,221,166,215页。1937年版。

(4) 戴季陶:《孙文主义之哲学的基础》,《民生哲学系统表说明》。

(6)(8)《陈独秀文章选编》(下)第418页,生活·读书·新知三联书店1984年版。

(9)(12)(13)〔日〕古屋奎二:《蒋总统秘录》(全译本)第2册第32页,第1册第131、132页,第4册第87页。台湾《中央日报》社1978年3月再版。

(10) 陈布雷等著:《蒋介石生平年表》第4页,台北传记文学出版社1978年版。

(11)《中国最高领袖蒋介石》第3页,文史研究会1939年版。

(15)(24)《孙中山全集》第5卷第55页,第7卷第59—61,687页,中华书局版。

(25) 朱养民等:《论蒋介石的生前死后》第175页,七十年代杂志社(香港)1976年再版。

第二节 (1)(2)(4)(11)(13)(21)《蒋委员长全集》第1编第537,266,447,434,389,400—402页。

(3)(5)—(10)(12)(14)(15)(17)(18)(22)(23)(25)(27)—(29)《先总统蒋公全集》第1068,813,959,1310,1308,1309,1284,767,1012,838,839,1214,46,762,1329,3130,1551,772,906,907,847,789,1284,4209,223,819,1068,794,1243,159,819,159,1244,794,795,1347,1348,47,48,1347,1348,959,3150,199,200,3131,3132,1840,3146,3154,3156,1900,3183,3184,3182页。

(16)《孙中山选集》第116,117页。

(19)荣孟源主编:《中国国民党历次代表大会及中央全会资料》(下)第303,304页,光明日报出版社1985年10月版。

(24)〔美〕埃美莉·哈恩著:《宋氏家族》第197页,(中译本)新华出版社1985年9月版。

(26)杨昌宴:《关于新生活运动初期的评价》,《湘潭大学学报》(社会科学版)1988年第2期。

第三节 (1)—(5)(8)(9)(12)—(16)(23)(25)(27)(29)—(32)(34)—(36)(38)—(40)(42)《先总统蒋公全集》第48,630,426,476,474,438,4166,4208,483,4154,4157,499,500,464,474,551,915,47,927,928,1045,750,730,713,929,930,1708,961,962,843,844,714,715,1165,544,541,1225,3267,980,3123,198,3124,658,1164,1109,3195页。

(6)(7)《黄埔军校史料》(1924—1927)第66,64,69页,广东人民出版社1982年版。

(10)(20)(22)(24)(26)(28)(33)(37)《蒋委员长全集》第1编第55,13,14,45,204,130,286,390,183页。

(11)(17)《蒋总统秘录》第5册第220页,第4册第86,87页。

(18)〔美〕丹尼尔·雅各布斯著:《鲍罗廷——斯大林派到中国的人》第153页,世界知识出版社1989年版。

(19)《孙中山全集》第11卷第139,140页。

(21)王俯民著:《蒋介石传》第64页,经济日报出版社1989年版。

(41)《领袖抗战言论集》第54页,独立出版社1938年4月版。

第二章

第一节 (1)(3)(8)(14)(16)—(18)(24)(29)(30)(32)(34)(35)《蒋委员长全集》第1编第59,127,163,12,1,2,103,656,398,399,291,389页。

(2)(4)(6)(7)(9)—(13)(15)(20)—(23)(25)—(28)(31)(33)(37)(38)《先总统蒋公全集》第514,538,808,162,563,1251,1252,1254,981,513,1458,1459,1235,1071,1626,1353,1354,1626,537,809,806,738,828,1023,1698,809,499页。

(5)(15)(19)上海《民国日报》1927年5月1日,5月16日。

(36)(40)冯玉祥著:《我所认识的蒋介石》第178,214页,黑龙江人民出版社1980年版。

(39)孙晓村编:《苛捐杂税报告》,《农村复兴委员会会报》12号,1934年5

月出版。

第二节 (1)—(3)(5)—(7)(9)—(16)(18)—(23)(25)—(28)(30)《先总统蒋公全集》第 735,198,219,670,688,728,805,806,963,1354,4175,1004,1005,1237,1238,836,688,1626,688,689,997,87,735,790,728,729,782,498,836,244,836,1251,729,671,823,1382,439,807,1002,1003,4183,1320,1321,1433,886,1622,783,784 页。

(4)(8)《蒋委员长全集》第 1 编第 497,403 页。

(17) 上海《民国日报》1927 年 5 月 16 日。

(24)《总裁抗战第三年重要言论集》第 104,107 页。

(29) 重庆《全民抗战》第 32 号。

第三节 (1)(2)(5)(11)(14)—(16)(18)(19)(21)(22)(30)(33)《先总统蒋公全集》第 52—54,15,21,806,1608,3314,573,538,194,1066,652,1513,1514,658,1922,659,1518,1522,1523,653,1922 页。

(4)(7)(10)(12)(17)(20)(23)(27)(28)(29)(31)(34)《蒋委员长全集》第 1 编第 170—172,47,173,18,48,299 页。

(3)(6)(8)(9)(13)《孙中山选集》第 82,825,86,837—839,593,830,831,842,840,593,937—939,861,862 页。

(24)《1927—1937 年国民党统治下的中国流产的革命》第 264 页。

(25) 麦朝枢：《福建人民革命政府回忆》，《文史资料选集》第 39 辑第 79,80 页。

(26)《毛泽东选集》(合订一卷本) 第 22,70,71,638 页，人民出版社 1964 年版。

(32) 浙江省中国共产党党史学会编印：国民党研究丛书《中国国民党历次会议宣言决议案汇编》第 2 分册第 204,360,376，第 3 分册第 170,268 页。

(34) 日文《东亚杂志》,1933 年 6 月号。

(35)《申报》,1933 年 8 月 28 日。

(37) 上海《晨报》,1933 年 5 月 25 日。

(38) 南京《中央日报》,1935 年 4 月 21 日。

第三章

第一节 (1)(4)(6)(7)(9)(12)(14)(15)—(20)(25)—(30)《先总统蒋公全集》第 193,782,1623,129,130,616,1058,269,1277,1017,1018,603,863,808,

809,156,1132,1133,811,812,640,632,641,638,3154,1108,1109,4186,864,808,1534,1535,3228,3229,15,35,639,640,630,629,631 页。

(2)(3)(11)(13)(23)(24)《蒋委员长全集》第1编第177,526,13,442页。

(5)《孙中山选集》第617,621,679,675,628,631,592页。

(8)《毛泽东选集》第1084页。

(10)《蒋总统秘录》第10册第86页。

(21)《中华民国重要史料初编——对日抗战时期绪编》(三)第323-324页。

(22)何应钦:《日本侵华八年抗战史》第24页,台北出版。

(31) 中国国民党临时行动委员会:《训令青字第一号》1931年11月15日,引自中国农工民主党历史资料研究委员会:《中国农工民主党历史参考资料》(第2辑)(内部资料)。

第二节 (1)(3)(9)(16)(17)(21)-(23)(24)(30)-(33)(39)(41)《先总统蒋公全集》第467,4193,595,850,926,815,559,939,940,1296,947,948,864,558,563,564,596,873,621页。

(2)(4)(6)-(8)(18)-(20)(25)(26)(34)(38)《蒋委员长全集》第1编第6,28,29,3,50,51,47,45,222,223,387,178,339,9,10,344,345页。

(5)(27)-(29)上海《民国日报》1927年1月7日,7月5日。

(10)《孙中山选集》第836页。

(11)(14)《陈独秀文章选编》(下)第125,419页。

(12)《蒋校长演讲集》第17,44,71,84,108,140页,1927年中央军事政治学校政治部宣传科印行。

(13)《陈独秀文章选编》(下)第132页。《邓中夏文集》第272页,人民出版社1983年8月版。

(15)《周恩来选集》(上卷)第117,118页,人民出版社1980年12月版。

(36)《马君武致蒋介石汪精卫》,载《胡适来往书信选》(中),中华书局1979年5月版。

(35)(37)《蒋总统秘录》第8册第45页。

(40)《从"九一八"到"七七"国民党的投降政策与人民的抗战运动》第3页。

第三节 (1)(13)(18)(20)(25)《蒋总统秘录》第8册第43,52,53页,第6册第228,229,132,第9册第111,115页,第10册第24,25页。

(2)应德田著:《张学良与西安事变》第11页,中华书局1980年版。

(3)(12)上海《民国日报》1931年9月24日,1927年11月1日。

(4)冯玉祥著:《我所认识的蒋介石》第30页

(5)《时事新报》1932年5月6,7日。

(6)—(10)(11)(14)—(17)(19)(21)—(24)(27)—(32)(26)(33)《蒋委员长全集》第66—69,295页。

(34)《先总统蒋公全集》第875—879,891,588,593,3104,3219,3136,3140,3144,3145,3137,3138,3142,3133,1040,3847,876,877,3171页。

第四节 (1)(2)(6)(8)—(12)(14)(16)(22)(25)(28)(30)(37)(40)(42)《先总统蒋公全集》第3123—3125,1918,895,351,677,781,678,658,662,1045,248,781,910,880,820,678,679,790,872,623,1018,888,889,1629,622,1052页。

(3)(26)(27)(29)(38)(41)(44)(45)《蒋总统秘录》第8册第30页,第9册第35,20页,第10册第123页,第9册20页,第8册第43,52,53页,第9册第20页,第11册第59页。

(4) 程思远:《政坛回忆》第52,77页,广西人民出版社1983年版。

(5)(7)(13)(15)(22)—(24)(31)—(33)《蒋委员长全集》第1编第536,351,538,352,353,363,364,537,30—32,284,365—367页。

(17)《李宗仁回忆录》第682页,广西人民出版社1980年版。

(18)《端纳与民国政坛秘录》第28页,符致兴编译,湖南出版社1991年11月版。

(19) 王造时:《荒戾集》第118—119页。

(20) 天津《益世报》1933年4月17日。

(21) 丁文江:《假如我是蒋介石》,《独立评论》第35号,1933年1月15日出版。

(34)—(36) 邹鲁《回顾录》第2册第484页,独立出版社1946年7月初版。

(39) 持这一观点的有郭大钧:《从"九一八"到"八一三"国民政府对日政策的演变》,载《历史研究》1984年第6期;北京师范大学历史系中国现代史研究室编:《中国现代史》(上册)第412页,北京师范大学出版社1983年9月版;张宪文主编:《中华民国史纲》第440页,河南人民出版社1985年10月版,等等,不一一列举。

(43)《蒋廷黻回忆录》第174页,台北传记文学出版社1979年版。

第四章

第一节 (1)—(14)《孙中山全集》第3卷第36页,第2卷第43,4页,第6卷第573页,第8卷第281页,第5卷第481页,第2卷第393,408,5页,第2卷第469页,第2卷第44,97页,第6卷第205页,第5卷第400,401页,第6卷第

227

211,205页,第5卷第189,481页,第6卷第626页,第8卷第282页,第6卷第56页,第9卷第103,104,314,504,505,191,289,314,504—506页,第11卷第293,638,367页。

(15)《毛泽东选集》第578页。

(16)—(22)(23)(31)(33)(35)(36)(39)(40)(46)(48)—(50)(52)《先总统蒋公全集》第456,457,518,4175,782,1228,1229,556,7,1283,618—620,1229,813,3,601,588,1330,1429,1844,1330,1083,3273页。

(24)(27)(29)上海《民国日报》1927年5月16日,5月9日,11月3日。

(25)(28)(30)(34)《蒋委员长全集》第1编第164,165,45,47,167,168,175,176页。

(26)梁启超:《敬告政党及政党员》,《饮冰室合集·文集》之三十一。

(32)《蒋总统秘录》第4册第266页。

(38)《孙中山选集》第385页。

(41)(51)《中国国民党历次代表大会及中央全会资料》(下)第905,961页,(上)第532页。

(42)浙江省中国共产党党史学会编印:《中国国民党历次会议宣言决议案汇编》第1分册第283,284页。

(43)《中央政治会议暂行条例》1928年10月25日,《革命文献》第22辑第337—339页。

(44)《邓演达先生遗著》第104页,永发印务有限公司承印,1932年。

(45)《中国最高领袖蒋介石》第346页。

(47)《总裁抗战第三年重要言论集》第104,106页。

(53)《华商报》1948年4月20日,21日。

第二节 (1)(3)(8)—(15)(17)—(19)(21)(23)(27)—(29)(31)(34)(35)(38)(41)(43)(45)(42)(48)《先总统蒋公全集》第47,91,92,3139,993,994,795,222,516,517,740,912,892,893,557,1215,994,895,513,895,3304,3305,703,704,1145,714,681,682,715,704,1013,443,1193,1058,3305,3236,4136,4137,4155,754,755,1916,4134,4132,4134,993,994,1706,1707,1816,1236,4177,1924,1507,983,895,4193页。

(2)(6)(7)(16)(20)(22)(33)(37)(39)(36)(40)(44)《蒋委员长全集》第1编第342,370,291,164,162,60,168—170,243,390,146,342,356,353页。

(4)上海《民国日报》,1927年4月17日。

(5)陈公博:《今后的国民党》,《革命评论》第1期,1928年5月13日。

(8)中国国民党浙江省党部编:《总裁抗战第三年重要言论集》第 62 页,杭州中正书局 1940 年 11 月版。

(24)(32)《蒋总统秘录》第 2 册第 6,7 页,第 7 册第 2 页。

(30)李敖著:《蒋介石研究》第 2 集第 43 页,华文出版社 1988 年版。

(46)冯玉祥著:《我所认识的蒋介石》第 163、164 页,黑龙江人民出版社 1980 年版。

(47)〔美〕易劳逸著:《1927—1937 年国民党统治下的中国流产的革命》(中译本)第 54,58 页,中国青年出版社 1992 年版。

(49)(50)〔德〕葛麟甫:《德国对蒋介石将军之敬慕》,载《蒋委员长全集》附录 1:《委员长五秩庆寿文特辑》

主要参考书目

张其昀编:《先总统蒋公全集》,台湾中国文化大学出版部1984年10月版。

沈凤冈编:《蒋委员长全集》,1937年5月版。

国民党浙江省政府秘书处编辑:《蒋委员长抗战言论集》,正报馆丽水印刷部1938年5月版。

战时综合丛书:《领袖抗战言论集》,独立出版社1938年4月初版。

中国国民党浙江省党部编行:《总裁抗战第三年重要言论集》,杭州正中书局1940年11月版。

陈布雷等著:《蒋介石先生年表》,台北传记文学出版社1978年版。

毛思诚编:《民国十五年前之蒋介石先生》(20册)1936年铅印本。

刘炳藜:《蒋介石先生思想研究集》,1937年2月版。

王俯民著:《蒋介石传》,经济日报出版社1989年版。

杨树标著:《蒋介石传》,团结出版社1989年版。

宋平著:《蒋介石生平》,吉林人民出版社1988年版。

严如平、郑则民著:《蒋介石传稿》,中华书局1992年版。

〔苏〕B·B·沃龙佐夫著:《蒋介石之命运》,中央党校出版社1992年版。

〔日〕古屋奎二编著:《蒋总统秘录——中日关系八十年之证言》(15册),台湾中央日报社译印,1974—1978年版。

蒋经国著:《我的父亲》,台湾正中书局1976年版。

董显光著:《蒋总统传》(三册),台湾中华文化出版社1960年版。

〔联邦德国〕施罗曼·费德林斯坦著:《蒋介石传》台湾黎明文化公司1985年版。

罗家伦、秦孝仪等主编:《革命文献》,台湾国民党中央党史编纂委员会1953—1986年版。

《中华民国重要史料初编——对日抗战时期》(七编),台湾国民党中央党史编纂委员会1981年版。

荣孟源主编:《中国国民党历次代表大会及中央全会资料》(上下册),光明日报出版社1985年版。

浙江省中国共产党党史学会编印:《中国国民党历次会议宣言决议案汇编》(共4册),内部发行。

孟广函主编:《国民参政会纪实》(上下卷及续编),重庆出版社1985—1987年版。

魏宏运主编:《中国现代史资料选编》(共5册),黑龙江人民出版社1981年版。

蔡尚思主编:《中国现代思想史资料简编》(共5册),浙江人民出版社1982—1983年版。

北京大学法学系国际法教研室编:《中外旧约章汇编》(第3册),三联书店1962年版。

邹鲁编著:《中国国民党史稿》,中华书局1960年版。

刘建清等主编:《中国国民党史》,江苏古籍出版社1992年版。

刘建清编:《中国法西斯主义资料选编》(一),中国人民大学中国共产党党史系校内用书,1987年2月。

陈铁健、黄道炫著:《蒋介石与中国文化》,中华书局(香港)有限公司1992年版。

张宪文主编:《中华民国史纲》,河南人民出版社1985年版。

高军、王桧林、杨树标主编:《中国现代政治思想评要》,华夏出版社1990年版。

中国共产党中央书记处编:《六大以前——党的历史资料》,人民出版社1980年版。

中国共产党中央书记处编:《六大以来——党内秘密文件》(上下),人民出版社1981年版。

中国社会科学院近代史研究所翻译室编辑:《共产国际有关中国革命的文选资料》(2辑),中国社会科学出版社1981年版。

蒋永敬著:《鲍罗廷与武汉政权》,台北传记文学出版社1972年版。

〔苏〕瓦·瓦·布柳赫尔著:《黄埔军校首席顾问布柳赫尔元帅》,军事科学出版社1989年版。

〔苏〕A·N·卡尔图诺娃著:《加伦在中国(1924—1927)》,中国社会科学出版社1983年9月。

〔苏〕维什尼亚科娃—阿基莫娃著:《中国大革命见闻(1925—1927)》,中国社会科学出版社1985年7月。

〔苏〕A·B·勃拉戈达夫著:《中国革命记事(1925—1927)》,生活·读书·新知三联书店1982年版。

〔苏〕C·A·达林:《中国回忆录》,中国科学出版社1981年版。

《黄埔军校史料(1924—1927)》,广东人民出版社1982年版。

李敖著:《蒋介石研究》(共5集),台湾天元图书公司、全能出版社1986—1987年版。

朱养民等著:《论蒋介石的生前死后》,七十年代杂志社(香港)1976年版。
蒋经国著:《蒋经国自述》,湖南人民出版社1988年版。
王金海、佐恩著:《蒋经国全传》,吉林人民出版社1989年版。
彭哲愚、严农著:《蒋经国在莫斯科》,中原出版社1987年版。
朱传誉主编:《陈布雷传记资料》(一),天一出版社(台北)1979年版。
吴相湘著:《陈果夫的一生》,台湾传记文学出版社1971年版。
《陈布雷回忆录》,台湾传记文学出版社1967年版。
《蒋作宾回忆录》,台湾传记文学出版社1967年版。
《蒋廷黻回忆录》,台湾传记文学出版社1979年版。
《胡适口述自传》,台湾传记文学出版社1981年版。
《陈济棠自传稿》,台湾传记文学出版社1974年版。
《何廉回忆录》,文史出版社1987年版。
《白崇禧回忆录》,解放军出版社1987年5月版。
陈利明著:《程潜传》,解放军出版社1992年版。
《李宗仁回忆录》(上、下),广东人民出版社1980年版。
沈醉著:《军统内幕》,文史资料出版社1984年版。
柴夫著:《CC内幕》,中国文史出版社1988年版。
苑鲁著:《史迪威与蒋介石》,重庆出版社1990年版。
〔美〕约瑟夫·W·史迪威著:《史迪威日记》(中译本),世界知识出版社1992年版。
王泰栋著:《陈布雷外史》,中国文史出版社1987年版。
荣孟源著:《蒋家王朝》,中国青年出版社1980年版。
《我做了七年蒋介石的夫人——陈洁如回忆录》,团结出版社1992年版。
冯玉祥著:《我所认识的蒋介石》,黑龙江人民出版社1980年版。
冯玉祥著:《我的抗战生活》,黑龙江人民出版社1987年版。
程思远著:《政坛回忆》,广西人民出版社1986年版。
《缄默五十年张学良开口说话——日本NHK记者专访录》,辽宁人民出版社1992年版。
〔美〕福雷斯·C·波格著:《马歇尔传(1945—1959)》,世界知识出版社1991年版。
成晓军著:《谭延闿传》,岳麓书社1993年版。
郭绪印主编:《国民党派系斗争史》,上海人民出版社1992年版。
魏宏运主编:《中国现代史稿》,黑龙江人民出版社1981年版。
魏宏运著:《中国近代史的历程》,广东人民出版社1989年版。

林茂生、王维礼、王桧林主编:《中国现代政治思想史(1919—1949)》,黑龙江人民出版社1984年版。

邱七七著:《集忠诚拙勇于一身——陈诚传》,台湾近代中国出版社1985年版。

孙挺信著:《国民党敌后抗日游击军》,西南交通大学出版社1993年7月版。

《鲍罗廷在中国的有关资料》,中国社会科学出版社1983年版。

高军、李慎兆、严怀德、王桧林主编:《中国现代政治思想史资料选辑》,四川人民出版社1983年版。

〔美〕易劳逸著:《1927—1937年国民党统治下的中国流产的革命》(中译本),中国青年出版社1992年版。

〔美〕易劳逸著:《蒋介石与蒋经国(1937—1949)》(中译本),中国青年出版社1989年版。

尹家民著:《蒋介石与黄埔三杰》,中央党校出版社1990年版。

尹家民著:《蒋介石与黄埔"四凶"》,中央党校出版社1993年版。

《七七事变——原国民党将领抗日战争亲历记》,中国文史出版社1986年5月版。

〔日〕重光葵著:《日本侵华内幕》(中译本),解放军出版社1987年版。

中华民国史资料丛稿:《土肥原秘录》(译稿),天津市政协编译。

张鸣著:《武夫专制梦——中国军阀势力的形成及其作用》,国际文化出版公司1989年。

简洁、孟忻编著:《蒋介石和宋美龄》,吉林文史出版社1989年版。

沈醉、文强著:《戴笠其人》,文史资料出版社1980年版。

居亦侨著:《跟随蒋介石十二年》,湖南人民出版社1988年版。

陈世松著:《宋哲元传》,吉林文史出版社1992年版。

方靖著:《六见蒋介石》,湖南人民出版社1985年版。

《在蒋介石身边年——侍从室高级幕僚唐纵日记》,群众出版社1991年版。

《团结报》编辑部编:《蒋介石家世春秋》,中国青年出版社1991年版。

《蒋介石外传》,海南人民出版社1988年版。

段昌国编著:《中国现代史》,台湾大中国图书公司1986年版。

《伪庭幽影录——对汪伪政权的回忆记实》,中国文史出版社1991年5月版。

〔美〕乔纳森·斯潘塞著:《改变中国》(中译本),生活·读书·新知三联书店1990年版。

陈伯达著:《评〈中国之命运〉》,华东新华书店总店1948年版。

刘家泉著:《宋美龄传》,中国文联出版公司1988年10月版。

〔美〕陈志让著:《军绅政权——近代中国的军阀时期》,生活·读书·新知三联书店1980年版。

〔美〕高沃龙著:《对手与盟友》(中译本),社会科学文献出版社1992年版。

黄江杨编译:《宋美龄传》,书目文献出版社1988年版。

《蒋介石家世》,浙江人民出版社1988年版。

《蒋委员长西安半月记·蒋夫人西安事变回忆录》,台湾中正书局1975年版。

《陈独秀文章选编》(上中下),生活·读书·新知三联书店1984年版。

伊斯雷尔·爱泼斯坦著:《中国未完成的革命》(中译本),新华出版社1987年5月版。

《胡适来往书信选》(上中下),中华书局1979年5月版。

应德田著:《张学良与西安事变》,中华书局1980年版。

邹鲁著:《回顾录》,独立出版社1946年版。

《邓演达先生遗著》,永发印务有限公司承印,1932年版。

章继光著:《曾国藩思想简论》,湖南人民出版社1988年版。

吴乃恭著:《儒家思想研究》,东北师范大学出版社1992年版。

陈崧编:《五四前后东西文化问题论战文选》,中国社会科学出版社1985年版。

罗国杰主编:《伦理学》,人民出版社1989年版。

张锡勤等:《中国近代伦理思想史》,黑龙江人民出版社1984年版。

周和岭主编:《道德科学概论》,南京大学出版社1989年版。

〔美〕约翰·罗尔斯著:《正义论》,上海译文出版社1991年版。

《孙中山全集》(全11卷),中华书局1981—1986年版。

《毛泽东选集》(合订一卷本),人民出版社1964年版。

《毛泽东书信选集》,人民出版社1983年版。

《周恩来选集》上卷,人民出版社1980年版。

《马克思恩格斯选集》,人民出版社1972年版。

《列宁选集》,人民出版社1967年版。

图书在版编目（CIP）数据

解读蒋介石 / 庚平著 . -- 北京：中国华侨出版社，2012.12
ISBN 978-7-5113-3098-7

Ⅰ. ①解… Ⅱ. ①庚… Ⅲ. ①蒋介石（1887 ~ 1975）—人物研究 Ⅳ. ① K827=7

中国版本图书馆 CIP 数据核字 (2012) 第 286989 号

解读蒋介石

著　　者	/ 庚　平
出 版 人	/ 方　鸣
责任编辑	/ 郭岭松
封面设计	/ 薛冰焰
责任校对	/ 钱志刚
经　　销	/ 新华书店
开　　本	/ 787×1092 毫米　1/16　印张 /15.5　字数 /230 千字
印　　刷	/ 北京高岭印刷有限公司
版　　次	/ 2013 年 6 月第 1 版　2020 年 5 月第 2 次印刷
书　　号	/ ISBN 978-7-5113-3098-7
定　　价	/ 48.00 元

中国华侨出版社　北京市朝阳区静安里 26 号通成大厦 3 层　邮编 100028
法律顾问：陈鹰律师事务所
编辑部：（010）64443056　64443979
发行部：（010）64443051　传真：64439708
网　址：www.oveaschin.com
e-mail：oveaschin@sina.com